四川中职数学教改实践

四川省谯述忠
名师鼎兴工作室
著

四川教育出版社

图书在版编目(CIP)数据

四川中职数学教改实践 / 四川省谯述忠名师鼎兴工作室著. -- 成都：四川教育出版社, 2025. 1. -- ISBN 978-7-5408-9520-4

Ⅰ. G633.602

中国国家版本馆 CIP 数据核字第 2025SS1563 号

责任编辑　罗富山
封面设计　毕　生
版式设计　武　韵
责任校对　王　津　余　蓉　胡　佳
责任印制　徐　露　陈　庆

四川中职数学教改实践

四川省谯述忠名师鼎兴工作室　著

出　　版　四川教育出版社
　　地　　址　四川省成都市锦江区三色路 238 号新华之星 A 座
　　邮政编码　610023
　　网　　址　www.chuanjiaoshe.com
发　　行　四川教育出版社
印　　刷　成都兴怡包装装潢有限公司
制　　作　成都勤慧彩色制版印务有限公司
版　　次　2025 年 3 月第 1 版
印　　次　2025 年 3 月第 1 次印刷
成品规格　184 mm×260 mm
印　　张　17　　插页　16
书　　号　ISBN 978-7-5408-9520-4
定　　价　78.00 元

主　　编： 谯述忠　李富明

副 主 编： 邓光强　王三刚　黄春燕　杨丽君

编写成员： 谯述忠　潘　林　杨丽君　罗素珍　邓　红　王君强　胡开泽　李小兰
张建军　周小俊　贺单浩　李　燕　胡　艳　彭冬梅　王莉萍　郭　丹
迟作伦　蒋　美　杨富华　田仁勇　唐　玲　韩洪清　蒋文杰　邓光强
张　凯　刘　君　舒　阳　张　丽　徐亚群　何娅梅　侯　雷　冯晓娟
叶志琴　刘　红　魏敬爱　蔡　琪　雷　敏　罗　艳　杨小红　穆举红
刘永辉　黄世英　胡　会　郑　莉　高宗伟　匡本富　黄明君　廖凤琼
李富明　谢　莉　黎昌华　陈　婷　宋志雄　杨　杰　黄春燕　巫源森
熊飞艳　王　瑾　范智勇　周　盟　王三刚　刘玉香　曾利平　李勇康
罗克新　王进川　张文彬　唐兴兰　刘　聪　杜　婧　郭怡琳　伍太香
何昌全　唐雅琦　陈世碧　张　兴　周国英　余建秀　陈　静　陈　敏
（排名不分先后）

序

《四川中职数学教改实践》以四川省谯述忠名师鼎兴工作室的工作开展为线索，展示了自2019年以来四川省中职数学教学改革的概况。述忠请我作序，我勉为其难，也难推辞。一则盛情难却，二则述忠是我曾经的学生、在广安市（原广安地区）教科所时的属下以及我参与评定的名师工作室领衔人。从1983年他到我任教的班级插班复习起，我见证了他在罗渡中学和四川师范大学学习，在广安中学教书，任广安市教科所教研员、副所长，评上高级教师、正高三级教师、特级教师，成为名师工作室领衔人等成长历程，缘分深厚。2018年省教育工委、教育厅启动名师名校长工作室建设和领衔人评选，我是受聘的领衔人书面评审、现场答辩、评委表决和首次培训的唯一全程参与者，谯述忠名师鼎兴工作室总结会与会者。孟子视得天下英才而教之为君子三乐之一，我自然引以为荣，能不作序？

国家成立名师名校长工作室是为了培养教育家型教师，对领衔人要求甚高，申报人必须是正高级教师、特级教师，具备带领队伍科研、成长的综合素质。四川省首批名师名校长工作室领衔人共45位，人人握灵蛇之珠，家家抱荆山之玉。工作室、领衔人的性质定位、功能作用分别是什么？工作室如何建设？领衔人如何履职？培训班上，我提出这些议题，阐述了我的思考与见解，引起各位领衔人的浓厚兴趣，培训延时一个小时，大家仍意犹未尽。

我们深入交流探讨，达成了共识。名师名校长工作室的性质定位是教育家型教师校长发展共同体，由省教育厅设置、教师培训项目办管理、教科院指导的省直属教研组织；功能作用是开展教育研究，开发地方课程资源，推广教育教学研究改革成果，为学科发展发挥示范、引领、辐射、推动作用。领衔人的性质定位是学科学术领军人物，教学的专家、育人的模范、师德的楷模，工作室成员的导师和挑选者，工作室建设、科研、培训的领导者，省级科研课题领衔人，教育教学教研教改的攻坚者、示范者、引领者，教师校长培训的主讲者，教师专业发展引领者，教育家型教师造就者。各位领衔人明确了工作室、领衔人的性质定位、功能作用，个个心明眼亮，人人跃跃欲试。

经个人申请、省教科院推荐，述忠从13市61所职中挑选79名成员，2019年组成四川省谯述忠名师鼎兴工作室。他对工作的投入和担当，比担任教研员和副所长时更甚。三年期满，成效显著。

谯述忠名师鼎兴工作室的成功之处在于，教研课题从选定到实施研究、目标达成，都是为寻求职教教育规律，创新教育理念与模式，因而可大面积复制推广，提高教育教学质效。他们获四川省人民政府教学成果二等奖的科研课题《指向核心素养的四川省中等职业学校数学“三心二意”课堂教学改革》创立了“三心二意”（“三心”指以思维、学生、问题为中心，“二意”指培养学生的自主意识和创新意识）课堂教学理念，划分了“学、导、探、练、评、固”六个教学环节，引领、辐射到中职数学教师群体，打破了“教师讲课不断，学生呼噜一片”的魔咒，扭转了中职数学课堂教学生态。他们研发的《基于核心素养的中职数学教学设计》、《中等职业学校升学考试复习指导 数学》、《高等职业学校单独招考模拟测试卷（数学）》，正在指导广大中职数学教师教学。

谯述忠名师鼎兴工作室成效显著之处在于促进了成员个人成长，尤其是在专业发展方面。20世纪九十年代，我任县教委副主任，分管过职教工作，经历了职教从门可罗雀到门庭若市的发展过程，从此与职教结缘，至今心系职教，仍在调研、献计出力。党和国家高度重视职教，职教发展迅猛，但师资建设先天不足，后天营养不良，量少质弱，超负荷运转，历尽艰辛。新时代，党和国家站高谋远，把教师定位为“立教之本、兴教之源”，把教师使命定位为“为党育人、为国育才”，十分重视教师待遇提高和队伍建设，建设名师名校长工作室，评聘工作室领衔人，正是重大措施之一，对职教高质量发展是雪中送炭。谯述忠名师鼎兴工作室心领神会，把教师专业发展作为立项研究的出发点、落脚点。《四川省农村地区中等职业学校数学教师专业发展调查研究》获四川省教育学会成果二等奖。工作室主张的“活动中锻造，科研中卓越”教师专业成长理念，已在成员日常教育教学中践行，引领、辐射到中职数学教师群体。他们活跃在各级中职课堂教学竞赛中，100余人次获得市一等奖、省二、三等奖，11人次获得省一等奖，连续三年代表四川参加全国决赛，获国家级二、三等奖8人次；5人评为正高级教师，1人评为特级教师，1人评为省“天府青城计划”名师；3人晋升为学校中层干部，一人晋升为副校长。述忠和成员赴甘孜藏族自治州、阿坝藏族羌族自治州、凉山彝族自治州等地区支教，给川陕渝市县校的教师校长培训百余堂，广受好评；述忠赢得了成员的衷心拥戴，受邀参与省政府议题“中职教育改革发展研究”。工作室俨然成为成员教育理念更新、科研能力提升的共振器、合成器，成员专业发展的加速器。

谯述忠名师鼎兴工作室将自己定位为教育家型教师发展共同体，将成员专业发展方向定为教学的专家、育人的模范、师德的楷模。这是很有见地的。古人说，“师者，所以传道授业解惑者也……道之所存，师之所存也……授之书而习其句读者，非吾所谓传其道解其惑者也。”现代教师定位为国家公职人员，运用知识技术提供公益服务的专业人员，人类文化科技知识的继承者、传播者，学生身心发展的教育者、引路者、合作者，人类灵魂的工程师，而不是教书匠。无论古今，教师使命都是教书育人，立德树人，新时代为国育才，为党育人的使命则更为崇高。专业发展方向明确而远大，正是他们拥有崇高感、担当感的动力来源。

谯述忠名师鼎兴工作室经验可贵之处在于，把服务学生、使学生五育并举作为教师专业发展的终极目标，把彼此成就作为永恒追求。听说课堂教学受困于“教师讲课不断，学生呼噜一片”的魔咒，我十分难受。他们选择“学生、问题、思维”三中心和“自主、创新”两意识作为课题攻关对象，坚持以问题为导向找规律，寻求打破“教师讲课不断，学生呼噜一片”魔咒的法宝，难能可贵，我十分欣赏。

职教教师专业发展、学生五育并举的关键在于对师生关系的正确认知。在其位、谋其职、食其禄，不如明其利、忠其事、倾其情。中职师生是休戚与共的教学搭档，是教师专业发展与学生五育并举相互成就的共同体。中职毕业生是教师的邻居、群友、书友、茶友、棋友，是教师的生活圈子、社会环境、社会生态的组成部分，是教师名望、声望、人气、人脉、人缘的重要基础，是共存共荣的人生旅伴。利他就是利己，成就学生学业发展就是成就教师专业发展，投资学生学业发展就是投资教师专业发展，投资民族振兴、国家富强。担任职教教师是幸运的，值得竭诚尽智。谯述忠名师鼎兴工作室对中职生特征、前景和师生关系的准确把握，为“三心二意”课堂教学理念的创立奠定了基础。

亲其师才信其道。从“三心二意”理念出发，职教的定位应是就业教育、帮扶教育、爱心教育，是继承传播文化知识，更是教育引导学生身心发展，为国育才，为党育人；职教起始课的定位应是谈心交心课、赢心课。第一课的上课方法，应是放下师道威严，平视中职生，用他们可接受的态度语言谈心交心，用尊重唤起尊严，用看重消融情绪，用热情抚慰心灵，敞开心扉和学生交朋友，做让学生喜爱的人，赢得学生；再因势利导教书育人，立德树人，用真理的力量唤醒他们，用人格魅力感染他们，用理想之光照亮他们，用中华复兴之梦感召他们，让他们明确人生目标，树立自主、创新两意识，协同制订发展计划，协力成就学生全面发展、教师专业发展。近几年，谯述忠名师鼎兴工作室成员在所在学校耕耘推广“三心二意”课堂教学理念，大面积提升了中职教育教学质量。较多成员年年教毕业班，所教毕业班学生升学率达 99%以上；考入本科院校学生绝对人数和升学率大幅增长。宣汉职业中专学校成员所教班本科参考上线率，2022 级 60%，高于全校上线率 18 个百分点，2023 级 57%，高于全校上线率 20 个百分点，2024 级 84%，高于全校上线率 15 个百分点，辐射带动宣汉职业中专学校每年本科上线绝对人数保持全省第一。富顺职业技术学校成员所教班本科参考上线率，2022 年 70.2%，高于全校上线率 10 个百分点，2023 年 85%，高于全校上线率 29 个百分点，2024 年 88.3%，高于全校上线率 7 个百分点，辐射带动富顺职业技术学校本科上线 2022 年 156 人，2023 年 117 人，2024 年 289 人，分别位居四川省第五名、第八名、第四名，比许多普高还高。许多工作室成员成为当地中职高考研究达人，多次被省内市州、学校邀请作中职高考专题讲座。四川省档案学校学生参加国家、省、市各类技能大赛获奖达 1200 余人次，数学知识和专业技能实现双丰收。青神中等职业学校 2021 年就业班学生对口就业率 53%，2023 年学生对口就业率 87%。工作室实现了教师出色、学生出彩、学校出众。

谯述忠名师鼎兴工作室期满，2023 年举行了总结研讨会。我受邀观看了 15 个工作站活动展板，就“个人成长与专业发展”演讲，联系“三心二意”理念和“学、导、探、练、评、固”六字模式，我同大家进行深入交流，引起内心的强烈共鸣。从 14:30 到 19:00 四个半小时里，大家意兴盎然，足见他们对创新理念模式和专业发展孜孜矻矻的不倦追求。

一年后，《四川中职数学教改实践》脱稿，我从中看到了谯述忠名师鼎兴工作室成员四年的甘苦与努力、脚印与汗水、经验与成果。“功不唐捐，玉汝于成。”工作室成功实现了教师专业发展、学生全面发展，探索出“三心二意”课堂教学理念和“学、导、探、练、评、固”六字模式，成为打破“教师讲课不断，学生呼噜一片”魔咒的法宝，为创新中职课堂教学生态，发挥了示范、引领、辐射、推动作用，实现了名师工作室设置、领衔人评选的初衷，生动地证明了名师工作室组织形式是促进职教高质量发展的好组织、好形式，领衔人制度是好制度。《四川中职数学教改实践》堪称名师工作室建设的漂亮答卷，必将为学生学业成长规划、教师专业发展提供有益的参考与借鉴！

噫，微斯人，吾谁与归？是为序。

田继万

2024 年 7 月 22 日

前　言

缘起于四川省中小学首批名师名校长工作室建设，四川省谯述忠名师鼎兴工作室以“工作室”为原点，以“活动”为横轴，以“科研”为纵轴建立坐标系，以省市级成员描点，映射全省数百所中职学校数千名教师、数万名学生。工作室以践行“三心二意”教学理念进行中职数学课堂教学改革的育人初心，借力职业教育类型定位从“服务为宗旨，就业为导向”向“升学与就业并重”“中职为基础，高职为骨干”转变的新格局，融自主力与他动力、实践性与研究性、个体型与团队型于一体，几度得到各级教育行政部门、业务部门的关心和指导，众多专家、学者的讲学和启导，兄弟院校、单位的支持和帮助，按照“1+10+5”的培养思路，实现了“培养一个、带动一批、辐射一片”的初衷。

一个人，可以走得很快；一群人，可以走得更远。几年艰辛，成果丰硕。《指向核心素养的四川省中等职业学校数学“三心二意”课堂教学改革》获四川省人民政府第七届教学成果二等奖，《四川省农村地区中等职业学校数学教师专业发展调查研究》获四川省第二十次优秀教育科研成果二等奖。工作室首创中职数学课堂教学改革“三心二意”四面体模型，为教师建立了课堂教学新形态；创建“学、导、探、练、评、固”六环节课堂教学模式，为教师教法改革提供新方向；建立“一体三翼”中职数学教师专业发展路径，为教师专业发展提供新航向；建构“一一四”中职数学教师专业发展模式，为教师专业发展提出新方法；制订“六级进阶”中职数学教师科研能力发展计划，为教师科研指出新思路；创构“一主五辅”中职数学教学资源库，满足学生多样化学习新要求。

一枝独秀不是春，百花齐放春满园。水本无华，相荡乃兴潋滟。石孰有火？互击而闪灵光！几年历程，成绩斐然。工作室成员中有 66 人获得表彰（由四川省教师发展中心评为四川省首批名师名校长工作室优秀成员 5 人、四川省特级教师 1 人、四川省“天府青城计划”天府名师 1 人）；立项、获奖课题 21 项，发表论文 59 篇，获奖论文 18 篇；各级优质课评比中获奖 100 人次，展示各类示范课 74 节，举办专题讲座 58 场次；职称晋升高级

12 人（其中正高级讲师 5 人）、中级 3 人；职务晋升为学校中层干部 3 人，晋升为校级领导干部 1 人。

过去三年，既充满艰辛与困难，又充满丰收与喜悦，工作室发展成学有专长、教有风格、研有建树、师有魅力的共同体。盘点三年来的甘苦与努力、厚重与温暖、喧嚣与笃定，落在教学教研中的“脚印”和淌在额头的“汗水”，值得品味、值得留念。长风破浪会有时，直挂云帆济沧海。跋涉的道路艰难而崎岖，生命的远景美丽而动人。

四川省谯述忠名师鼎兴工作室　邓光强　谯述忠

2022 年 6 月 18 日

目　录

第一章　缘起

活动中锻造，科研中卓越

——领衔人谯述忠在工作室的第一次专题讲座

按照四川省教育厅、四川省财政厅下发的川教函〔2018〕423号文件《关于四川省中小学省级名师名校长工作室建设实施办法（试行）》中关于名师名校长工作室组建的要求，经个人申报、所在单位和教育行政部门逐级遴选推荐、领衔人自主选拔、省教育厅审核备案等程序，四川省教师培训项目办公室在川教培办〔2019〕3号文件的附件中公布了“第一批中小学省级名师名校长工作室成员名单”，其中“四川省谯述忠名师工作室”共计10名成员。工作室成员将进行为期三年的合作学习，交流进步，研训提升，成为共同体。在此期间，本工作室将立足四川省中等职业学校数学教学实际，以学生发展为中心，以课题研究为主线，以研训活动为抓手，以培养卓越教师为目标，聚焦科研，品读中职教育，走近中职数学教师，发现精彩，促进工作室成员发展，发挥名师工作室“培养一个，带动一批，辐射一片”的作用。

工作室将以网络平台与各市教科所职教室为主要依托，开展课题研究、教育教学研讨；在四川省教育厅、四川省教师培训项目办公室和各级行政主管部门的领导下，开展系列科研、教学和培养优秀教师的工作；通过探寻中职数学学科教育教学的规律、新思路、新方法，确定具有实用价值的科研课题，开展有效的科研活动，力求在一个周期内使工作室在课题研究上出成果，在教育教学中发挥示范、引领和辐射作用，从而形成优秀群体效应。

能成为工作室的领衔人，我特别高兴！能认识各市中职学校数学教育教学的骨干教师、优秀教师，我倍感荣幸！之前，我看到各市州传来的申请书，与各市州教科所职教室主任联系，在了解申请人的实际情况后，我选择了在座的你们。从那时起，我一直在扪心自问，我能成为你们的领衔人吗？我拿什么来带领你们开展这些研究活动呢？

带着这些问题，回顾我的经历，我想将我全面地介绍给你们，一是让你们对我有较为充分的认识，二是从我的经历中汲取经验教训，从而悟出适合你们自己的专业成长路径。

一、我的成长经历

1. 决不放弃，艰难求学道路

我是高中 81 级学生，小学读 5 年，初高中各 2 年，应该说还不及现在的初中生水平，1981 年通过预选后参加高考落榜。当时正值改革开放初期，整个国家都不算太富有，家里则更加艰难。我是家里老大，还有弟弟、妹妹三人在读书，于是，我拜师学艺，帮衬家里。我学的是无线电修配技术，修理电视机、录音机与收音机。回想在华蓥庆华镇（原属华云工农示范区）江华机械厂向刘国禄老师学习修配技术时，晚上研读各类收音机图纸，掌握收音机原理，白天动手实践，摸索修配技术，很快我就能独立摆摊设店，修好顾客拿来的故障收音机，收取到不菲的费用。现在想起来，这也算是我与职业技术教育的渊源吧！

每天收摊后，我都与所租住店铺的房东闲聊。房东是一位七十多岁的老中医，姓卿，在庆华街上很有名气。我们几乎是无话不谈。他了解到我是高中毕业生，学习成绩不错，还是班长。有一天，他问我："你没有想过考大学吗？虽然现在看起来还挣得到钱，但终究是常年在街边的营生。"我说："卿伯，我何尝不想到学校复习班补习考大学呢，况且，我们班上好多同学当时成绩没有我好，通过一两年复习都考上了理想的大学，我真的很羡慕呀！只是我既没有高考成绩，也没有预选成绩，学校补习班不要我！"

高中毕业后的两年里，我到过重庆、陕西摆摊设店挣钱，却始终没有放弃考大学的梦想。1983 年暑期，我专程回家，将我想到学校补习考大学的想法告诉父母亲。父母亲表示支持并托人找到了罗渡中学高 84 级二班班主任田继万。田老师收留了一个没有高考成绩的学生在他班上插班补习，且不收取任何补习费，出乎我们的预料。我万分珍惜这次学习机会，上课专心听讲，晚上做各类题到深夜。我的成绩很快赶上了班里中等偏上的同学，并在学校举办的数学竞赛活动中得了一等奖；物理成绩是所有学科中最好的，可能与我学习无线电修配技术有关；最差的学科是英语。1981 年高考英语总分为 30 分，我只得了 9 分，这与我们高一才开始学英语有关。父亲看我成绩上升较快，决定送我到广安二中去复习。1984 年春季学期，我在罗渡中学已读了一个星期，家里带信叫我到广安二中去报到。临走时，田老师嘱咐我："好好复习，今年应该能考上大学！"

我在广安二中 84 级四班（快班）复习，班主任是李代江老师，是一位很有名气的数学教师。就连我后来当了老师，在高中数学的教学中，有很多技巧也是向他学的。在广安二中复习期间，我常常向他请教数学难题。班上成绩好的同学较多，我只能加倍努力才能跟得上进度。当时，参加高考前需先参加预选。预选是国家为了节约高考办考成本而设置的地方性考试，一般预选上的同学有 70%~80%能考上大学。从我转学入校到参加预选时间较短，才刚适应广安二中的教学就不得不面对残酷的预选，结果，我以 2 分之差未能预选上。

2. 受人指点，调整备考策略

1984 年预选后，我又到陕西岚皋县摆摊挣钱，准备用于复习。我打定主意，一定要再考一年。当时，如果没有预选成绩，就只能在应届班插班复习。8 月底，我带上预选成绩单到广安中学（原广安一中）报名进入复习班补习功课。由于有上一年的复习基础，再加上有发自内心的动力，复习成绩除英语学科外越来越好。

开学不久的一次早读，英语老师罗刚民发现我没有读英语，也没有将英语书拿出来，就问我是什么原因。我就将我的想法告诉了他："我的英语功底太差，高中才开始学字母，无论怎么用功，哪怕死记硬背单词与语法，每次考试只有 20 多分，不如将学英语的时间用在其他学科上，用数理化生的成绩来补英语的分。"罗老师是西安铁路子弟校回来的优秀老师，有丰富的教学经验与高考指导策略，后来是广安市高中英语联合教研组的副组长。他听后，细心地问我上年预选各科成绩，指出："如果你的复习策略不改变，还有可能预选不上。你的数理化生成绩已经较高了，上升的空间不大，要补上英语的几十分，那是异想天开，而你的英语成绩较低，通过一年的努力，上升几十分是很容易的。只要你不放弃，平时可以多问问我，一定能学好英语的。"

就这样，在罗老师的指点下，我用了较多的时间补习英语，每次考试，英语分数都在增加，并没有影响其他科的成绩。1985 年高考时，我英语考了 72 分，考入了四川师范大学数学系。现在想来，如果不改变高考备考策略，用数理化生的成绩来填补英语学科 50 分，确实是异想天开！

3. 勤奋钻研，夯实专业基础

进入大学是另一种景象，好多同学是应届考上的，或者是直接复习一两年考上的，像我这样进入社会再复习考上的几乎没有，所以，我深知与同学们的差距，每天泡在图书馆的时间比较多，找专业书籍学习。功夫不负有心人，我的专业课成绩都是 90 分以上，我也萌生了考研的冲动。到最后考研时，英语还是拦路虎，过不了六级。

4. 参加活动，丰富社会阅历

大学四年，我参加了班上篮球队、系上的中长跑比赛，锻炼身体；进了交际舞、桥牌竞技培训班，学习技能，提升人际交往能力；组织同学聚会、老乡聚会，培养活动策划素养，同时增进与同学们的友谊。我与我爱人就是在老乡聚会活动中认识的。我还在校园摆摊为同学们免费修理收录机，增加各种社会阅历。

5. 变革突破，改进教学方法

1989 年，我被选调至广安中学任高中数学教师，并担任班主任。我不断向老教师学习，不断探索钻研，并从中总结经验，改进教学方法，研究学生学习方法；到学生家中进行访问调查，与家长交换意见，注重社会、学校、家庭协同育人的理念；开展学生值日活动，让学生当小班主任管理班上的事务，从中培养他们的人际关系处理能力与责任担当意识，有时还教他们打桥牌，培养学生的发散思维能力。在学校举行的几次民意测评中，我的得分均在 98 分以上；我所教 94 级一、二班在平时统考中，数学平均分及尖子生率分别为文、理科年级第一名；1994 年，在省上组织的数学毕业会考中，一班优生率 92%，二班优生率 96%；高考中，一班（文科班）数学平均分为 86. 5 分，高于全省平均分 20 余分，二班（理科班）数学平均分为 94. 3 分，高于全省平均分 15 分还多，分别为原广安县文、理科第一名，获县教委奖金 50 元；我所带的 97 级二班班风好，学风正，学习成绩好，被评为学校优秀班集体，成为当时学校教师以及各级领导口中的好班。

6. 谋求发展，选择教研平台

1994 年高考后，由于教学成绩比较突出，广安中学安排我担任 97 级二班班主任，并负责一、二班的数学教学工作。1995 年 5 月的某一天，当时已是广安市（原广安地区）教育科学研究所所长的田继万老师带领各中学有名望的老师到广安中学调研听课。广安友谊中学原校长、数学特级教师谈廷孝（原南充地区中学数学教学研究会常务理事、原南充地区数学竞教第一名）在 97 级二班听了我一堂《函数单调性》概念课。事先没有打招呼，听的是随堂课，也是第一次有外校老师听我的课，我也不知道为什么要听我的课。后来才知道是谈校长点名要听我的课，他在广安二中时，对我就有所了解，高考成绩发布后知道我所教的班是广安地区第一名。我呈献给谈校长的是平常的原生态的课。板书倒是一板清，这源自四川师范大学数学系当时对我们每一位师范生的要求。课堂上抽一位学生到黑板上板书解题过程，由于紧张，他将条件看错。我当时没有向这位同学直接指出，而是在巡视其余同学解题情况的过程中，看似无意识地面向全班同学提醒在解题前一定要认真审题，反复琢磨题设条件。台上板书这位同学很快发现了错误，修改了解题过程，做对了这道题。

课后，在学校会议室召开了座谈会，主持会议的是田继万老师。各学科老师讲述了听课情况，其实就是评课。谈校长对我的课给予了高度赞扬，夸我概念讲得清楚，教学过程条理清晰，时间把握较好，特别提到板书与纠正学生错误的过程给他留下了深刻印象；同时，对我的课也指出了存在的问题，我讲授函数单调性这节课不能让课堂也“单调”。

会议结束后，我问罗刚民老师主持会议的是不是在罗渡中学教过书的田继万老师，得到了肯定回答。十几年前，田老师给我留下了爱护学生、学识渊博的深刻印象。我对罗老师说：“他是我曾经的班主任老师!”罗老师说：“这个人很有本事，现在是教科所的所长，他那里现在比较缺人，如果你想去，我帮你推荐!”我回答道：“罗老师，我这么年轻，只是个二级教师，去从事教育教学研究，真的行吗?”我与罗老师交换了几次意见，并与爱人一起分析了当时的情况与未来发展，如果有机会到教研部门工作，平台大些，接触的人多些，事情虽多些、复杂些，但我学习深造的机会也多些，未来发展肯定会更好些。

后来，我去拜望了田老师，将我的学习情况与教学情况进行了汇报，并将我想到教研部门从事研究工作的想法向田老师禀明，田老师对我有这样的想法与追求给予了肯定。同时，我向田老师汇报了我当时所带班级的情况，以及当年 7 月份可能被评为一级教师的情况。广安中学当年符合评一级教师条件的有近 70 名教师，指标却只有 7 人，学校不可能同意我评上一级教师后就立即调离学校。田老师叫我先解决职称问题，好好工作，组织考察合格后，再谈调动情况。

1995 年 10 月底，广安地区教委出具借用函到广安中学，姜宝森校长叫我到他办公室，希望我放弃借用到教科所的机会。我给姜校长讲了我的想法，并保证学校班主任工作与教学工作将继续干，而且确保质量，抽空到教科所去从事教学研究工作。于是，从 1995 年 12 月初开始，我一边在教科所从事教研，一边在广安中学从事教学，直到 1997 年所教学生毕业后，于 7 月份正式调入教科所从事教育教学研究工作。

7. 组织教研，在活动中锻造

当时，由于成立广安市不久，教科所只有 4 个工作人员，一个所长，一个副所长，一位女同志，还有一个就是我。那位女同志就是今天上午给我们宣读文件的任所长。我负责组织全市高中学科联合教研组工作，负责中学室全面工作，并担任中学室主任。我的工作主要是每年组织召开全市高中年级组长、班主任会议，研究如何管理年级、班级，如何协调学校、年级、班级、教师、学生、家长间的关系，如何督促检查“教学五认真”等问题。我提出，对于高一，着重研究教学衔接、学生思维品质培养与良好学习习惯养成问题；对于高二，在分析总结上学期期末考试成绩的基础上，注重研究分层教学、文理科学生比例、学科课时划分、如何治理跛科等问题；对于高三，在分析上一个年级学生的期末考试与高考成绩的基础上，主要研究制订高三复习计划、资料的选用、考纲与大纲、教材章节复习过关等问题。2002 年，我还研究制订了《广安市年级组长职责》，明确了年级组长在学校教学与学校管理中的地位与作用。

作为中学室主任，我每学期带领市、县教研员到十几所高完中学校采取“听、看、查、访、会”等形式进行为期两天的集体视导，帮助一线教师吃透教纲、教材，把握考纲，提高教学水平，受到了学校领导与老师的称赞和好评；每年组织召开 200 人左右的高中数学教学研讨会，并亲自拟定研讨主题，研究当前的热点、难点问题，帮助老师提高教育教学研究水平；每两年举行一次优质课评比，参加观摩的老师 200 人左右，课后由我参与点评，帮助参赛老师提高教学水平，观摩老师也有所收获，有效地指导了全市教育教学。

每年高中的期末考试、几次诊断性考试，组织命题、审题、试卷印刷、考试、成绩统计分析、召开分析会议、到学校调研教学情况、提出全市后阶段复习教学建议等等都由我组织完成。当时广安的声誉不比绵阳差，广元、达州、南充、陕西商洛地区都到广安来索要高考诊断试题。

不得不提的是成绩统计工作。2000 年前，计算机还不普及，教研系统还没有配备计算机，只能靠人工用计算器统计。各区市县教研室报来的是各学校的初步统计结果，我们学数学的都知道，要算总体平均分就得从各学校的平均分求出各学校的总分再求全市总体平均分。我转头向左边看学校的统计数据，再转头向右边按计算器，几年下来，当时感觉到很辛苦，不过，可能正是有了那几年的锻炼，我现在还没有颈椎病。

后来，我又兼任了本学科小学、初中数学教研员，还担任了初高中物理教研员、计算机学科教研员等，并开展相应的教研活动。正是这些活动，磨炼了我的意志，增强了我的研究意识，提升了我的组织能力，扩大了我的交际网，认识了更多的优秀教师，积累了更多的课堂教学经验（每年听评课 120 节以上），接触了较多的省内外专家学者，从而拓宽了我的人生视野。

8. 投身研究，在科研中卓越

到市教科所后，我不断加强学习，参加培训，注重自身内涵的丰富。我参加了西南师范大学的研究生班学习，并于 1998 年 12 月完成课程与教学论专业教学管理研究方向研究生课程学习，获得结业证；2000 年 9 月参加了由国家高级教育行政学院举办的为期一周的“第五期高考改革动态培训”；2003 年 5 月至 6 月由广安市委组织部推荐参加了中共四川省委党校举办的为期一个月的“第六期优秀青年知识分子培训”，获得毕业证；2003 年 7 月参加了由中央教育科学研究院组织的为期一周的“全国中小学评价考试制度及课程改革实验高级培训”；2003 年 10 月参加了由教育部组织北京教育学院承办的为期半个月的“基础教育新课程骨干培训者高级研修”活动；2009 年 5 月参加了由四川省教育科学研究所（2017 年更名为四川省教育科学研究院）组织的为期 4 天的“中等职业学校德育课程改革省级培训”；2009 年 9 月至 10 月参加了中共广安市委党校举办的为期 45 天的“第三期知识分子进修班脱产学习”；2017 年 9 月至 11 月参加了由四川省中小学教师信息技术应用能力提升工程执行办公室举办的“四川省中小学教师信息技术应用能力提升工程项目培训”；2018 年 6 月参加了由四川省教育科学研究院举办的为期一周的“职业院校教师素质提高计划骨干培训专家团队建设国家级培训”；2018 年 11 月至 12 月参加了由四川省教师培训项目办公室承办的为期半个月的“中西部项目教师培训团队研修——省级名师名校长工作室领衔人高级研修培训”。近几年，我几乎年年参加高水平学习培训，不断提升丰富自己的内涵。

从教学一线到教研部门后，我自感理论水平不够，为提升理论水平，抽空自学了张庆林的《当代认知心理学在教学中的应用》、张大均的《教学心理学》、刘克兰的《现代教学论》、王可植的《数学教学与德育》、马忠林的《数学学习论》《数学方法论》《数学课程论》《数学教学论》、辛理与龚如义合著的《中小学教研与科研》、戴再平的《高中数学开放题集》、吕达的《中国近代课程史论》、林崇德的《中学生心理学》、瞿葆奎的《智育》、美国 R. L. 桑代克与 E. P. 哈根合著人民教育出版社出版的《心理与教育的测量和评价》、王继延的《基础教育新课程师资培训指导》、周林的《教改经验成果推广研究》、杨启亮的《困惑与抉择——20 世纪的新教学论》、徐辉与徐仲林合著的《当代世界教育改革》、邹尚智的《素质教育理论与实践》、宋乃庆的《教育实践研究》、赵家骥的《21 世纪中国农村教育》、华蓥市教育委员会编的《说课新探》、新蕾出版社出版的《数学教育改革与研究》、曾令波的《小学活动课程的设置及教学改革》、刘兼的《数学课程设计》、孙晓天的《数学课程发展的国际视野》、马复的《设计合理的数学教学》、马云鹏的《数学教育评价》、张奠宙的《数学教育学导论》、张思明的《数学课题学习的实践与探索》、吉昌福的《教育写作教程》、崔允漷的《校本课程开发》、钟启泉等人主编的《为了中华民族的复兴 为了每位学生的发展》等几十部专家学者的教育学、教育心理学、教育测量学、课题研究、教学设计、数学专业理论书籍。

从学校到教研部门，教育教学研究于我而言就是一张白纸，我只有从头开始，积极参加教育科研。1995 年 5 月，初次与田老师交谈后，他给我布置了一个命题论文，叫我写一篇关于教学评价方面的文章参加市上的论文评选。1995 年暑期，我借阅了教育学专业同学的课本《教育测量学》，并写了一篇《双向细目表在试题命制中的地位与作用》参加 9 月份的广安地区论文评选，结果得了一等奖。10 月底，广安中学收到广安地区教委对我的借用函，这可能就是田老师说的考查合格的结果吧。到教科所后，我积极撰写论文参加各级评选活动为教育科研练笔，撰写的论文《试卷难度的指标体系及量化》与《数学课堂教学中应管理思维情景的创设》均获市级一等奖，《数学教学中学生智力品质培养》获得省级一等奖；撰写的《创新教育呼唤创新教师》发表在《广安日报》上，《浅谈高中数学课堂教学中的“三心二意”》发表在核心刊物《中学数学》上，《浅议高中数学教学中如何培养学生“数学建模”核心素养》发表在《天府数学》上。

我跟着田继万老师学做课题研究，参加研究的课题《学习测查指导研究》获得四川省政府教学成果三等奖，参加研究的课题《校外教育研究》获得广安市政府科技进步二等奖，参与主研的课题《高中目标导学与管理研究》获得广安市政府科技进步二等奖。2000年独立主持申报省级立项课题，省级科研资助金（2000元）项目《中学生数学创新能力培养研究》获批，在我市十几所学校进行研究，2005年四川省教育科学研究所组织专家进行了结题鉴定。专家组肯定该课题的研究，认为其转变了教师的教学观念，将传统的只注重知识传授、只强调形式化的逻辑推理、“满堂灌”与“题海战术”式的数学课，转变成了学生喜欢的充满美感和生机的数学课，让学生真真切切感受到了学数学的乐趣，使原来害怕上数学课厌恶数学学习的同学，现在对数学学习有了亲近感、轻松感，学习兴趣大大提高。开展研究的学校学生巩固率逐年提高，参加中考与高考的人数逐年增加，基本扼制了学生还没有完成初中或高中学业就外出打工的现象，极大地提高了我市公民的文化素质。同时，这次研究也培养了大批骨干教师、学科带头人，如：参研人员中张建明、夏都明、舒世均等相继评为特级教师，张建明、李宽志等评为省市数学学科带头人，夏都明、周德兴、张华明等走上领导岗位，参研教师发表与交流论文达1000多篇，其中获全国奖30多篇，省级奖40多篇，市级奖660多篇，评全省优质课6人次，市优质课20人次。

目前，主持国家级重点课题《职业教育混合所有制办学政策研究》、省级资助金（6000元）课题《广安市中等职业学校教师专业发展调查研究》、市级课题《广安市中等职业教育发展调研》与《加强中职教科研，为中职教育发展提供永动力——关于中等职业学校教学管理与教科研调研》。课题成果《广安市中等职业教育发展调研报告》荣获省级一等奖，《加强中职教科研，为中职教育发展提供永动力——关于中等职业学校教学管理与教科研的调研报告》荣获省级二等奖。

9. 功不唐捐，梅花香自苦寒

1995年我被评为中学一级教师，2000年被评为高级教师，2006年被四川省人民政府授予“中学特级教师”荣誉称号，2018 年遴选成为四川省首批名师名校长工作室领衔人。

1998 年我任广安市教科所中学室主任，2002 年任办公室主任，2008 年任职教室主任，2016 年任副所长。

1998 年我加入省教育学会数学专委会，任理事；同年加入省数学会，任理事至今；2000 年加入中国数学会。2007 年再次任省教育学会数学专委会理事，并被选为常务理事；2012 年再次被选为省教育学会数学专委会常务理事，并被选为学术委员会委员（共 2 名）；2015 年被聘为四川省中等职业学校数学科教学指导会委员。现为四川省中等职业学校教学诊断与改进专家委员会成员，广安市中等职业学校教学工作诊断与改进专家委员会主任委员。近几年担任省中职数学考试命题、审题工作。

2005 年我被市人事局聘为职称评审委员会评委，2015 年、2016 年被省职称评审委员会聘为评委。2017 年、2018 年为广安市高级职称评审委员会主任。2010 年、2012 年被聘为四川省青年数学教师优质课评比活动评委，2014 年被聘为四川省青年数学教师优质课评比活动评委组长。2015 年、2017 年被聘为四川省中等职业学校数学教师优质课评比活动评委。

2001 年度我被评为“四川省教育学会先进个人”，2005 年被四川省教育厅评为“四川省基础教育课程改革先进个人”，2007 年课改工作事迹由四川省教育科学研究所网站课改专题课改精英栏向全省教育界宣传。1998 年、2004 年我被市教育局分别评为第一、第二届教研先进个人，2001~2005 年连续五年被市教育局评选为先进工作者，2006 年、2008 年、2012 年被市教育局评为先进个人。2007 年被广安市教育局评为办公室工作先进个人，2008 年被中共广安市教育局机关总支部评为优秀共产党员，2009 年被广安市教育局评为教育宣传工作先进个人，2011 年被广安市教育局评为普通高中教学与管理工作先进个人，2017 年被评为高中教育先进教育工作者，2018 年被评为广安市职业教育先进工作者。

10. 为中职生，作名师领衔人

2007 年，广安市教科所与市教育局职教科联合举办了一次职业高中数学学科教师教学能力比赛，我担任评委。那是我第一次担任中等职业教育教学能力比赛的评委。每区市县一个参赛老师，整个会场除 5 个评委与 5 位参赛老师外，再没有其他人员。我当时非常惊愕！通常这种场合参会人数应该是几十上百人的呀！我询问中职教研员同事与学校校长，他们说文件上要求了要选派人员现场观摩的。学校校长当场打电话给各中职学校请求选派人员来捧场，直到下午比赛结束，也没有观摩教师到来！同事说："中职教研非常难做！很不好做！"

我回所后，将这个现象给所长作了汇报。那时，我是初高中数学、物理教研员，信息技术教研员，中学室主任。我请示领导将我的物理与信息技术教研工作拿出，让我专心干中职教研与本学科教研工作。所里经过研究，同意了我的请求，于是从 2008 年起，我就开始从事中职教研工作，原中职教研员改作普教语文教研员。

紧接着，我在广安市各中职学校开展调研，听学校校长、教师对中职教学的看法，并请他们提改革意见。慢慢地，我参加的各种职业教育教学研讨会议多了起来，与四川省教育科学研究院从事中职教研的人员、各市州教科所职教室主任、中职教员的接触也就多了起来，我对全省的中职教研现状就有所了解了。在一次全省中职研讨会期间，四川省教育科学研究院副院长曾宁波开玩笑地对我说："谯老爷子，你从事普教数学教研工作多年，已是特级教师了，是数学教研的专家。现在，你对中职教研应该有所了解了吧？如果你能解决中职数学课堂上学生普遍打瞌睡的问题，那你才是真正的数学教研专家！"

我知道这句话的现实意义与分量。当时中职文化课中数学学科是弱势学科，学校不重视，存在非数学专业的教师上数学课的现象，更有甚者让人文学科教师上数学课。在调研中，发现一些中职学校没有科学设置数学课程，不知道怎样划分课时，几节课的内容一节课上完，理由是"学生数学基础差""反正学生也听不懂"。数学课两年上完的有，一年上完的有，一个学期上完的也有，周课时多的七八节，少的一两节，可想而知，数学课堂教学的规范性不强也在所难免。课堂上学生两眼直直地望着老师，直至昏睡，出现"教师讲课不断，学生呼噜一片"的现象！

时间来到 2018 年暑假，我还在外地旅游，广安市教科所办公室主任打电话说省上在遴选名师工作室领衔人，要求符合条件（特级教师或正高级教师）的教研员都要报名，准备推荐我申报高中数学或初中数学名师工作室领衔人，我问有没有中职数学名师工作室，得到肯定回答后，我决定申报中职数学名师工作室领衔人。我当时的想法是：看看全省的中职数学教学现状；看能否解答曾宁波之问，解决中职数学课堂上学生普遍睡觉的问题，让老师善教乐教，不断地探索数学学科核心素养的培养方式，在课堂教学中，通过小实验、小游戏，运用现代教学手段不断地提升学生的数学兴趣，变"要我学"为"我要学”，并结合数学在专业课程学习中的工具作用，实现学生专业技能的精进；让中职学生通过数学学习，具备用数学的眼光观察世界，用数学的思维分析世界，用数学的语言表达世界，完成“中国实现全面小康，一个人也不能少”的任务。

附：名师工作室领衔人现场答辩整理稿

各位领导、专家：

下午好！

根据答辩要求，我就工作室建设与规划以及我抽到的试题：

1. 请结合实际，谈谈名师工作室在促进区域教育发展方面发挥着哪些独特作用；

2. 作为名师工作室的负责人，你打算如何建设工作室？

3. 请结合实际，谈谈自己如何成长为卓越教师。

综合答辩如下：

1. 名师工作室的独特作用

首先我从个人优势和我省中职数学教育现状两个方面进行初步阐述。

（1）我作为名师工作室领衔人的优势

8 月份，当我看到川教函〔2018〕458 号文件所列名师工作室建设计划中有中职数学名师工作室时，我毫不犹豫地选择了。我认为我来当中职数学名师工作室的领衔人是有优势的。

①人脉优势。我从事教研工作 24 年，中职教研工作 10 年以上，现为单位副所长，分管职业教研工作，并兼任职教室主任、中职数学教研员，与各市州所长、分管所长、职教室主任比较熟悉，经常参加四川省教育厅职成处、省职教学会、省教科院职成所的培训，得到这些单位领导的业务指导。我有广泛的人脉优势，协调、组织管理能力强的优势。

②对职业教育认识上的优势。我参与了省政府参政室对全省中职学校基础能力建设的部分市州的调研，参与了省教科院职成所组织的全省中职学校教学情况的调研，我也是省中职“诊改”工作组的专家，在省教科院职成所的组织下经常与各市州职教室主任开会研讨交流中职办学现状、谋话中职内涵发展的举措，我每年也协助我市教

体局组织各区市县教科体局分管局长、职成股长、中职学校校长、教务处主任赴重庆等地中职学校学习考察。因此，我对我省职业教育的现状有较深的认识，能够理论联系实际，实事求是，扎实稳健地开展工作。

③对中职数学全面认识理解的优势。在中职数学学科方面，我参与了全国中职数学课程标准制订意见征求会，结合普高数学课程标准实施情况提出了中职数学课程标准内容意见，特别是数学学科核心素养方面；并参与组织制订全省中职数学教学指导意见；参与了几次全省中职学校学业水平考试数学试题的命题、审题工作，并对考试成绩进行统计分析。我是省中职数学教学指导委员会成员，参与了全省中职数学优质课评选工作等，对全省中职数学教学水平有较全面的认识理解，知道如何有的放矢地示范引领、培训指导。

④教科研、教学改革、培养青年教师方面的优势。我组织领衔在研的中职教育教学方面的教育部立项重点课题 1 个，省级立项课题 1 个，市社科联立项课题 1 个，市教体局立项课题 1 个，目前社科联课题已结题。同时，我也是 2006 年评选的特级教师，在普教新课程改革工作中，我被省教育厅评为先进个人，因此，我有较强的教学研究能力与教学改革能力优势，能引领、指导名师工作室的工作，起到领头羊的作用。

（2）我省中职教育与中职数学教育教学现状

基于上面的一些优势，我对职业教育教学的现状以及中职数学教学实际情况有以下认识。

我省中职教育在省教育厅、省教科院的领导下，通过“诊改”工作、年度质量报告、学业水平监测、办学行为规范检查、教育教学规范检查等等一系列活动与举措，走向了健康快速发展的轨道。但是，与普高教育相比中职教育还存在许多问题，具体表现在：

①职业学校更加重视专业课教学，轻视文化课教学，文化课专任教师数量短缺。

②文化课中数学学科更是弱势学科，存在非数学专业的教师上数学课的情况，更有甚者，让人文学科教师上数学课。因此，数学课教学规范性不强就在所难免，有的教师不知道怎样划分课时，几节课的内容一节课上完，有的教师认为“学生数学基础差”“反正也听不懂”就一学期上完所有数学课程，很多教师的课堂上呼噜声一片。

③中职数学课教学进度不统一，教学课时不统一，教材不统一，因此教学质量也

难统一监测评估。学校自行其是，教学质量也只能是数学老师自己说了算。

④数学教学方法落后，许多教师只用一支笔，一本书，一讲到底，没有师生互动，没有学生参与。学生听着难受，老师教着也难受。这种教学没有变“要学生学”为“学生想要学”，没有结合学生专业实际研究学生的真实需求。

⑤职业教育教学辅助资料太少太少，无法与普教比。本身职中的数学教师教学研究的水平有待提高，又无可供教学参考、研究的资料，特别是学生有升学需要的学校，对教辅资料有着较强的需求。

⑥全省职业教研队伍量少力单。国家提出的普职招生比大体相当，教研力量理应大体相当。然而，现实是骨感的。市县一级教研部门不能像普教一样为一线教师提供太多的教学研讨平台，再者由于学校规模较小，可能一个数学老师要教全校的数学课，他也苦于没有与之相商讨的伙伴，一些地方的教师进修校几乎不过问职业教育教学。所以，中职数学教师的教育教学研究能力提升还有较大的空间。

个人优势是发挥名师工作室独特作用的有利条件和重要保障，对我省中职数学教育现状的认识是发挥名师工作室独特作用的强大内因和动力来源。另外，名师工作室独特作用的发挥离不开一个全省平台的搭建和良好机制的完善，这一方面的阐述我将体现在名师工作室建设规划中，不再单独赘述。

2. 中职数学名师工作室建设规划

基于上面职教数学教学情况，结合名师工作室建设实施办法，中职数学名师工作室建设、规划与普教名师工作室建设、规划有较大的区别，或者说实现目标的路径与策略有所不同。

（1）指导思想

以邓小平理论、“十八大”“十九大”精神、习近平总书记重要讲话、全国教育大会精神、特别是职业教育方面的讲话精神为指导，全面贯彻党的教育方针，落实立德树人根本任务，培养社会主义核心价值观，严格按照《四川省中小学省级名师名校长工作室建设实施办法》开展工作。

（2）目标任务

根据我省中职数学教学的特点，通过引领一定数量（10 名）的中职数学教师进入工作室研修，打造信息化的中职数学教师发展共同体。采用线上理论学习，线下实践研讨相结合，借助省级教学研讨活动与市级中职数学教学竞赛、研讨等活动平台，主要完成如下任务：

①规范全省中职数学教学行为，开足上好数学课。

②初步规范统一全省中职数学教学计划，按照数学学科教学标准开展教学。

③大力开展中职数学教学改革研究，更新中职数学教学理念和教学手段，结合专业教学标准，找到中职专业课程所需工具性数学知识，实现文化课教学标准与专业课教学标准的有机融合，变“要学生学”为“学生想要学”，发挥学生的主观能动性。多开展活动课教学，还中职数学课堂生机与活力。

④结合中职学生所修专业的特点，开发中职数学教学辅助资料。如优秀教案集，教学指导丛书，相应的同步练习册，复习指导丛书等能通过相关部门审定的用于提升中职数学教学质量的参考书。帮助教师钻研教材、学科教学标准与所教学生的专业课程教学标准，大面积提升全省的中职数学教育教学质量，为办人民满意的中职教育作出应有的贡献。

⑤针对中职数学教育教学中的重难点问题开展课题研究，如中职数学教师现状调研及其专业发展路径研究、中职数学教学标准与某一个具体专业课程教学标准深度融合研究等。

⑥造就一批在四川省有一定影响力的中职数学教育教学研究型领军教师。

（3）实现目标路径方法

第一阶段：2019 年 1 月~2019 年 6 月，组建名师工作室团队，加强理论学习和专业知识研讨，提升成员的理论水平和专业素养。

①学习职业教育的政策文件，把握党和国家的教育方针、职业教育培养目标。

②学习教育理论书籍，如《教育学》《心理学》《教学设计原理》等，提升团队成员的教育理论水平。

③学习研读中职数学教学标准，钻研教材，提升团队成员的专业素养。建立研修群，开展网上学习研讨，组织一两次现场研讨会，让每人写出 1~2 篇心得体会文章。出简报 1~2 期。

第二阶段：2019 年 6 月~2020 年 6 月，每位成员除继续加强理论学习外，重点钻研 1~2 个专业课程教学标准，研究、找出专业课程所需的工具性数学知识，并根据数学活动课的特点，准备一堂新授课、一堂概念课、一堂讲评课，供名师工作室集体磨课。根据省教科院职成所年初工作安排，与各市州教科所（院）职教室主任联系，掌握省上、各市州中职数学研讨活动的时间、地点，结合各成员的具体工作，选派成员参加活动，上公开课、示范课、研究课，作专题报告。通过成员的示范，与各市州职教室主任联系商讨，大范围规范中职数学教学行为，部分统一中职数学教学计划。尝试中职数学教学改革，利用职教室主任的力量，初步完成对全省中职数学教师现状调研，利用“统计星”软件完成分析。收集相关课题研究数据。期间，领衔人开设研训专题不少于 6 次，开展专题报告 2 次以上，每位成员听评课 2 次、专题报告 2 次以上。组织部分成员外出学习考察 1 次，外聘专家讲学、上示范课 2 次，让成员在活动中提升教学能力，引领中职数学教学水平。每位学员发表 1 篇论文。出简报 4 期。

第三阶段：2020 年 6 月~2021 年 6 月，在上年研修的基础上，继续加大理论学习力度、专业素养提升力度。借助项目办的力量，学习借鉴其他名师工作室好的经验，反思中职数学名师工作室存在的问题，提升工作效率。配合市州职教室主任，开展团队研修，送教下乡、送培到校、教育帮扶活动。更大范围规范中职数学教学行为，统一中职数学教学计划，加大中职数学教学改革力度，再次对全省中职数学教师现状进行调研、统计，并与上一阶段的情况作比较分析。继续收集相关课题研究数据。期间，领衔人开设研训专题不少于 6 次，开展专题报告 2 次以上，每位成员听评课 2 次、专题报告 2 次以上。组织部分成员外出学习考察 1 次，外聘专家讲学、上示范课 2 次，在更大范围提升中职数学教育教学质量，让老百姓放心中职教育，让成员在活动中升华自己，成为学科领军人物。每位成员发表高质量论文 1 篇。出简报 4 期。

第四阶段：2021 年 6 月~2021 年 12 月，总结提炼阶段。对两年半收集的数据进行整理、归类、比较、分析，提炼成果。编写中职数学教学辅助资料。开展一次大型的学术成果汇报会，请领导专家验收评估。

（4）成员组建

根据工作室的组建要求，与各市州职教室主任联系，推荐在当地有较大影响的、教育教学研究和实践能力强的优秀教师组成。每个市州原则上不超过 2 人。

总之，由于我在工作经历方面有优势，对职业教育、职业中学数学教学有深刻的认识，掌握到了中职数学教学中的重难点问题，由我领衔的名师工作室能接地气，有的放矢，能得到各市州支持，影响面大，能大范围提升中职数学教学质量，提升教师的专业能力。

名师工作室的最终落脚点在学生，让学生学习行为得到改变，学习成绩提升，从而让家长放心中职教育。工作室成员在成就学生的基础上，通过活动也磨炼升华自己。

3. 如何成为卓越教师

最后，关于如何成为卓越教师，我想到的是：一个农民卷起裤腿，撸起袖子，修坎犁田，灌水栽秧，除草施肥、杀虫除害，并不断思考如何让稻穗颗粒更多、每颗都饱满，长此以往，这块田产量得到大幅提升，他就成了卓越的农民。

其实，教师也应该像农民这样有一定的专业知识、善用工具、关注细节、持续跟进、勤奋踏实、不断反思与提升，才能够成为卓越教师。而名师工作室的出现，不过是提供科学、规范、良好的机制做保证，搭建一个叠加经验、汇聚智慧的平台，让这个过程更加顺利，教师少走弯路罢了。

由于得到通知的时间是 10 月 9 日下午，准备不充分，逻辑可能还有点乱，请领导、专家谅解！

我讲了这么多我的经历，并不是卖弄我有多么优秀，而是想引出今天的话题——一个人只有在活动中方能锻造自己，在科研中才能走向卓越。人在事上练，刀在石上磨。

二、在活动中锻造，在科研中卓越

（一）名师称谓、职责定位

1. 定义：何谓名师？

（与成员讨论）

①在教育培训领域公认的有重大贡献和影响的名望高的学者、教师、培训师等。

②有精湛的教学技能，深厚的教育理论功底，正派而内心修为深厚的教师。

③掌握教育规律并能运用于教育实践、深受学生喜爱的教师。

其实名师没有确定的定义，但是又可以描述其特征，正如集合概念一样。

④与成员一起诵读《大学》部分文段，并从中悟出：明明德、亲民、止于至善、定、静、安、虑、得、修身、正心、格物致知等概念在中职教育教学中的含义，在自己专业成长过程中如何去做。

大学之道，在明明德，在亲民，在止于至善。

作为中职数学名师工作室的成员，想要随着时间的推移，最终成为各级名师、卓越老师、有大学问的教育者，在于彰明自身的光明之德，践行核心价值观，还要培养中职学生的学科核心素养，使其成为实现百年梦想道路上的社会主义建设者和接班人；在于亲爱民众，也就是热爱中职学生，不要将他们视为没有出息的人，要像自己孩子一样呵护；在于使人达到至善的境界，将最好的正能量知识呈现给你的学生，让你的中职学生课堂上有所得，尽可能地发挥他们所有的潜能。

知止而后有定，定而后能静，静而后能安，安而后能虑，虑而后能得。物有本末，事有终始。知所先后，则近道矣。

知道达到至善的境界而后才能确定志向，确定了志向才能心无杂念，心无杂念才能专心致志，专心致志才能虑事周详，虑事周详才能达到至善。万物都有其本末，凡事都有其终始。知道了应该先做什么，后做什么，那就接近于大学的宗旨了。当教师确定了一切为了中职学生，为了中职学生的一切，就应该潜下心来钻研教学，思虑如何才能上好每一节课，进而想到首先使自己的专业成长起来，达到中职教师国家标准，研究课程标准、教材、资料就会专心致志，并不断改进教学方法，总结经验教训，形成文字，长此以往，心无杂念，就会成为名师、卓越老师。

古之欲明明德于天下者，先治其国；欲治其国者，先齐其家；欲齐其家者，先修其身；欲修其身者，先正其心；欲正其心者，先诚其意；欲诚其意者，先致其知。致知在格物。物格而后知至，知至而后意诚，意诚而后心正，心正而后身修，身修而后家齐，家齐而后国治，国治而后天下平。自天子以至于庶人，壹是皆以修身为本。

古代想要把自己的光明之德推广于天下的人，首先要治理好自己的国家；要治理好自己的国家，就要先管理好自己的家庭；要管理好自己的家庭，就要先修养好自身的品德；要修养好自身的品德，就要先端正内心；要端正内心，就要先意念真诚；要意念真诚，就要先知道什么是善恶吉凶。行善则有善报，行恶则有恶报。报应的不爽才能使其辨别善恶。能辨别善恶才能使其意念真诚，意念真诚才能使内心端正，内心端正才能使品德好生修养，品德好生修养才能使家庭管理得好，家庭管理得好才能使国家得到治理，国家得到治理才能使天下太平。上至天子，下至普通百姓，都要把修养自身品德的问题当作根本问题来抓。成为卓越老师、天府名师，才能更好促进学生全部潜能得到发挥，成为德智体美劳全面发展的高素质劳动者和技术技能人才。这里重点要关注品味“修身”“正心”“诚意”“格物”的现时意味（后面讲）。

其本乱，而末治者否矣。其所厚者薄，而其所薄者厚，未之有也。

这个根本问题没有抓好，而要使家庭、国家、天下的问题解决好，那是不可能的。该下力气的地方没有下，不该下力气的地方却下了力气，这样做而希望得到好的结果，也是不可能的。这就叫作知道根本，这就是最高的智慧。工作室的成员，要协调好家庭、单位、工作室三者之间的关系。工作室的期限只有两年多接近三年时间，要完成较多的研修任务，大家相距又比较远，有时要集中研讨，可能需要几天，乃至一周时间，涉及家庭安排、单位协调等，有时可能利用节假日、休息时开展网络教研，涉及家务、教育孩子、学校本职工作等，这些都需要我们正确对待，不能因为是省级名师工作室成员了就不做家务，而是要在平时多做家务，在单位不可趾高气扬，为人更要平和低调，处理好与同事的关系，多帮忙，特别要处理好与学校领导的关系，争取多做事，为领导分忧。

⑤教育是国之大计，党之大计

全国教育大会的召开，将教育提高到了前所未有的高度：教育是国之大计，党之大计；提高教师政治地位、社会地位、职业地位；坚持把教师队伍建设作为基础工作。这对教师队伍建设提出新的更高要求，也对全党全社会尊师重教提出新的更高要求。做老师就要执着于教书育人，有热爱教育的定力、淡泊名利的坚守。随着办学条件不断改善，教育投入要更多向教师倾斜，不断提高教师待遇，让广大教师安心从教、热心从教。

再回过头来看什么叫名师，各位心中应有所悟了吧！

名师的职责是什么？你怎样定位？

2. 职责定位

①普通教师

（与成员讨论）

a. 你认为普通教师是怎样的？（认真教书、干好本职工作……）

b. 我遇见过的教师。（我通过视导，开学工作检查，职业学校调研，教务处工作检查等接触了各种教师。有的老师上课一周后，还没有写教案；有的老师看到我去随堂听课把我推出教室；有的老师本该上新课，看到有人听课就改上试卷评讲课；有的老师只拿课本不拿教案上课，没有教研计划，没有批注记录等）

c. 我本人是一个普通的教师。（在广安中学教书近 8 年，始终坚持开学前至少备 1 周以上的课，头天晚上要完善第二天的教案，考试当晚晚自习就要批改完试卷，第二天第一节课就发到学生手上，复习资料上的题必须自己做一遍，要讲的题必须先做，并思考多种解法等）

②骨干教师

骨干教师一词的使用在我国始于 1962 年 12 月教育部《关于有重点地办好一批全日制中、小学校的通知》。中学骨干教师一般界定为：在一定范围的教师群体中，师德修养、职业素质相对优异，有一定知名度、被大家公认的、具有较为丰富的中学教育经验，在学校的实际教育教学活动中承担了较重的工作量，对教育研究方面有一定兴趣和较为突出的能力，取得过一定的教育教学研究成果，并对一般教师具有一定示范作用和带动作用，能够支撑所在地区或学校的学段或学科教学和教学研究工作的中学优秀教师代表。

③优秀教师

（让成员思考讨论并说出优秀教师应具备的素质）

a. 用积极的态度感染学生。

b. 不受偏见影响。

c. 有效管理课堂。

d. 让教学充满活力。

e. 帮助学生建立自律习惯。

f. 提前制订明确的计划。

g. 上好每一堂课。

h. 充分利用教学资源。

i. 认真进行教学评估。

j. 与家长积极沟通，友好合作。

④知名教师（没有定义，你知我知他知，影响范围）

⑤著名教师（没有定义，你知我知他知，省以上知名）

各位成员，在你心目中，想成为一个什么样的教师？你的定位是什么？无论你想成为什么样的教师，都离不开以活动为载体，以研究为途径。下面就从平常的活动中谈起。

（二）活动研究，走向名师

1. 教学活动中

（成员讨论）

①教学设计

教案、学案、教学设计的异同？教案撰写注意些什么？你平时是怎样进行教学设计的？（教案注重的是教，学案注重的是学，而教学设计既注重教更注重学。关键点：学生因素，主体与主导，教师中心、学生中心，不同的课型等）

②课堂教学

你知道哪些课堂模式？你尝试过什么课堂模式？课堂教学中注重的是什么？（关键：思维提升，思想提高，学会做人；教师的表率作用等）

"翻转课堂"译自"Flipped Classroom"或"Inverted Classroom"，也可称为"颠倒课堂"，是指调整课堂内外的时间，将学习的决定权从教师转移给学生。在这种教学模式下，课堂内，学生能够更专注于主动的基于项目的学习，共同研究解决现实世界面临的问题，从而获得更深层次的理解。教师不再占用课堂的时间来讲授信息，这些信息需要学生在课前自主搜集，他们可以看视频讲座、听播客、阅读功能增强的电子书，还能在网络上与别的同学讨论，能在任何时候去查阅需要的材料。教师也能有更多的时间与每个人交流。课堂外，学生自主规划学习内容、学习节奏、风格和呈现知识的方式，教师则采用讲授法和协作法来满足学生的需要和促成他们的个性化学习，其目标是为了让学生通过实践获得更真实的学习。翻转课堂模式是大教育运动的一部分，它与混合式学习、探究性学习等在含义上有所重叠，都是为了让学习更加灵活、主动，让学生的参与度更高。互联网时代，学生可以通过网络学习丰富的在线课程，不到学校一样可以接受教师的指导。互联网尤其是移动互联网催生了"翻转课堂"教学模式。"翻转课堂"是对基于印刷术的传统课堂教学结构与教学流程的彻底颠覆，由此将引发教师角色、课程模式、管理模式等各方面一系列的变革。

微课，是指运用信息技术按照认知规律，呈现碎片化学习内容、过程及扩展素材的结构化数字资源。

还有微格课，以及传统的新授课、习题课、讲评课、复习课等概念。

③评估检测

先对普通高中做法进行简单介绍。

学校层面：周考、月考、半期考试、期末考试，模拟考试等，教师命题、阅卷、分析等。

市县层面：联考、诊断考试，教师命题、阅卷，成绩统计分析，召开不同层面分析会，如学校层面、学科层面等。

教师在这些活动中提高了命题水平、分析问题的能力，找到了改进教学的方法。特别要注意的是市县的统考成绩还是学校考核教师的重要指标之一。

中职学校怎样做的？（讲中职调研中的现象）

由于中职教育与普高教育的不同，中职不可能像普高那样频繁地进行各种形式的检测，这已是常识。但调研中发现，中职学校连起码的半期考试、期末考试都不重视，特别是数学学科，一个教师上一个年级的数学课，考试都是任课教师自己命题考自己的学生。学校层面对教学质量还是十分重视的，对教师的考核评价，也只能从出勤情况、上课到岗情况、上课量、备课量、作业批改情况、政治学习情况等来进行定性或粗略的定量考核评估，对课堂教学质量、学生学习质量无法进行科学考核。学校校长呼吁在市级层面进行统考，从而促进学校办学质量的提升。

你们如何看待？（由成员讨论，重点落脚在对质量监测的认识，中职需不需要进行质量监测，目前情况下怎样科学进行质量监测等）

我们应该怎样做？（由成员讨论，首先现场调研成员学校周课时情况，在成员学校开展质量监测，统一进度，统一考试范围，如何命制试题，以前是怎样命制试卷的等）

2. 教研活动中

总体要求：观察仔细，思考清楚，说理明白。

两个维度：一是自己主战场，上各种课，课后说课；二是听课评课。

①学科教研活动：在本专业内，自己要有见解，切忌大话，空话。言之有物，言之有理才有利于同行改进教学，提高教学质量。

介绍一下上海“新基础教育”实验基地学习培训班评课情况。

2017 年我参加了由省教科院组织为期一周的全省骨干教研人员赴华东师范大学“新基础教育”实验基地学习培训班培训。通过高强度的听课、议课与评课活动以及高水平专家的讲座，参训人员明白了叶澜教授主持的“新基础教育”的内涵与外延，掌握了“新课程改革”与“新基础教育”的异同。期间听了一节小学数学课，观摩的教师有 200 余人。在评课环节，一位课改组专家对这节课提出了严厉的批评："你都是课题组老人了，今天这课上成这样！简直是脚踩西瓜皮！"这位上课教师当场掏出手绢不断地抹眼泪！专家不仅指出课堂上存在的问题，也提出了改进办法，突显了专家水平之高。

在讨论环节，领队省教科院刘涛院长主持会议时说："这样的评课，四川何时能见？"省教科院语文教研员段增勇说："四川大多数评课是先讲一大堆光鲜的话，再提几点改进意见，像这种'虎爸虎妈式'的评课少见！"

第二天，这位上课的老师成了我们的讲座专家，讲了她在课题组成长的历程，从一所偏远的小学普通教师，一路走来，成为区域重点小学的业务副校长。她说："像昨天那样的评课还算温柔的，而且大家也喜欢这样的评课，这样的评课带来的长进更大，因为不足只有他人才能看得更清楚！"

还有一节《平均数》的示范课让我印象深刻。

在一次广安市"双主双优"课堂教学展示活动上，一位教师上了一堂《平均数》第一课时。听课教师近 500 人，而且是借班上课，课前没有与学生见面。上课教师列举了一些案例来帮助学生理解"平均数"的概念。其中一个案例是投篮水平比较：每次投篮 1 分钟，男子每人投 3 次，女子每人投 4 次。

小明的成绩：5，5，5；亮亮的成绩：3，4，5；洋洋的成绩：3，7，2；婷婷的成绩：4，8，5，1。教师引导学生通过对小明、亮亮、洋洋、婷婷四个孩子成绩的平均数的比较，找到投篮比赛的冠军，初步感知到平均数的作用。通过小组讨论后，教师得到了想要的结果，正准备往下讲时，有个小男孩举手并站起说："老师，我发现平均数不存在。"这时老师有点懵，没想到学生会提出这样的问题，但是，老师反应较快，反问其他同学："你们说平均数存在不？"其他同学齐声回答："存在。"于是，老师叫学生坐下，开始讲余下的内容，讲完后并提出问题让学生回答。这个同学又举起了手，老师叫他回答，他说："老师，我还发现平均数不稳定。"显然答非所问，老师要求学生认真听讲，并让其他同学回答这个问题。在最后课堂小结时，这位同学再一次举起了手，老师还是给了他发言的机会，他说："老师，我还是觉得平均数是不稳定的。"这时，听课的几百位教师哈哈大笑。老师机智地说："这个问题我们下来讨论，好吗？"然后，老师抽选了几个同学谈了谈学习收获，结束了这堂课。

这位老师的课堂处理方式得到很多教师的认可，他是一位非常优秀的老师，充分体现了教师主导课堂的技巧，较好地展示了学生的思维过程，激发了学生的创新思维，始终捍卫学生的发言权，学生的主体地位得到了彰显。但是，在我看来，如果这位老师能处理好提“怪问”同学的问题，这堂课才够精彩，课的质量将更上几个台阶，创新思维将在这节数学课上得以充分体现，这位男孩的创新思维火花将会点燃。

这位老师应该在小男孩第一次质疑“平均数不存在”时，停下进度，追问他是怎么想的，是指平均数这个数字不存在，还是指平均数所代表的“成绩”不存在。我想，这位小男孩一定是说的后者，在搞清了这点后，我们的老师对平均数要有本质的认识，才能回答这个问题。我们知道平均数由一组数据中所有数据之和再除以数据的个数而得到，它是表示一组数据集中趋势的量，是反映数据集中趋势的一项指标，是一个虚拟的数，可以是这组数据里的某个数，更多情况下不是这组数据里的数。在统计中，对一组数据的全面评估，只看平均数是不够的，我们还会借助中位数、众数、标准差等数据来考察。小男孩能直觉感悟到平均数所代表的“成绩”不存在，初步悟到平均数的本质，说明他思维品质很高，教师如果即时给予小男孩肯定、表扬、鼓励，让他展示思维过程，其创新思维火花将被点燃，成为未来的数学家都是可能的。

小男孩两次质疑“平均数不稳定”，老师更应该弄清楚这个学生为什么这样执着？在哪个地方产生了质疑？为什么会产生质疑？我想这个小男孩应该是在比较小明的成绩 5，5，5 与婷婷的成绩 4，8，5，1 时产生了质疑。婷婷的前三次成绩不比小明差，说明婷婷的投篮水平比小明高，但是，在投第 4 次后，平均成绩下降了，这时，小男孩感到困惑，前 3 次的平均成绩代表婷婷的投篮水平呢还是 4 次的平均成绩代表婷婷的投篮水平呢？他想，同一个人投篮水平应该是不变的，所以，他质疑了。弄清了质疑的原因，我们更应该为小男孩的质疑喝彩。

我们知道，平均数的优点是它能够利用所有数据的信息，而且比较好算，平均数是使误差平方和达到最小的统计量，也就是说用平均数代表全体数据，可以使二次损失最小。但是平均数也有不足之处。因为利用了所有数据的信息，平均数容易受极端数据的影响。例如，一个单位里，经理和副经理工资特别高，就会使得这个单位所有成员工资的平均水平也表现得很高，但事实上，除去经理和副经理之外，剩余所有人的平均工资并不是很高。

小男孩的质疑触及到了平均数的不足之处，可谓思维品质之高，理应得到我们老师的表扬与激励，让其创新思维火花熊熊燃烧。

②学校教研活动：当有不同学科教师在一起听评课时，特别是评非本专业的课时，多

从学生的角度进行评课，抓关键，抓要害，一针见血。少从知识方面评，多从育人角度思考。

我听过一节小学语文示范课《少年闰土》。

在广安市组织的一次全市小学语文优质课展示活动上，一位老师上了一节《少年闰土》，在接近尾声时，请同学来谈学习这节课后的感想。有一位学生举手回答："我读了'走路的人口渴了摘一个瓜吃，我们这里是不算偷的'这句后，我更喜欢农村，这里的人不像城里那样斤斤计较！"当时，上课的老师有点懵，根本没有想到学生会这样回答，不知道怎样来评价这位同学，只好说："不错，你能将农村与城市进行比较"，然后叫这位同学坐下，让其他同学来谈感想。

这位老师教案意识较浓，没有备到的内容不作回答与深究。义务教育语文课程标准中要求通过语文学习"为学生形成正确的世界观、人生观、价值观，形成良好个性和健全人格打下基础"。小学阶段正是学生三观开始形成的时期，而教育二字中"教是手段，育才是目的"，这位老师为什么不思索一下学生为什么要这样说？她幼小的心灵里怎么留下了城里人斤斤计较的印象？其实，课堂生成的资源她没有抓住，该出彩时戛然而止。如果在这里停下来，叫学生说说城里人怎么斤斤计较了，老师再根据学生说的，作出正确引导，那该多好啊！

③省市县域教研活动：站在教育教学理论基础上进行，从四种角色角度进行评课：一是欣赏者，讲这节课成功的地方，优秀的方面；二是审视者，审视这节课目标达成度，学生主体作用体现度，教师主导作用发挥情况；三是诊断者（医生），挑毛病，找改进的地点，从教学角度、教育角度、教学技巧角度等等；四是研究者，站的高度更高，从立德树人的角度思考，围绕"培养什么人、怎样培养人、为谁培养人"展开，从"三观"来谈，又如从《少年闰土》一课中"不算偷"说起。

3. 科研活动中

①课题研究

课题研究是指对特定主题或问题进行系统性的研究和分析，以揭示其内在规律、性质和特点，提出具体的解决方案或建议。

课题研究起源于19世纪的西方国家，主要用在自然科学领域。其实，各行各业都有其自身的主题或问题，不仅是自然科学领域，也包括社会科学领域、人文科学领域，目前，跨学科领域课题研究已开展。在教育行业，这种课题研究也称为教育科研。

②教育科研

根据课题研究的定义，不难得出教育科研就是以教育问题为研究对象，按照科学的研究程序和方法（四川省教育科学研究院规划办已进行规范），分析找到教育内部存在的规律、性质和特点，提出具体问题的具体解决方案或建议。

对一线教师而言，我们这里的课题研究特定主题和问题都应该是教育教学方面的，是我们日常教育教学过程中急需解决的问题，或者是当前热点问题、难点问题，带有政策性、决策性的问题等，这样在申请立项研究时更容易批准。

我知道大家对课题研究比较陌生，不用害怕，我会请课题研究方面的专家来培训大家，邀请他们作工作室的指导老师。

成员在开始做教育科研课题研究时，问题一定要来源于自身教学实践的过程，从中寻找到有价值的研究方向和切入点。选题宜小不宜大，注重选题的价值性问题，可行性问题，要适合自身研究实际。

③调查研究

“调查研究是谋事之基，成事之道。调查研究既是基本工作方法，也是推进各项工作的方法论。”

教育调查研究是我们从事的教育科研中最基本的一种研究，也是最容易入手的，是直奔问题而去的。在教育教学中，会出现各种各样的问题，如学生厌学问题、学习效果问题、中职教师教学情绪问题、数学老师专业发展现状问题等等，都是可以进行调查研究的。

调查什么，研究什么，是做好调查研究必须回答的问题。调查就是摸清问题，它是解决问题的前提和基础，研究就是分析问题、认识问题、找到解决问题的策略。

要注意的是，调查问卷设计的科学性，数据的真实性、准确性，调查问卷的设计本身也是一个课题，今后我们工作室要开展相关研究。

通过调查研究要提升大家通过现象找到本质的研究能力，为以后开展各种教育科研做好能力与素质准备。

4. 平常生活中

①修身

修身对一个人的一生十分重要。如果不通过“一日三省吾身”，要想成为名师、卓越老师、天府名师、教育家型教师那是不可能的。如何修身?

首先要树立奋斗目标。作为中职教师首先要为中职学生的全面发展做好教书育人的工作，要明确知道努力的方向，想成为什么样的人。

找一个学习的榜样。你身边一定有你敬佩的人，如特级教师、正高级教师、全国劳模、国省级优秀教师等，看他们是怎样做的。当然，你们也可以向我学习（嘿嘿嘿……）。前面我已将我的成长经历呈现给你们了，希望你们比我做得更好，走得更远，成就更高！你们已是四川省中职数学名师工作室成员了，必须发出正能量，并相互学习，达到“培养一个，带动一批，辐射一片”的目标要求。

养成终身学习的习惯。多读书，“饭可以一日不吃，觉可以一日不睡，书不可以一日不读”。要反复读经典古书，如《大学》（从中领会修身的方法）、《中庸》（掌握自身修养与处事原则）、《道德经》（个体修行方法与其必备的世界观、方法论以及为人处世之方法）、《论语》（孔子的教育思想）等，还要学习现代的教育思想、教育方法、教育测量、教育心理学等，更要精通课程标准、教材内容、现代教育技术等。做一个阅读计划，未来三年目标，短期内要看什么书。边读书，边写读书反思，哪怕只有几个字、几十个字也行，一定要是发自内心的东西，并存在你的电脑里，随时可以翻看，便于归档整理，也是为发表论文练笔。

②正心

“正心以为本”，此为修身之术，从《大学》中好好体会。

工作室成员要摆正自己的位置，摆正自己心的位置。我们是共同体，工作室的成败、荣辱，与每位成员息息相关，我们只能拾柴，不要拆台。每次培训，会请不同的专家来讲学，除了虚心学习外，还要讲礼节，会场内无手机声，无交谈声，更不可喧闹。成员上台上示范课、公开课、研究课，作专题讲座，不一定那么尽如人意，但是，每位成员都有值得你学习的一面，要认真听，虚心学，善意地提出改进意见，乐意接受不同意见。这也算是切磋，在切磋中提升自己的专业能力。

③诚意

诚意是正心的前提，指意必真诚而不自欺。王守仁说：“心之本体，本无不正，自其意念发动，而后有不正。”

到工作室来，我们是双向选择的，你们是诚心诚意选择了我，我也心满意足地选择了你们，为实现共同目标“培养一个，带动一批，辐射一片”，更大面积提升全省的中职数学教育教学质量，促进中职学生德智体美劳全面发展，办人民满意的中职教育服务而走到了一起。我们当以诚相待，三年里完成工作室目标任务。

④格物

穷尽事物之理，不仅知其然，还要知其所以然。事物可以是外在的，也可以是内心的。格物是通过对事物的认识、分析，找到事物的规律、本质。

在平时教学时，要分析学生，分析课标，分析教材，分析教法，分析手段，找到各自特征，相互联系，制订方案。在工作室要钻研教育教学理论，并用理论指导实践，再总结经验教训、升华丰富理论，再实践。

（三）成果转化　位列名师

1. 论文撰写策略

在你们加入工作室的申请表和相关成果登记表里，我了解到大多数成员发表文章很少，这也是我们一线教师的短板，制约着老师们的专业成长和评职晋级，特别是我们数学老师，叫他做几十道数学题很容易，也很乐意，叫他写一篇文章，就有为难情绪，不知如何下笔。在工作室的几年，每位成员要发表几篇文章，至少两篇以上，这是任务和要求，希望这些文章是成员自己亲手认真写出的，不是胡乱拼凑或请写手完成的。

不知道你们订了几本杂志，希望你们至少订两种以上杂志，不仅仅看内容，从现在开始更要看作者的写作技巧。包括题目的提炼，摘要内容与正文的关系，开头段落的立意与后面的论据之间的逻辑关联，文献与文章的关联等等。也可以在网络上看看论文写作的策略文章。我们会请杂志社的编辑专家、写作方面的行家里手给我们作学术讲座，从他们的角度看需要什么样的文章和撰写策略。

在我们日常教育教学中，会出现这样那样的问题与现象，要做有心人，将这些问题与现象写出来，当作练笔。首先，还原问题与现象，把它写清楚，包括时间、地点、人物、发生过程，注重逻辑顺序；其次，加上自己的看法，融入自己的思想。不求字数的多少，开始十几、几十个字也行，关键是要提笔或打开电脑进行记录。当然，日常生活、大千社会中可供你提笔的就更多了。

2. 科研成果提炼

成果提炼是在收集数据基础上进行的。

一是从教育教学经验中提炼，包括教学片段、教育教学故事、成功的教育教学方法、思想等，主要用于文章写作发表（包括练笔阶段），需要收集并整理在教学过程中积累的数据和信息，如教案、课堂实录、作业批改等，主要是对教学效果的量化数据。

二是对立项课题成果的提炼，第一次是结题前的成果提炼，第二次是成果申奖前的再提炼。第一次的结题前成果提炼，是通过一个周期的实践研究后进行的，所以，我们手中应该有大量的实验数据，所有的过程记录，前期提炼过的总结、阶段成果等等，这里就需要平时的练笔功夫，朝着立项申请中的预设成果进行去粗取精、去伪存真的提炼，撰写格式可参照省教科院提供的格式。第二次在结题后，一般要做再研究，进行成果推广应用，这个过程中，有对成果的补充与完善，有推广过程中的数据，新的条件与环境、对象等，是成果的升华。关于成果的提炼技巧与策略，工作室会请省上的课题研究专家给大家培训。

3. 调查研究报告的撰写

立项调查研究是课题研究的一种类型，其中调查问卷是主要手段，通过几次调查问卷，掌握第一手数据，并对数据统计结果进行比较分析，提炼出需要的成果，再将成果运用于实践，指导教育教学，一定时期后，再进行调查问卷，重复几次后，再着手写研究报告。撰写格式也比较固定，省教科院网上有提供，一般包括以下几个方面。问题提出：研究的必要性与可行性，核心概念界定；研究综述：国外研究现状，国内研究现状，对已有研究的评述；本课题研究的意义：理论意义，实践意义；研究的目标；研究的内容；研究方法和研究阶段；研究措施和活动；研究取得的成果：认识性成果，操作性成果；研究取得的效益；存在的问题和不足；参考文献。

4. 公开课、研究课、专题讲座等

我们有上公开课、示范课与研究课，作专题讲座的硬性任务量，这些都是以前不想做、害怕做的事，到了工作室则不得不做。所以，我们要提前做好准备，凡事预则立，不预则废。上课前，先要研究上课的内容与相应的课程标准，摸清学生的基础知识，包括上这节课的前提知识与认识水平，再分析目标与策略，选取恰当的教学思想方法与手段，再撰写教学设计，最后完成课件，上课前的一段时间还要反复琢磨、修改。作专题讲座要选择好主题，一定选你特别熟悉的内容，或者是你最擅长的方面，同时要研究相关的前沿知识，与你自己的认识、思想相融合，做好 PPT，这样讲起来才会得心应手，潇洒自如。

5. 教材教辅开发

目前，中职类教辅资料比较少，现有的几种都比较普高化，好多题型是普高才考的，中职招生考试中并不考，给中职学校的复习备考工作带来了诸多不便。工作室准备开发适合中职学校学生实际的教辅资料，并在成员所在学校试用，每位成员可能都要参与进来，通过这些活动，能提高我们的研究能力和专业水平。

6. 著书立说

几年时间中，一方面，你要坚守住进入工作室的初心，完成规定的任务，参加所有的培训活动，主动谋划你自己所属工作站的相应活动，并开展起来，得到当地教育行政部门、教研部门和学校的认可，改掉不主动找活动参加的惰性，在学校，向校长、业务副校长主动提出承担各类活动，争取外出学习培训的机会；另一方面，现在，市州县教研部门都比较缺少中职教研力量，你主动地找到你所在的县、市教研室、教科所中职教研员，跟他说愿意承担中职数学教研员的工作，听从他们的安排，在当地的教研活动中承担公开课、专题讲座任务（这些，我都与你们市教科所职教室主任沟通过了）。这样一来，你的专业能力就会很快提升起来，科研水平就会不断提高，文章发表、课题研究获奖数量就会越来越多，各种荣誉就会接踵而至。

继续坚持下去，几年或十几年以后，我相信你们就会参与著作的编写，或自己独立著书立说，那时，你们就会成为优秀教师、卓越教师、天府名师了！

这一天一定会到来！

广安市教科所　谯述忠

2019 年 2 月 15 日

四川省第一批省级名师名校长工作室谯述忠名师工作室在广安隆重揭牌

2019年2月15日，四川省第一批名师名校长工作室谯述忠名师工作室在广安市教育科学研究所隆重揭牌，并进行了工作室第一次研讨会。来自四川省10个市的“四川省谯述忠名师工作室”15位成员参加了会议，广安市教育和体育局党组成员、副局长刘中平，广安市教育科学研究所党支部书记、所长任思惠，广安市教育和体育局人事科和教师培训科科长祝雪林出席了会议，刘中平副局长作了重要讲话。

四川省为贯彻落实《中共中央　国务院关于全面深化新时代教师队伍建设改革的意见》精神，于2018年启动了四川省中小学省级名师名校长工作室建设，经个人申报、组织推荐、四川省教育厅组织专家进行资格审查、书面评审、现场答辩和评审委员会审定、公示等程序，确定了45名四川省名师名校长工作室领衔人，市教科所高中阶段数学教研员、副所长谯述忠荣幸选为四川省中职数学名师工作室领衔人。

会议由祝雪林科长主持，任思惠所长宣读了《四川省教师培训项目办公室关于公布第一批中小学省级名师名校长工作室成员名单的通知》中“四川省谯述忠名师工作室”成员名单，刘中平副局长就四川省名师名校长工作室建立的背景、意义以及工作室的职责与任务、工作室的管理作了重要讲话，并为建设好工作室指明了方向，对工作室领衔人和成员提出了要求和希望。工作室围绕“立德树人”“培养什么人、怎样培养人、为谁培养人”展开讨论，制订三年工作计划、工作室管理制度与小组长职责任务，布置2019年工作任务，工作室领衔人谯述忠作了题为《活动中锻造，科研中卓越》的专题讲座。

广安市教科所　鲁阳雄

2019年2月15日

第二章 聚力

从疑惑走向成熟

——我的成长漫谈

李富明，男，生于 1966 年 7 月，中学高级教师，现工作于四川省富顺职业技术学校，一位从教 30 余年的老教师，自认为思想端正，作风正派，教学上经得住任何检验，2018 年由学校推荐，参加了四川省首批名师工作室——谯述忠名师工作室，去接受洗礼，去接受熏陶。

一、在洗礼中成长

平心而论，参加工作室，虽然不抵触，但也绝不向往，抱着一种去学习，去看一看的态度走进了四川省谯述忠名师工作室。很荣幸，当了大师兄，和一帮中青年人在一起，心里面挺别扭，年龄上的差距导致了不小的代沟，从内心来讲，思想上与年轻教师们有一点格格不入。年轻人活泼，接受新的思想、新的教学理念、新的教学方法和教学手段，而作为一个老教师，虽然积累了较丰富的教学经验，但教学思维、方式和教学手段，与时代脱节。平时虽然言语不多，但站在讲台，就如鱼得水，凭经验不输年轻教师，一种自我夸耀的心态在蒙蔽自己。在学校，年纪较大的老师，走出去的机会很少，作为一个普通老师，这种老年心态也算正常。

按照工作室的要求，我们组建了自贡市的工作小组。2019 年 3 月 10 日至 11 日，我参加了工作室在泸州叙永县职业高级中学举行的泸州市教学分析会。第一次走出去，第一次见到市外的中职学校，第一次见到这么多来自不同学校的同行，虽谈不上激动，但还是有点感触——山外有山，楼外有楼。也是第一次听了领衔人的讲座，领衔人是一位有很深教育理论的教育工作者，仰慕之情油然而生，第一次对教育专家产生了敬仰。

2019年7月14日至17日，我在广安参加了为期四天的培训。这次学习，我听了多名专家、学者的专题报告，了解了教师发展的要求，第一次听到一个令人汗颜的名词“教书匠”，第一次感受到了压力，因为工作室成员要转变观念，不仅要教书育人，还要学会课题研究、学会发现问题、研究问题、写论文，每位成员必须要达到设定的目标。三十多年的教学生涯，没经历过课题研究，只有上课教学的经验，从没有梦想过要做学术研究、作专题报告，看到年轻老师们那种踌躇满志的神态，感到自己真的无能、无助，此时才真正感受到了来自时代的压力、来自现代信息技术的压力。虽然也算小有成绩，主编并出版了《中职生对口升学复习指导》，也被邀请参加其他资料的编写，积累了一定的经验，有自己认为值得小骄傲的资本，但这些资本在这次学习培训后，特别在工作室的课题研究这一“压力山大”的目标下被彻底摧毁了，自己仅有的那点自信都找不回来了，感觉到自己也许真的就是一个“教书匠”。春节期间，我拨通了工作室领衔人的电话，提出退出工作室这一请求，最终勇气战胜了自我怀疑，终坚持了下来。

2020年，工作室的培训继续进行，教育理论的潜移默化、与其他成员们逐渐频繁的接触让我这个大师兄渐渐树立起了一定的信心，学习写作的想法也不知什么时刻钻入了脑子，虽然还没发表论文，但有意无意中自己会去观察，会去思考，开始乐于接受一些新的教学理念，也愿意去学去问了。

工作室在领衔人的组织下，工作开展井井有条，分工协作成了主要方式，我有幸进入命题组。经历这么多年的教学，命题无数，自认为有较丰富的经验。2020年4月，命题组接到一个任务，为高三学生命几套对口高考的模拟试题，成员们本以为是牛刀小试，可结果不太尽人意。不过也很幸运，幸运的是领衔人通过网络给命题组成员作了关于命题方面的培训，精彩的讲解、思路的点拨，逐题逐题的剖析，成员们逐步在培训中受益，从经验命题逐步向科学命题过渡，重新找到了信心。

2019年11月，我在成都市中和职业中学参加的四川省三个工作室联合教研会上，第一次走进了真正展示自己的课堂，虽然不完美，甚至还有诸多不尽人意之处，但我第一次充满了勇气，第一次放下了多年来形成的所谓“自尊”，第一次发现了自己所具有的能量，第一次积累了信心。“老年”心态已出现明显的松动，这是一个好的开始，开创了年长教师可以自我改变、自我充实的历史。同时体现了工作室培训、育人的功能。

2020年9月24至27日参加遂宁的再提升培训，工作室要求每一个成员要承担一个培训内容。当接到作一个有关命题方面的专题报告任务时，我这个大师兄不再有无助的心境，而是信心满满，认真准备，把平时积累的东西整理出来，完成了一次非常成功的讲座，获得了到会专家的肯定、工作组成员的认可。从那时起我便不再害怕学习，不再害怕尝试。

2020 年 10 月参加了由工作室组织的到阿坝州中等职业学校送教送培活动。成员们的精心准备、认真工作，让活动开展得井井有条。成员们的交流、相互学习，让我的思维更加开阔，能力再次提升，害怕写作、害怕总结的心态已渐渐有所转变。

进入工作室，一路走来，有两个突破。

第一，敢于学习。我积极学习现代信息技术，参加了成都市中和职业中学举行的工作室联合教研活动，第一次走上公开课的讲台，突破了“一本一书一笔”的教学模式，能主动地运用多媒体进行教学。我从一点不会到尝试做 PPT 课件，这是一种巨大的考验和进步。

第二，敢于总结，交流。遂宁之行，我敢于把自己多年的经验和认识与大家分享，提振了自信心，第一次认识到自己居然也能写点东西，突破了原来一提与写作有关的事情就惧怕的心理。阿坝州中等职业学校送教送培之行，与工作室成员邓光强副校长的接触和交流，更让我这个大师兄敢于去发现，从一景一物一事中去体会和品味生活的情趣。与眉山市青神职业中学副校长邓光强的这次邂逅，还让我在人生中第一次写下了自己的所见和发自内心的感悟，与大家分享如下。

真实与赞美

午饭在一农家小寨。席间，同桌的小女孩只有 4 岁半，不知何故，哭闹起来，要妈妈换碗筷，全然不顾全桌的我们，妈妈哄不住。同行的同事站起来，走近小女孩，轻轻拍拍巴掌，微笑看着小女孩：“小朋友好乖，好漂亮，自己吃饭，真棒！”看着竖起的大拇指，小女孩停止了哭闹，脸上还渐渐泛起了笑意。小女孩独自完成了午餐，之后便在周围玩耍，度过了快乐的一段时光。

看到这一幕，我心里对同事由衷地折服——不愧为一名懂心理、有爱心的同行！

当时，我突然产生两种感触：

真实——无拘无束——小女孩；

赞美——心花怒放——成长。

我也自然联想到了我们的行业。多一份爱，多一份鼓励，也许就多成就一个人的人生。

作为老教师，已学会善于去观察，去发现，去提炼，这是了不起的进步。在“培训中成长”已成为我在工作室的座右铭。

二、在洗礼中卓越

我所做的工作，虽然微小，但让人有成就感。2019 年 4 月，我组织本小组成员在自贡电子信息技术学校研讨了课件设计方面的问题；2019 年 11 月，结合自贡市五校教研活动，进行了高三对口升学考试方面的培训，首先把在成都市中和职业中学开展的联合教研活动的精神给老师们作了传达，然后才对中职高考工作提出了自己的见解；2020 年 4 月，我参加了工作室 2020 年对口高考模拟试卷的命题工作，也得到了大家的好评；2020 年 10 月，我参加了工作室针对全省的单招考试和对口升学考试模拟试卷的命制工作会，带领小组成员认真学习、探讨教育教学理论；我参加了 2020 年自贡市教学技能大赛，获中职类一等奖。

时间来到 2021 年，洗礼的脚步没有停止，再提高培训成为必然，工作室的各项成果已渐渐显现。这一年既是学员们继续成长的一年，也是收获满满的一年，“三心二意”的教学理念植根脑海，“三先三后”的教学过程和手段让我这个大师兄更加理解教育教学的精髓。同时，通过对命题的研究，对试题的剖析，对中职高考又有了理性和清醒的认识：考试是检测的手段，命题是检测的灵魂，而教学过程是教育教学的熔炉。2021 年 3 月，我参加了广安邻水县职业中学的教学研讨会，根据多年的积累作了《把握高考动向，提高复习效率》专题讲座，得到了与会者的高度认可，大家认为讲座对中职高考复习有积极的指导意义。会后，汇集众多力量，在领衔人的指导下，工作室全体成员通力合作，开始编写《中等职业技术学校升学考试复习指导　数学》，并于 2021 年 7 月由四川教育出版社出版发行，得到广泛的认可。同月，针对各级别的检测要求，命了 9 套具有指导意义的模拟试题，编写了新课程标准下的创新学案《函数》。2021 年 7 月，在广安举行的再提升培训会上，我作了《基于核心素养的中职数学命题的认识和探究》专题讲座，提出了自己对中职高考命题的独到见解，并对如何提高学生解题能力，突破解题的瓶颈，培养创新思维方法提出了自己的见解。

其实在 2020 年，命题研究方面的工作就已经有了成效。

2020 年，我参与了四川省中职生学业质量侦测的命题研究，并圆满完成命题工作。

2020 年~2021 年，我为川东片区高三期末质量侦测命题，并完成了质量分析，提出了高三复习的策略。

2021 年，我主动承担了自贡市高三对口升学考试模拟试题的命题工作。这是一个突破，打破了历年命题的瓶颈，让模拟试题真正具有了高考试题的特性：有效性、时效性、选拔性，同时也为后来的高考模拟命题带来了新的思想、新的理念，为本市的对口高考作出了应有的贡献。时至今日，我带领自贡市高三命题小组已出色完成每年的高三模拟考试命题工作。

2021 年至今，我参与为四川省职教联盟单招模拟考试联考命题，同时参与了多次单招和统招命题的审核工作，得到了大家的高度肯定和一致好评。

进入工作室三年以来，历经多次培训、洗礼，我的“老年心态”被慢慢润化，虽然不年轻，但不至于老态龙钟。虽然我的进步还不够，但已融入现代教育的长河，在工作室领衔人的带领下，扬帆起航，铸就人生第二春。匆匆三年，在工作室学习的彼岸悄然抵达，但不代表我可以停滞不前，抵达的岸边只是下一次远航的开始。在“洗礼中卓越”成为我之后的信念。

三、在洗礼中发展

工作室三年培训结束，已画上一个圆满的句号，学员在各地开花结果，自己所学到的教育教学思想和理念已深深植入脑海，在工作中应用，并不断发扬光大，思考教育教学中存在的问题，结合实际情况，寻找解决问题的方法。“培养什么人、如何培养人、为谁培养人”成为教育工作者必须面对的问题。

“课程思政”将成为培养国家人才的必不可少的教学环节，如何在教学中培养学生的优秀品质，挖掘“思政元素”，融入课堂教学是作为教师的职业重点。2022 年，我加入了由邓光强负责的省级课题《中职数学学科核心素养与思政元素融合研究》的主研工作，积极挖掘思政素材，为课题的顺利开展做应有的工作。课题现已结题，并获得重点课题一等奖。

2022 年，我带领高三学生参加高考，高考结束后对一个学生的反应，进行了深入的思考，留下了反思的记录，供我们深思：

基于核心素养的数学思维培养的反思

2021 年 6 月 7 日下午 5 点，随着清脆的铃声，四川省中职对口高考数学考试结束，充满期待的我们带着忐忑的心情去迎接希望带来惊喜的他们——培养了三年的孩子们。一个熟悉的身影映入眼帘，垂头丧气，眼睛有点红。孩子径直走到我面前，泪水止不住，终于哭出声来，细细地，压抑地哭着。我平生第一次在考场外见此情景。这是我最得意的弟子，数学思维最强的弟子，从来都是信心十足的弟子，今天怎么了？一种不祥的预感：今年的数学不一般！

果然，今年四川对口高考数学卷引发了大家的关注：第一，试题区分度不大，中等生与优生的表现几乎在同一层次；第二，试题与普高相对接近；第三，试题与职高教材脱钩；第四，试题不能真正体现职高生的思维能力；第五，试题不符合职高生的基础特征。总之，试题挫伤了学子们和教他们的老师的锐气。

抛开情感，从理性的角度出发，我问自己，为什么最好的弟子被考哭了？那些试题的解法为什么最好的弟子没想到？数学思维还没达到？平常数学思想方法的渗透不到位？弟子的理想预期与现实差距过大而造成的心理落差？

认真剖析试题后，我觉得我找到了原因，并有了一些感悟：试卷就是蒙在眼睛上的一张纸，视野被牢牢困在狭小的空间，看不到前进的方向，捅破这张纸，才有广阔的视野，如何捅破这薄薄的一张纸，让视线冲上云层，避雾眺远，也许是教师教学应追求的技能和方向，值得我们去深思。高考是一管试剂，学生就是试剂纸，能让试剂纸呈现鲜艳的色彩，就是对教师智慧付出的最好回答和评价。我们任重道远……

反思是深化教育教学的一种积极的手段和方式，有了反思，才会去发展和改进。这几年在高三教学中，我不断反思自己的方法、思维，反思教学中的不足，并针对高考复习中的考点，对解题方法做了进一步的优化、完善，取得了很好的效果。我的教学班在 2022 年、2023 年的高考中均取得了优异的成绩，2022 年高考成绩位列四川省第五名，2023 年高考成绩位列四川省第八名。

研究教材、优化教材、灵活应用教材是一个教师最基本的技能。2022 年 11 月，我承担了国家中等职业学校公共基础课程教材配套用书《学练测》的主编工作，在自贡市教科所的大力支持下，组织了自贡市中职学校部分教师参与编写。该书 2023 年 1 月由北京师范大学出版社出版发行，得到了很高的评价。同时，该书的成功编写与出版提高了自贡市中职教师自觉参与教材研究、教法探讨的积极性和主动性，为自贡市中职教师的专业发展提供了平台。

2022 年我参加了工作室在武胜召开的总结大会，听了田主席的专题讲座，深感教学改革在不断深入，萌生了模块教学的思想：

武胜之行，模块植心

武胜之行后，有一个问题老在我心中时隐时现，这不是一个十分具体的问题。这几天，我一直在思考这个问题，可又找不着头绪。有几次，我坐在电脑旁，想把思绪做一下清理，然最终失败。我已准备不去想了，但一静下来那个问题又来了。今天，太阳高照，一种愉悦的心情带我又一次面对这台几天没看一眼的电脑，是时候该认真理一理那个问题了。我静静地回顾，发现武胜之行的讲座中有一个片断已烙在脑海中：田继万主席讲到如何给其孙子弥补学习上的不足，怎样发现和确定其学习中哪个环节出了问题，然后实行模块化管理。说者无心，听者有意，模块化的理念已凝聚于我心中，久久不能散去。联想在平常教学中，我问学生对某个知识的掌握在什么地方出了问题，可学生谈不出所以然，有时我问自己，自己也很茫然。曾经有一位同事，是一位电子专业的老师，给他校一位校长修电视机。校长其实在设一个局，要考察这位老师的专业能力。这个电视机多人检查过，都是无可奈何。同事东瞅瞅，西摸摸，起初也找不到毛病，后来把电路板用两手用力一掰，一条不易察觉的细纹呈现在电路板的中间。同事心头已经有底，把电路板一换，神奇的一幕出现了，电视机瞬间画面清楚，色彩鲜艳，声音洪亮。校长的嘴变成了 O 字形，于是，这位同事的专业能力得到了校长认可。这个真实的场景在我脑海里萦绕了好多年。联想本次武胜之行，一个关键词终于确定，那就是：模块。由模块可构成如今的智能电视，由模块可构成自动机器人……当流程不再顺畅时，先确定问题模块，及时排查，然后处理，可以做到快、准、狠。

模块思想深深地印入脑海，教育的模块化理念情不自禁不邀而至：数学知识的模块化，教学设计的模块化，教学过程的模块化。甚至有时我脑海中会浮现一些画面。“这位同学，你能诊断自己在这个问题出错在哪一个模块吗？”“同学们，请把函数知识模块化。”“各位同学，请把数列知识作模块化处理。”“同学们注意，本节课我们重点解决圆的第二个模块。”……唉，好多画面一晃而过，有时留下一点激动，有时又在自嘲，想多了，是想多了吗？我可不可以在教学中实践一下？一天晚上，我一鼓作气，把函数一章的知识画成了一个模块图。模块图中间分三层：基层模块、底层模块、顶层模块。基层模块主要解决函数的概念问题，具体知识包括概念、表示法、定义域、相同函数的判定；底层模块又分为三个小模块，第一小模块为函数的单调性，第二小模块为函数的奇偶性，第三小模块为函数的周期性；顶层模块分两个小模块，分别为简单应用和综合应用。中间三层模块的左侧模块为核心素养，右侧模块为数学思想方法。画完之后，我将笔一扔，心想也许这就是一个方向。

模块化教学有很大的优点：每个模块各司其职，各负其责，每个模块相对独立，可由不同的人完成。当然，模块之间又具有层次、因果关系，最终要落实到知识的应用，在应用中检查模块知识，或检查自身数学思维能力，对自己才有一个相对准确的评估。如何模块化归纳知识，设计教学过程，可能是值得探究的一个课题。

这些想法也许就是大单元教学的雏形，也许就是一个教育工作者应有的远见，也许就是工作室三年培训的延伸和发展。

2023 年是不平凡的一年，我仍坚持在高三的第一线，不断研究高三复习策略，研究高考试题，研究高考方向，研究资料编写。2023 年 8 月，电子工业出版社偕同陶行知研究会共同发起了四川省高三复习的研讨工作，我有幸成为出版社发行的系列丛书数学学科的主编，组织了四川省各市部分中职学校部分教师参与编写工作，对丛书编写进行了探讨，给出样稿，并不断指导参编教师的编写工作，顺利完成了四本书的初稿。2023 年 10 月我又接受了由湖南师范大学出版社出版的《我们相约在高校》的改版工作，担任主编，初稿已完成，各项工作进展顺利。2023 年 11 月，我又将对 2020 年版《中等职业技术学校升学考试复习指导　数学》进行大刀阔斧的改编，植入新的思想，注入新的血液，使其融入更多高考复习理念，为中职学生迎接职教高考作充分准备。“在洗礼中发展”是我在工作室的目标。

四川省谯述忠名师工作室期满已两年。这两年的时间里，我见证了一个个奇迹。成员们在成长，在发展，在丰满，有的已成为正高级教师，有的已成为领导干部。我这个大师兄已接近退休年龄，但年龄不是问题，年龄不代表停顿，我仍要努力工作，不求名，不求利，为师弟、师妹的发展树立好榜样。2023 年 11 月，在工作室成立 5 周年之际，写下了一段发自肺腑的文字：

那风那雾那太阳

——献给谯述忠名师工作室成立五周年

初来乍到，仰望天空。风是那样的风，轻柔拂面，更兼细雨；雾是那样的雾，淡薄飘逸，无碍花期；太阳是那样的太阳，和光明媚，普照众生。

再到故地，仰望天空。一挽风，一袭雾，一缕阳光，调制出了一道美丽的风景，风随雾转，雾随风飘，阳光照雾，百雾生辉，高处不胜寒，雾起风吹花正开。起舞弄清影，轻雾润风映太阳。

重游故地，没有了风，失去了雾，阳光仍明亮；远眺四方，那风那雾，星罗棋布，光芒在四射。

梦回故里，风强如钢，雾刃似砺，三弄梅花开；登高望远，那风那雾那太阳，交相辉映。

富顺职业技术学校　李富明

2022 年 12 月 16 日

根生职教 借力平台 静待花开

进入四川省谯述忠名师工作室之前，我只想教好书，当一名好老师。经过四川省谯述忠名师工作室几年的浸润，我对“教好书，当一名好老师”有了更深的认识，我想做一个弘扬“工匠精神”的“教书匠”。不只是教书中的知识，更重要的是教书背后的专业、能力，教书里书外的别样世界。正所谓“要想给别人一碗水，自己要有一桶水”，教的前提是懂行、是精通，更重要的是用自己的一碗水，教得学生打到一桶水。我给自己定下的目标是像竹子一样有高风亮节的灵魂：做一个目营心匠、谦虚谨慎的“教书匠”，做一个别具匠心、坚韧不屈的“教书匠”，做一个大匠运斤、无私奉献的“教书匠”，成一位宗匠陶钧、高风亮节的“教书匠”。

一、先入普教转战职教

（一）初登讲台，圆梦教育

爱一行，干一行，是人生之大幸，初为人师，我除感觉到新鲜和紧张，更多的是责任。教给学生一碗水，自己得先有一桶水，更可贵的是要思考如何用自己的一碗水，教学生打到一桶水，形成涓涓细流。我在普教工作了十多年，“担子”一年比一年重，但值得骄傲的是所带 99 级学生雷翠霞考上高中并在三年后考入北京大学。参加工作三年后，我被任命为学校的副教导主任，负责学生日常行为规范，后调到另一所学校任教导主任，负责学校教育教学工作。我每天都感觉自己内心的矿石散发出蕴含的动力，唯有做“拼命三郎”才对得起组织的信任。

（二）转变角色，挑战职教

2008 年 1 月，组织安排我进入职业教育系统，作为普通教师被安排在政教处当干事，协助政教处负责人管理学生。我在 2008 年底进入教务处负责学校教学工作，先后将三个专业创建为市重点专业，学校成功创建为市重点学校，2015 年至 2018 年具体负责学校现代学徒制试点工作，2018 年至 2021 年我具体负责学校竹编专业创建省级特色专业。2013

年初作为学校副职为广大师生服务，我先后考取了钳工中级技能等级证书和钳工技师证，通过努力后又考取了竹器编制专项能力证书，每一步的前行都是“带电”操作，成功转为“双师型”教师，当然“主业”仍然是数学教师。

（三）职业倦怠，“高原”瓶颈

社会赞美教师捧着一颗奉献的心来，吃的是草，挤的是奶，不带半根草走，把教师比喻成辛勤的园丁、吐丝的春蚕、燃烧的蜡烛，光辉、美化的形象无形增加了我的心理压力，再加上工作的负荷以及个人的一些因素，我出现了“高原现象”。在职业的瓶颈期出现了工作程序化、教学模式化、生活固定化、“穿新鞋、走老路”的行为经验化和思维定式倾向。

（四）名师引领，锚定目标

作为一线的数学教师，我以前是根本没有机会接触省内外专家级名师和大咖的，极少有机会聆听他们的专题讲座，得到他们面授指点的机会那更是想都没有想过的。这样的机会来自《四川省教育厅　四川省财政厅关于印发〈四川省中小学省级名师名校长工作室建设实施办法（试行）〉的通知》，按通知精神名师名校长工作室是以“凝练现代教育思想、锻造教学风格与品牌、提升教学质量”为主旨，集培养培训、教育研究、教学实践和成果推广等功能于一体的教师发展共同体。我认真学习了这份通知文件，特别是对作为省级成员需要具备的基本条件进行逐条学习、研究，抱着试试看的态度提交了《个人申请表》。

等待是“漫长”的，好在终于等到了领衔人——广安市教育科学研究所谯述忠副所长的电话，经过与领衔人的沟通，达成了我进入“四川省谯述忠名师工作室”的愿望。这对我来说是一次机遇，更是一次挑战，既然让我遇见了名师，我就应该有自己新的更高的目标。接下来的几年时间，我要专心做好一件事，为此我必须锚定目标、排除困难、勇毅前行、努力成长。

二、专业发展续航前行

（一）科学规划，自我加压

要想专业成长，名师工作室是非常重要的平台，但自我学习、自我加压更为重要。教师专业成长是一个长期的、动态的、伴随职业生涯始终、不会“自然熟”的过程，虽然会受很多因素的影响和制约，但最重要的是与教师自身的努力分不开的。

在制订个人专业成长规划前要认真学习有关教师专业成长的理论知识，我前后学习了国内外九个教师专业成长理论：傅乐的教师生涯关注阶段论（教学前关注——师资养成期，早期生存关注——初接触教学期，教学情境关注——实际教学需要期，关注学生——工作经验提升期）；卡茨的教师生涯规划时期论（生存时期，强化时期，更新时期，成熟时期）；伯顿的教师生涯发展阶段论（生存阶段，调整阶段，成熟阶段）；费斯勒的教师生涯循环论（职前教育阶段，引导阶段，能力建立阶段，热心与成长阶段，生涯挫折阶段，稳定和停滞阶段，生涯低落阶段，生涯退出阶段）；司德菲的教师生涯发展模式论（预备生涯阶段，专家生涯阶段，退缩生涯期，更新生涯阶段，退出生涯阶段）；伯林纳的教师教学专长发展五阶段论（新手教师阶段，熟练新手教师阶段，胜任型教师阶段，业务精干型教师阶段，专家型教师阶段）；王秋绒的教师专业化三阶段论（师范生阶段，实习教师阶段，合格教师阶段）；叶澜、白益民的教师专业发展五阶段论（非关注阶段，虚拟关注阶段，生存关注阶段，任务关注阶段，自我更新关注阶段）；李海林的教师成长三阶段论（第一次成长期，高原期，第二次成长期）。

我个人非常认同李海林的教师成长三阶段理论，因为我个人正处在“高原期”，不知道如何进行再次的专业发展。一位优秀的教师至少需要两次成长；一位教师要走向成功，仅有第一次成长是不够的，起决定性作用的是第二次成长；我在当前遇到的教师成长瓶颈，不是第一次专业成长，而是第二次专业成长；某一些方式和途径对教师第一次专业成长是有效的，但对第二次专业成长则效果不大，或者无效。

如何自我进行第二次专业成长是摆在我面前的最大的难题。如何借助四川省谯述忠名师工作室这样的平台促进自我专业成长？不弄清楚这些理论是不利于科学制订自我专业成长发展规划的。李海林认为教师处于第二次成长期的主要特征有：原先不太关注或不感兴趣的事物，突然或者慢慢开始成为重要的生活内容和工作内容；生活圈和工作圈开始突破原来的格局，向外扩展；关于教育教学和人生事业方面的理解开始与同伴区别开来，甚至有明显的不同；不仅对教学问题感兴趣，而且对教材、课程资源、教学评价、师资队伍建设、一定区域内的教学管理问题开始感兴趣；开始对某一种理论有热情，甚至成为某种理论的追随者；非常注意对自己的教育教学过程中产生的一些资料的收集，并且非常珍惜自己的这些资料；对朋友或者工作伙伴开始有挑选，而且这种挑选不完全是因为与自己的亲疏；在工作甚至生活中的一些方面追求与他人不同的看法和做法，表现出对一些固定的看法和做法的不满意；开始在内心怀疑自己过去的一些信念，开始能接受他人对自己的批评甚至否定；关注自己的内心，有时会像观察别人一样观察自己；对自己常常有陌生感，感到自己变化很大；既不自卑，也不像过去那样自傲，能客观看待自己。

借助于教师专业成长相关理论，结合自身实际，科学制订自我专业发展规划就能有的放矢。我从以下几个方面进行规划：自我分析（专业理念与师德，专业知识，专业能力）；自我定位（从教 23 年，处在“高原”迷茫期，自我定位在“高原期”阶段，有自己一定的教学风格，但还需要不断努力提升自己，争取借力四川省谯述忠名师工作室平台努力让自己实现第二次成长）；自我专业发展途径（自学是个人专业发展的主渠道，积极参加校本教研，我主动申请参加教育主管部门组织的各级培训，做好学校特色专业创建工作，在创建过程中提升自己，有机会参加竹编专业培训并考取竹编行业证或竹编专项能力证，积极参加四川省谯述忠名师工作室、四川省赵晓鸿名校长工作室、眉州名师工作室等平台的活动，坚持课题研究）；规划理念（专注个人发展，借助多元平台，融入学校发展，力争抱团成长）；教学风格的打造（台上一分钟，台下十年功，教学风格的形成非短时之功，现在的我没有自己独特的教学风格，这也是我准备努力锻造自己的方向，经过几年的努力，力争形成适合职业学校教育教学规律，适用于自己的教学风格，暂定为“活实”课堂）；坚持学习（把学习永远放在第一位，学习贵在坚持，坚持每天写教育随笔）；努力做好教学工作（教师的中心工作就是教学工作，所以坚持做好教学永远是我工作中的第一位）；做好课题研究工作（完成两项省级课题、两项市级课题的研究）；积极参加各类教研活动（校本教研，上研究课、示范课，作专题讲座，撰写论文，参加教师教学能力大赛等竞赛活动，在竞赛中得到提升和发展）；全力参加工作室活动（认真听针对中职教育的重点、难点、热点问题，邀请相关专家、学者作报告、开讲座、举办学术论坛等，积极参加观摩学习活动从而扩大教育视野、更新教育理念、创新教学方法，积极参加网上汇报交流活动从而实现资源共享、成果共有、成员共同成长，积极参加送培到校、教育帮扶等研训活动，配合工作室做好中职学科教学设计、教学视频、教学案例、教学评价等课程资源开发工作，针对当前中职教育中的重点、难点、热点问题开展一系列针对教学方法、教学模式、教学评价的实验）。

专业的成长离不开自己的努力，应该向智者“借”力，把自己置于零起点，多虚心请教，不能闭门造车，更不能虚假应付，必须实实在在、脚踏实地、一步一个脚印“真做”，而不是“做真”。

（二）坚持读书，随笔在心

在工作室的这几年，我最大的收获就是爱上了读书。领衔人把工作室的成员分成几个小组，我和其他三位成员分到了课题组。自己深感在这方面知识的匮乏，也懂得“成败本无根，尽从勤里得”的道理，于是给自己定下了坚持读书和写教育随笔的习惯。同时也和工作站的其他成员一道秉承“以实干为荣，用成绩说话，用行动作答，拿成果说话”的理念，以“磨炼实干意志，发扬实干作风，营造实干氛围”为原则，以“一切以实干开路，一切向实处着力，一切用实绩说话”的精神，以“拿出敢干的气魄，保持实干的作风，锤炼苦干的精神，提升巧干的能力”为目标。

几年中我购买了30余本教育教学著作，课题研究方面的有《教师如何做课题》《教师如何做研究》等；教师专业成长方面的有《中职教师专业发展的探索与实践》《中职教师专业发展之路》《教师专业发展》《静悄悄的革命》等；课堂教学方面的有《提高课堂教学效率的策略与方法》《好课是这样磨成的》等；校本课程开发方面的有《校本课程开发理论与实践》《课程评价的理论、方法与实践》《校本课程开发的理念与策略》等；综合方面的有《不可不知的100个礼仪常识》《多元智能理论在课堂教学中的20个应用》《教育模式》《控制论、信息论、系统论与教育科学》等。在阅读的过程中我坚持写随笔，不设定随笔的具体内容、形式等，完全是有感而发随性而记，共计写有600余篇随笔。比如读《促进学习的课堂评价》就写了13篇随笔，读《校本课程开发理论与实践》写了9篇随笔。将随笔中有一定价值的材料上传到四川省名师名校长工作室网站，其中关于“视频课程”的15个，“学术论坛”的7个，“学科建设”的15个，“教育科研”的84个，“特色创新”的33个，共计154个。

我对随笔的理解可以是随时而笔——不分时间节点，只要自己觉得应该记录下来的素材就马上记录下来；也可以是随想而笔——有些时候突然想起一个内容就可以按自己的想法记录下来，不一定是教育教学方面的内容；也可以是随性而笔——看到一个自己觉得有价值的内容，可以进行快意“加工”，随性发挥地记录下来；也可以是随便而笔——每次写随笔都不设具体内容、不限文体形式、不作字数要求，想记录什么材料都可以。而教育随笔就应该是随笔中关于教育教学方面的内容，秉持“学校无小事，事事皆教育”的理念，将教育教学中的随感、随想、随悟随时随地地记录下来。实际工作中，可能隔几天才有一次随笔是关于教育教学的内容也是很正常的现象，但每一次的教育随笔都应该是筑造教师专业成长之路的一颗鹅卵石。随笔可能很“粗糙”，后面在有其他需要时再进行“精雕细琢”，正如“使卵石臻于完美的，并非锤子的击打，而是水的载歌载舞。”作为一线教师要想在教育科研方面有所收获，付出比别人更多的努力是必不可少的，但方法的选用也是非常重要的，写教育随笔是一个值得推广的方法，因为每一个一线教师只有在体会到平时的教育随笔在关键时候能“成章”，才会坚持让随笔成为一种习惯、一生的习惯。

（三）科研引路，打破瓶颈

教育科研是以教育科学理论为武器，以教育领域中发生的事件为现象，以探索教育规律为目的的创造性的认识活动。简言之，是用教育理论去研究教育现象，探索新的未知的规律，以解决新问题，应对新情况。教育科研的范围非常广泛，它包括所有有关教育方面的宏观和微观的问题。教育科研是有目的、有计划、连续和系统的探索活动。井无压力不出油，人无压力轻飘飘。我的“高原现象”消融于四川省谯述忠名师工作室，好比一颗种子经历了一段时间的封冻遇到了合适的温度和土壤。在工作室第一次会议前，参加各类培训或活动也比较多，虽然有帮助、有效果，但因自己没有系统地制订规划，结果大多数的情况是活动时感觉很重要，做起来次要，忙起来不要。直到后来，工作室的第一次活动完全改变了我的看法，那几天连每天晚上都安排得满满的，所有内容都是“干货”。特别是听了领衔人《活动中锻造，科研中卓越》的专题讲座，我的心灵受到深深地触动，思想受到有力地震动，然后觉得应该重新思考自己的行动。

在这之前，我也有一些所谓的“成绩”，但真正懂得“科研”能打破自己的专业发展的瓶颈后，我才排除杂念，潜心做自己喜欢做的事。参加工作室这些年里撰写了 14 篇论文，由省级以上刊物公开发表或推送：论文《转变教学行为要处理好的几对关系》发表在《四川教育》；《中职班级管理中实施德育教育面临的问题及对策》发表在《科研》；《中职数学教学设计应处理好的一些细节》《特色专业内生需求及建设路径探构》发表在《教育科学》；《“教书匠”的修炼与超越》《中职数学高考复习的策略与建议》《关于四川省中职数学学科教学质量监测工作的思考》《中职数学教师专业发展的现实困境与突破策略》和《中职数学测试难度设置及命题策略探究》发表在《教育科学论坛》；《借力“空中课堂”，助力教师专业发展，引领学生健康成长》发表在《中学课程辅导》；《让挫折成为成功的“垫脚石”》发表在《当代职校生》；《中职数学“三心二意”四面体课堂教学改革的育人实践》《竹编产业引导的现代学徒制育人模式探究》发表在《师陶学刊》；《县域经济需求视角的中职学校供给侧结构性改革实践》发表在《成功》；2020 年疫情期间撰写的《梅殇》由《四川教育杂志》微信公众号推送。另外有 8 篇文章参加各类征文比赛并获奖，其中《基于非遗传承的竹编特色专业创建与实践》《竹编产业引领的现代学徒制育人模式探究》获四川省职业教育优秀论文评选一等奖；《中职数学学科核心素养生成的理念、原则和方法初探》获眉山市职业教育论文评选一等奖。

虽然我在 10 多年前参与的两个县级课题《农村初中数学分层教学研究》和《构建农村小学课外兴趣活动操作模式研究》已经结题，但说实话，当时没有给自己专业发展带来多少影响。真正让我体验到研究的乐趣是在四川省谯述忠名师工作室活动中，而且这些乐趣是逐渐积攒起来的。我主研的工作室省级课题《四川省农村地区中等职业学校数学教师专业发展调查研究》已顺利结题；主持的市级课题《眉山市中等职业学校数学教学现状调查研究》也顺利结题；作为主研人员起草的《基于非遗传承的竹编特色专业校本课程开发研究》被立项为四川省重点课题，并获四川省 2021 年阶段性成果二等奖，也顺利完成结题工作；主持的《中职数学学科核心素养与思政元素融合研究》被“成德眉资雅乐阿”职教联盟立项为重点课题并于 2021 年 12 月 23 日正式开题，于 2023 年 4 月被“成德眉资雅乐阿”职教联盟评为一等奖；主研的《中职学生心理危机干预队伍建设与实践研究》于 2022 年底被立项为市级课题；主研的《基于县域经济需求的中职学校特色人才培育路径探构》通过市教科所的评审，被推荐参加四川省 2023 年课题评审。以第二完成人身份起草的教育教学成果《二纬三联五构建：基于国家非遗竹编特色专业建设的育人实践》作为眉山市职业教育第一序号推荐，参加第七届四川省教育教学成果奖评选，获一等奖；以第三完成人身份参与起草的教育教学成果《指向核心素养的四川省中等职业学校数学“三心二意”课堂教学改革》作为广安市职业教育第二序号推荐，参加第七届四川省教育教学成果奖评选，获二等奖。我作为主编或副主编参编的 5 本竹编专业校本教材《竹编工艺概论》《竹的栽培管理和利用》《立体竹编》《平面竹编》《瓷胎竹编》已正式出版，6 门校本活页教材《青神竹编文化》《青神竹制品营销》《竹编专业英语》《竹编书画设计》《竹编艺术品 cdr 制作》《竹编艺术品 ps 制作》已成书试用；作为副主编或编委参编的《基于核心素养的中职数学教学设计》《中等职业学校升学考试复习指导　数学》《高等职业学校单独招生考试模拟测试卷（数学）》《高职考数学知识梳理》《高职考数学知识梳理测试卷》《高职考数学知识梳理课时作业》6 本中职数学复习资料已出版发行。我还参加了省教科院组织的四川省地方教材《劳动教育实践手册（初中段）》的开发和编写工作。

作为一线教师，参与教育科研不只是为了完成“任务”，更重要的是要有自己的心得体会，比如我总结的一线教师初学教育科研“四计”：第一计挑柿子——拣软的捏、第二计依葫芦——照着画瓢、第三计找方向——有的放矢、第四计集众智——群策群力，以及一线教师初学教育科研“六心得”：一是用专注的眼光对待科研、二是用愉悦的心情对待科研、三是用竹子咬定青山不放松的精神对待科研、四是用攀登者的态度对待科研、五是用科学家的思维对待科研、六是用朝圣者的虔诚对待科研。

（四）尝试教改，助力成长

《国家职业教育改革实施方案》指出：职业教育与普通教育是两种不同教育类型，具有同等重要地位。这是国家首次明确将职业教育从层次教育定位为类型教育，对于职业教育的定位变化，可以从其他文件中找到线索：“以服务为宗旨，以就业为导向”“以服务发展为宗旨，以促进就业为导向”“服务高质量发展，促进高水平就业”“升学和就业并重”“中职为基础，高职为骨干”。以前的中职教育定位为“就业为导向”，现在的中职教育定位是“基础”，也就是说以前中职学生主要是直接“就业”，而现在的中职教育主要是“升学”。

要适应职业教育的定位变化，教学方法必须进行改革。一线教师进行教学改革的逻辑起点在哪里？归宿在哪里？以中职数学教学为例，我认为主要是要让学生愿意听数学课，而且能听懂数学课，让学生获得进一步学习和职业发展所必需的数学知识、数学技能、数学方法、数学思想和活动经验；具备中等职业学校数学学科核心素养，形成在继续学习和未来工作中运用数学知识和经验发现问题的意识、运用数学的思想方法和工具解决问题的能力；具备一定的科学精神和工匠精神，养成良好的道德品质，增强创新意识，成为德智体美劳全面发展的高素质劳动者和技术技能人才。那么教学改革一定要源于课堂，根植课堂；从课堂中来，到课堂中去。教学改革的重心一定在课堂。

于是，我提出课改的主题是“活实”：让中职数学课堂“活”起来，把培育学生核心素养落到“实”处。“活实”课堂“活”的“六要义”：让教师思维活络，让学生参与活泼，让教学设计活套，让课堂教学灵活，让课堂氛围活跃，让效果显现活性；“活实”课堂“实”的“八要义”：教学设计准备要实，学生学习动机要实，教学内容把握要实，师生互动手段要实，课堂教学方法要实，教学过程环节要实，核心素养培育要实，学业评价成效要实。

根据中职数学课程和中职学生的实际情况，我提出了“6S 教学模式”：学（Self study）、探（Sound out）、讲（Speaking）、练（Skilling）、评（Set right）、固（Strengthen），也就是“自学、试探、精讲、练习、评讲、巩固”六个步骤。

教学改革不是一个人的行为，更不是一个人的事情。为了让“活实”课堂真正落到实处，不能只是课堂“活”而效果不“实”，所以就和学校一些同修共同研讨“活实”课堂。我希望大家能在自己的教育教学活动中挖掘、收集、整理、归纳、提炼自己的教育故事，形成“活实”课堂的案例，过程中不限形式、不管风格、不求层次、不设条件、不拘格式、不论时限，不管是自己经历的、听说过的还是从书上看到的……经过“加工”都可以变成自己的“活实”课堂案例。这些案例的价值可以是：获取学生信任、提振学生信心、缓解学生情绪、达成默契程度、养成良好习惯、架设沟通渠道、巧设课堂引入、调适课堂纪律、活跃课堂氛围、巧妙把控进度、调整知识结构、形成知识框架、化解突发矛盾、平息紧张态势、挖掘共同爱好、提高课堂效率、变革上课方式、探索育人方式、促进素养养成、培育良好感情、形成共同意识、突显作业效果、提升技能水平……只要有利于“教”和“学”，哪怕是“一小点”改进，都值得提炼、总结并记录成文字。

为了让参与“活实”课堂教学改革的教师形成的文字材料具有辨识度，我提出了以“成语的变式说法”为案例题目的思路。因为“成语”可以锦上添花，“变式”却能让意思峰回路转，而且最主要是可以让所有同修写出来的案例“形散而神不散”，所以我才建议大家的每个案例都以成语的变式说法来作为“活实”课堂案例的题目。比如：暗箭难防就可以写成《“暗箭”不一定“难防”》，其内容可以描写学生在课堂上捣乱，但被老师发现并巧妙地化解掉，老师成功地预防了一次可能影响课堂纪律的突发事件，巧妙地化解了影响课堂的因素，让课堂“活”起来，从而提高了课堂效率，让教学“实”下去。于是我向全体参与“活实”课堂教学改革的同修提供了“‘拔苗’不一定‘助长’、‘跋山’容易‘涉水’难、‘白日’也可以‘做梦’、‘百炼’一定能‘成钢’、‘百思’可以破‘不解’、‘百战’方能‘百胜’、‘班门’也可以‘弄斧’”等 150 个成语变式说法的例子以供参考。

通过一段时间的“活实”课堂教学改革，特别是在参与教学改革的同修们写出案例后，有人发现成语的变式说法其实不好表述一些特定的课，比如室外课、讨论课、活动课等等，这些都是某种类型的课，单对一个成语进行变式不一定能表达出准确的意思，甚至有牵强附会的嫌疑。思来想去，我觉得题目用“成语的变式说法+附标题”的形式呈现，可能效果会更好些。比如《“比心”前提是“将心”——把最好的一面展示给学生》，前面是成语的变式说法，后面是具体解释，这样的题目能较好地表达出案例的真实意思，而且格式还是统一的。于是我又陆续提供了“‘倒廪’再加上‘倾困’——‘活实’课堂之‘yu’；‘活水’来自于‘源头’——有选择性地向学生‘泼水’；‘闹中’可以‘取静’——一堂闹哄哄的数学概念课；‘乾坤’可以被‘扭转’——课堂突然不‘活’了怎么办；‘擒来’还得需‘手到’——让学生沉浸式地参与到课堂；‘求前’难道必‘却行’——让挫折成为成功的‘垫脚石’；‘约取’前提是‘博观’——‘看’课堂的‘点、线、面、体’”等案例题目供参考。

课堂教学改革是学术研讨，学术研讨没有谁对谁错，只有你是否愿意付出行动。只要你愿意发表自己的观点，愿意从其他人的意见中去“捕捉”信息，经过自己独特的“发酵”形成自己的观点，然后形成“技巧”，再把这些“技巧”用到自己的教育教学中，就能形成自己的“活实”课堂。这是“活实”课堂改革的逻辑起点，更是“活实”课堂改革的归宿。

（五）卧薪尝胆，享受成长

饮马河边易，逼马喝水难。回望成长之旅，苦中作乐也有收获，自从有了新的航标，我也完全改变了自己的工作态度，对自己的职业生涯进行了重新规划。“享受学习”“享受课堂”“享受教研”成为我“高原现象”冰冻后的三只火炬，工作着快乐着、工作着享受着、工作着幸福着是我发自内心的呼唤。2019 年上半年我参加了四川省教育厅举办的中职教师教学能力大赛，虽然最后只获得了三等奖，但这是在我“高原现象”缓和后第一次参赛、第一次获奖，结果是让我自己满意的，因为我享受了整个过程。2019 年下半年，我参加了全国比赛，先是参加省教科院的初选，我幸运地拿到了五个参赛名额之一，虽然最终也只得了三等奖，但我仍然挺享受这一切的。2020 年、2021 年、2022 年我均参加了教学能力大赛，获市一等奖。在工作室的这几年中，我先后在四川省档案学校为省工作室成员及川西片区学校中职数学教师作《中职数学中应处理好的几个关系》专题讲座；在省教科院组织的四川省中职数学高考复习网络研讨会上作点评；在仁寿县第二高级职业中学为眉山市第二批眉州名师培养对象及语文、数学工作站全体成员作《不待扬鞭自奋蹄》专题讲座；在遂宁市职业技术学校为工作室全体成员及遂宁市数学骨干教师作《中职数学教师专业发展的现实困境与突破策略》专题讲座；在东坡中等职业技术学校为眉山市第二批眉州名师培养对象，语文、数学工作站全体成员及东坡中等职业技术学校全体教师作《中职教师专业发展探析》专题讲座；在阿坝藏族羌族自治州职业学校为工作室全体成员及阿坝藏族羌族自治州数学骨干教师作《基于核心素养的中职教师专业发展探析》专题讲座；在彭山区高级职业中学为眉山市第二批眉州名师培养对象，语文、数学工作站全体成员及彭山区高级职业中学全体教师作《专业建设及教师专业成长》专题讲座；在青神中等职业学校为工作室眉山工作站成员及青神中等职业学校全体教师作《悟职教精髓，拥职教情怀》专题讲座；在丹棱职业高级中学为工作室眉山工作站成员及丹棱职业高级中学部分教师作《教育教学资料收集和整理》专题讲座；在仁寿县第二职业中学为工作室眉山工作站成员及仁寿县第二职业中学部分教师作《教育教学过程中的成果意识》专题讲座；在甘孜藏族自治州职业学校为工作室成员及甘孜藏族自治州职业学校数学教师作《提升中职数学课堂教学效益的策略》专题讲座；在工作室总结会上作《中职数学学科核心素养与思政元素融合》等专题讲座共计 12 次。获得县局优秀共产党员称号 1 次、市优秀指导教师称号 2 次、工作室先进个人 2 次、省教育科研成果三等奖 1 项，连续 3 年年度考核为“优秀”等级，并成为第二届眉州名师培养对象、四川省赵晓鸿名校长鼎兴工作室市级成员。

工作室是“充电站”，让我从职教的门外汉开始慢慢地了解职教、走进职教和爱上职教。学校竹编专业被批准创建为省级特色专业，我具体负责学校特色专业的创建工作，创建成果在 2020 年 12 月 7 日接受由高校教授组成的专家组验收，被评定为“A”等。为解决校内竹编专业无“双师型”教师的尴尬境遇，在任教数学课的同时，我又“不务正业”地学习竹编技艺，通过系统培训，我于 2020 年 8 月考取了竹编行业工艺美术师证和人社部竹器编织专项能力证，继取得机械专业“双师型”教师身份后，再次成为竹编专业“双师型”教师，而且还教授两门竹编专业课程。2019 年下半年，受市教体局职成高教科领导的安排，我负责起草了眉山市中职学校示范（特色）专业评审细则。2019 年 12 月起，我连续多年被眉山市教体局选定为市中等职业学校新专业审查小组成员和教学能力大赛评委，参加市教体局对市域内中职学校申报新专业的审查工作和教学能力大赛评委工作。

（六）展望未来，继续成长

工作室于 2022 年 8 月中旬在广安市武胜县召开了总结会，在我的眼里这既是一项工作的结束，也是展望未来的开始，更是自我专业成长的起点。

工作室总结会后，在四川省 2022 年国培省培项目课程职业院校实施能力提升教师培训达州班我作了《一线教师如何进行课题研究》专题讲座，在四川省市州统筹项目攀枝花市中职教师课程实施能力培训班作了《职业教育改革背景下“三教”改革》专题讲座，在达州市职业院校教师市级统筹项目“三教”改革研修课程实施能力提升线下培训班和乐山市沙湾区 2023 年暑期高中教师培训班作了《一线教师如何进行教研教改》专题讲座；2023 年 5 月，我在由四川省教育科学研究院组织的四川省教师教学能力比赛主题网络教研活动中作了《中职数学学科核心素养与思政元素融合策略》专题讲座；2023 年 5 月，在由眉山市教育科学研究所组织的眉山市 2023 年名师送培送教及中职教学质量管理与检测研讨活动上作了《中职课堂改革之“活”“实”课堂》和《学科核心素养与思政元素融合——以中职数学为例》专题讲座。

成功需要付出代价，努力之后才会有回报。一分耕耘，一分收获，付出多少，回报就有多少。2022 年 11 月，我被四川省教师发展中心评为四川省首批名师名校长工作室优秀成员，并于 2022 年底晋升为正高级讲师，还入选了中共四川省委人才工作领导小组办公室组织的 2022 年度“天府青城计划”天府名师（基层人才专项）项目。

来路还很长，也许杂草丛生，甚至布满荆棘，我将秉承“千磨万击还坚劲，任尔东西南北风”的竹子精神的鼓励，锻造“静雅、优雅、惠雅”的“三雅”品格，磨炼“净心、精心、匠心”的“三心”品质。“路漫漫其修远兮，吾将上下而求索”，不沽名钓誉，不计较得失，继续在四川省谯述忠名师工作室领衔人的带领下和各位同修的帮助下，不把工作室的期满看作终点而是看作自己专业成长的新起点，根生职教，做自己喜欢做的事，站好三尺讲台，静待花开。

四川省青神中等职业学校　邓光强

2022 年 12 月 16 日

我的“成长”之路

2019 年，正是我教师生涯的瓶颈期，我在教学、教研以及其他工作上感到迷茫，于是踌躇、徘徊不前，不知路在何方。此时，在学校、市教育局的推荐下，经过层层选拔，有幸成为四川省谯述忠名师工作室省级成员，在工作室领衔人的指引下，潜心前行、探索一条条前进的路。

一、引领之路，在潜移默化中提升素质

刚进入工作室，更多的是觉得有面子，提高了自己的声誉，但随着一次次学习、交流和探讨，感受到责任和压力，觉得应该潜心学习，这促使我重拾“学生”身份，体会学习的快乐。在跟随谯老师学习的过程中，我时时感受到他对我们专业成长的助推。“问题式课堂”“合作式探究”，激情饱满的语言，高屋建瓴的见解，设计精妙的培训，适时精到的提示，无一不显示出谯老师精深的专业造诣，渗透着他探索创新的激情。每次教研活动，无论是听课、评课还是交流，谯老师作为众望所归的主持人，他更希望把每个成员看作是合作者，不仅让每个人都可以感受到他对教研的全心投入和理性思考，更重要的是他总能不知不觉地用他的激情点燃我们的激情，用他的智慧启迪大家的智慧，让我们也心潮涌动、碰撞出思维的火花。这种和谐热烈的教研氛围赐予了我一种积极向上的力量，让我感受到了开发集体智慧的幸福！

同时，谯老师更是以勤业、敬业的精神和谦虚大度的高尚人格成为我们的榜样。在学科研究、做人做事方面，他从来不说大道理，而是率先垂范，以身作则。在工作室的学习过程中，每每遇到困难，谯老师的鼓励和点拨，常常让人茅塞顿开、豁然开朗。他不厌其烦、毫无保留地指导我们，用实际行动演绎了“不计名利、甘为人梯”的奉献精神，用实际行动教会了我“为人师者要有大爱”的道理。

二、教研之路，在学习实践中突破自我

问渠哪得清如许？为有源头活水来。教师的成长需要积淀，更需要浸润在一个个教研

活动里。我积极参与工作室线上、线下教研活动，并组织雅安学员、校内教师开展教研活动。在工作室既学理论，又参与研讨等实践活动。谯老师经常提醒我们要多看书，多思考，以积淀我们的思想，并给我们购买了教育教学的书籍供我们学习、研究，进行交流讨论。一次次学习、一个个教研活动不仅提升了专业素养、丰富了自身内涵、提升了个人品位，还充分带动了我整体教学水平的提高。

在我的努力下，学校在雅安市统考和四川省中职监测考试中，学生数学平均成绩均名列雅安市第一名；在职教师资对口升学考试中，学校有 105 人考上本科，在全省中职学校中排第 11 名。我拟写教研活动方案，报雅安市教育科学研究所批准，在汉源职业高级中学召开雅安市近三年第一次中职数学教学研讨会，助力雅安中职教研起步。

每一次在教研活动中遇到瓶颈的时候，我都有“书到用时方恨少”的恐慌，不知如何破解。在每一次聆听讲座、面对面交流时，我深切地感觉到一些做得好的同行，他们吃透数学教学标准、灵活使用教学方法、有效把握教学策略。由此，我意识到磨刀不误砍柴工，做工作必须多学习、多积累，深刻领会到作为一名教师，要在一个个教研活动中积淀自己的知识能力，有正确的教学理念和清晰的思维导图，才能有效提高课堂教学效果，达到事半功倍的效果。

三、科研之路，在探讨尝试中开花结果

未进工作室前，我对科研、课题一无所知。在谯老师的带领下，我不断学习、探讨和尝试，从零开始，逐渐进步。

学习研究、感受课题的味道。我在工作室申请立项的省级课题《四川省农村地区中等职业学校教师专业发展调查研究》中担任主研人员。研究中，我认真拜读了各位师兄、师姐撰写的开题报告，学习大家设置的问卷调查表，学习大家科学、严谨、执着的研究精神。我参与撰写了《四川省农村地区中等职业学校数学教师专业发展调查报告》，从调研基本思路和方法、调查情况、调研情况分析、调研结论四个方面，拟写了 43 页约 16 000 字的调查报告。

自主研究、感受课题研究的乐趣。我在市级重点课题《雅安市中等职业学校数学教学现状调查研究》中担任主持人，与雅安市 5 名学员和市教育科学研究所相关人员共同研究此课题。从立项申请到撰写开题报告，反复研讨、多次修改，在研究中遇到一个个难解的问题时我很想放弃，但看到最后的成果时又无比喜悦。课题中期成果验收获三等奖，现已

结题，成果为雅安中职数学教学工作提供有力帮助。

承担研究、感受课题研究的责任。我组织学校档案管理专业教研组积极申报的课题《校企一体推进课证共生、科研成果反哺教学，共育现代档案管理人才的研究与实践》被确定为四川省职业教育改革研究重大项目。在四年一届的省级教学成果奖评选中，我组织和参与申报的三个课题的成果均获得四川省二等奖。三年来，我以课题研究为契机，推行学生为主体、教师为主导的教学思路，结合学生学情及专业特征，有机融入“课程思政”元素，应用信息化教学手段进行教学设计，采用任务驱动的教学方法，努力行进在提高课堂教学水平的探索之路上。

四、竞赛之路，在砥砺奋进中硕果累累

刚进工作室时，我深知道获奖有多么困难。看到老师们竞赛获奖，即羡慕又无力，我积极组织教学团队，与我一起参赛，功夫不负有心人，2020 年获得教师教学能力大赛雅安市一等奖，2021 年获得教师教学能力大赛雅安市一等奖、四川省一等奖、全国三等奖。在竞赛之路上，感谢工作室对我的培养，给予我学习的机会，让我从零开始，走上国赛的舞台，弥补了自身短板。在竞赛之路上更有幸认识了全省优秀的职教专家四川省交通职业技术学院副院长王永莲、全国万人名师李雪峰教授等名师，他们帮助我厘清思路、规划顶层设计，解决了一个个疑难杂症。与领衔人谯老师和各位专家结缘，既收获知识又增进友情，是我一生的荣幸。

通过比赛的历练，我不断激励自己，我负责的学校教学工作不断取得成绩。在省级示范学校验收检查中，我负责的“促进产教深度融合”“推进专业特色发展”两个项目，以 89 分、88 分获第一、二名，帮助学校整体建设获得佳绩；在教育部组织的第四批“1+X”评价组织评选中，我牵头和相关老师积极申报，学校“‘1+X’档案数字化加工”成功入选教育部第四批评价组织；在新专业申报中，“图书档案数字化管理”专业通过教育部的审查，成为教育部公布的中职目录内专业，我还受教育部行指委的委托参与教学标准的开发，现已完成。在一个个荣誉的背后充满艰辛的奋斗历程，信心给了我勇气和力量，前进路上，与它同行。

“却顾所来径，苍苍横翠微”，回望三年来的甘苦与努力、厚重与温暖、喧嚣与笃定，落在探索之路中的脚印和淌在额头的汗水，值得回味，值得纪念。

借助省级名师工作室的平台，三年里，我先后担任学校招生就业办主任、办公室主

任、教务科长；兼职共青团雅安市委副书记；2021 年 10 月 8 日提拔为学校副校长；2021 年 12 月我被遴选为雅安市陈世平卓越校长工作室成员，通过竞选成为雅安市中等职业学校语、数、外名师工作坊坊主。一个个挑战又摆在面前，既有压力也有动力，我相信只要有执着追求的信念，就一定能寻求到正确的方向，走好奋进征程中的每一段路。

四川省档案学校　王三刚

2022 年 12 月 16 日

名师引领 向阳而生

——在谯述忠名师工作室的日子

我大学毕业就开始从教中职数学，二十几年来只顾埋头苦干，随着年龄的增长、评上高级职称，渐渐进入了职业倦怠期，每天重复着简单的、相似的教学生活，不再回头总结反思，任惰性漫延。直到2018年底我有幸加入了四川省“谯述忠名师工作室”，就如在职业生涯中重新照进一道光，工作室秉持的“在活动中锻造，在科研中卓越”理念，让我重新拾回教育的本心和激情。在工作室遇到了一群志同道合、携手并进的良师益友，他们携我同行，促我发展，催我奋进！

一、安于现状欲松懈

1. 初入职场，向前奔跑

20多年前，凭着对教育的热爱和尊重，我从学校毕业就当了一名职业学校的普通数学老师，庆幸自己从事着喜欢的事业，因为小时候的理想就是长大后要当一名老师。很快，我发现，只有梦想是不够的，许多现实的问题接踵而至，对教材不熟悉，对职业学校的学生不了解，课堂驾驭能力差……为了无愧于人们赋予教师的所有溢美之词，为了成为自己心目中的好老师，凭借一颗负责的心，我努力学习，努力工作，让自己尽快成熟，尽快完善。

跟师学艺。我带着空杯心理，有问题就虚心向老教师请教，有困惑及时向他们咨询，汲取他们宝贵的经验，学习他们精炼的、专业的教学语言，学习如何吸引学生的注意力，如何很好应对课堂中出现的突发情况，如何把握教学进度，对学生提出的问题如何做恰如其分的评价等等。只要没有课，我就跑去听他们的课，借阅他们外出参加教研活动时拿回的教案。那时候的高考还是推荐高考，试卷都是自己手写印刷，我就收集他们的每一份试卷。在学习的同时，与自身特点相结合，逐渐找到了符合自身特色的教学思路和教学风格。我甚至向学生学习简单的电脑操作，QQ号都是学生帮我申请的。

订阅资料。在没有电脑，没有智能手机的年代，网络信息也不发达，中职数学教师接受专业继续教育机会偏少，教学资源又缺乏。为了学到更多更先进的理念，我订阅了两本数学期刊《数学教学》和《中学数学教学参考》。每月拿到期刊的那天就是我最开心的日子，如获至宝，反复阅读，通过学习教育经典理论，提高自己的整体文化素养，用于指导与反思自己的教学。

走出学校。每年除了参加市上举行的教研活动，就几乎没有外出学习的机会。市级教研活动一般是一年举行一至两次，一旦有这种学习活动，我都会积极参与，因为只有这样才有机会和不同学校的同行们聚在一起深入探讨教学内容、教学方法和教学策略，才能了解到更多的教师是如何上课的，无奈活动时间太短暂，每次我都意犹未尽。直到 2009 年我才第一次走出市，到成都参加新教材培训，才系统地学习了教学大纲，我非常珍惜那次难得的机会。

以赛促教。初生牛犊不怕虎，有的是冲劲和干劲，每次有外出比赛的机会我都积极参加，认真准备，反复修改教案，对照镜子不断练习。第一次参加的比赛是 2004 年内江市教育局组织的“说课”，很多老师都不明白什么是说课，更不清楚该怎么说，也没参加过培训。幸亏我在订阅的数学期刊上看到过其他省参赛老师关于“说课”的感想，期刊上还刊登了一位老师的说课稿，我把这两篇文章找出来反复阅读，渐渐弄清楚了“说课”的基本要求，对照要求精心准备，最后在比赛中脱颖而出，获得二等奖，增加了我的信心。在随后的中职数学教学各种比赛中，每次都认真对待，我深信，有付出就会有回报。果然，每次我都获得一等奖，让内江市教科所的专家和兄弟学校的同行认识了我，也为我后面加入工作室奠定了基础。

专注育人。因为有质朴的教育情怀，明白教师不能只是教好书，德育工作也很重要，所以我尊重每一位学生，与他们共情。担任多届班主任工作，我一直做到细心呵护、爱心培育、严格管理，深受学生和家长的爱戴与认同，所带班级班风良好，多次评为先进班集体，个人也多次获得优秀班主任称号。

由于教育教学工作得到领导同事的认可，我也曾获得内江市的“三八红旗手”和“四川省优秀老师”等荣誉称号。

2. 中年瓶颈，不进则退

学如逆水行舟，不进则退。2008 年开始，中职教育跌入了一个低谷期，我们学校也不例外，每年的生源数量和质量都在下降，大部分同学毕业时都选择了就业而不是升学。社会上有这样的一个观念，中职学校就是教授学生学习职业技能的，只需要加强专业学习即可。学校也存在着“重专业，轻文化”的现象，大部分班级的数学课程一周只开设 2 节甚至不开。学校没有制订统一的教学进度，上什么内容都由老师自己说了算。学校建设也滞后，一直无法使用现代化信息技术教学，只能沿用陈旧教学模式，课堂教学中只注重知识的传授，每天重复着简单的、相似的教学生活，机械得近乎麻木，教学方式不再有创新。随着年龄的增长，尤其是 2013 年我评上高级职称以后，“躺平”思想愈发严重，有时根本就不备课，直接拿着教材，带上一支粉笔就开始上课，认为自己的专业水平足可以对付中职学校的学生，全凭经验上课，自我感觉还不错。数学刊物早已不再订阅，比赛不再参加，更别说认真进行教育反思，阅览教育类书籍。偶然想起：是不是应该写点教育随笔？看看教育论文？研读新课标理念……却总是有百般理由来自我安慰，不再环顾四周吸收各界新鲜技术，不再对自己教学生涯进行展望和规划，任惰性漫延。

随着习近平总书记为实现“两个一百年”奋斗目标和中华民族伟大复兴的中国梦提供坚实人才保障的重要指引下，职业教育走进了春天，充满了阳光，迎来了高速发展的机遇。许多中职学校又由就业向升学转型，而我的专业知识、专业理念已经落后，现代化的教学手段和教学策略更是知之甚少。学校也送我们出去参加了一些培训活动，但终因差距太大，没有专业人士带领，不知该从何改变，如何改变，所以收效甚微。

二、名师引领乘风行

就在我感到迷茫，徘徊不前，一边纠结又一边依然如故的时候，四川省第一批名师名校长工作室中的中职数学名师工作室“谯述忠名师工作室”成立了，而我有幸被市教育局推荐成了工作室的一名省级成员。我终于理解了“一个人走得慢，一群人不仅走得快，还可以走得更远”的意义，因为有名师的引领、团队的督促、同伴的帮助。

（一）开阔视野，打开格局

1. 观念改变，点亮一盏灯

我以为进入名师工作室，就只是一种名誉，走走过场。在参加第一次会议的揭牌仪式上，谯老师介绍了名师的职责定位，让我倍感羞愧，我离“优秀教师”“名师”的距离还差很远很远，原来自己一直就停留在“教书匠”的层次，只是一个有信念、只会教书的适应型教师，只是把教育当成一份工作而不是事业在做。真正优秀的教师不仅要有理想，愿意带领团队研究课题、推进各种项目进行教育改革，而且还要促进学科、学校、区域的提升。谯老师提出的三年规划，让我倍感压力，每年要上公开课、研究课或作专题报告不少于 2 次，还要做课题研究，开发教材、教辅资料……很多事情从来没有做过，甚至没有想过，我萌生了要逃避的想法。谯老师不愧是一位具有先进的教学理念、丰富的科研经验和指导水平的名师，提出工作室“在活动中锻造，在科研中卓越”的理念，工作室会根据我们的难点、痛点、堵点开展一系列有针对性的培训和活动，又让我充满了期待。工作室第一次的暑假全员培训，整整一周，每天都安排得满满的，每天都有任务，学习的内容超过我之前的所有培训，让我充满了信心。随着工作室各项工作的开展，谯老师通过理论奠基、文化建设、科研引领、课题带动等活动，让我们走出舒适区，有计划地带领我们前行；成员之间互学互助，让我有了动力。如果只是想，一切都是问题，做，才有答案！工作室就如一盏灯，照亮我们寻找前行的路。

2. 理论学习，打开一扇窗

终身学习，追求卓越是教师的根本。作为一名教师，如果我们要给学生一杯水，那自己就要有一桶水，甚至是一股活的源泉。问渠哪得清如许？为有源头活水来。只有学习，才会让人的思想不断得到更新。初入工作室，领衔人谯老师便为我们每位成员配置了《职业教育理论研究》《教育学》《心理学》以及四川省各版本的职高数学教材等几十本教育教学方面的书籍，还经常为我们推荐一些好书，让我们加强专业理论知识的储备。谯老师还为我们推送国家教育政策文件，让我们通过阅读，及时了解教育改革导向，更新教育观；推送优秀的教育教学文章，激发我们课堂改革的愿望。每一次的工作室活动结束后，我都及时总结和回顾，并撰写活动感悟。我还关注了手机微信里的一些教育科研公众号，这样可以随时随地的进行阅读学习。学习让我“求知若饥，虚心若愚”，学思结合可以为自己充电，丰富专业知识，提升自己的教育教学理论水平。

3. 名师引领，指明一条路

工作室还邀请了刘涛、王正东、廖大凯等专家为我们作专题讲座。我非常珍惜每一次的学习机会，从不缺席，认真做好笔记，撰写反思感悟。三年来，线上线下共聆听了五十余场精彩的专题讲座，内容涉及科研能力提升、课题研究、论文撰写水平提升、中职数学教师专业成长、教学技能比赛策略、对口升学教学及应考对策、中职数学教学设计、编写试卷等方面。专家们精彩的讲座，为我指引了方向，让我大开眼界，观念得到洗礼，理论知识得到了提升，从而有了新的目标和方向。我在工作室这个研究的平台上，不停汲取知识的营养，让每一次学习活动都成为自己成长的“加速器”。

工作室领衔人谯老师长期从事普通教育和职业教育的教研及管理工作，有着深厚的专业造诣和强烈的教育情怀，他求真务实的工作作风一直影响着我们，带着我们领略名师风范，听名师上课，而且还善于挖掘每位成员的闪光点，通过压担子、搭台子、指路子，让每位成员在不同领域得到提升，指导我们如何打造高效课堂、如何评课、怎样上好复习课、如何命制好试卷、如何做课题……为我们指引着方向。借助名师的“孵化器”，我不断前进。

（二）主题学习，方向赋能

工作室就是我的“加油站”，从未这么近距离地聆听各位专家的讲座，从未得到这么多名师指点迷津，从未这么系统地学习该如何做教育，从未遇上这么一个有着深厚教育情怀、笃志躬行的领路人，从未遇上这么多志同道合、积极进取的同伴，为我走向有深度的专业成长之路指明了方向。作为新时期的中职教师，我们要具备改革的担当和勇气，要不断加强学习，用理论指导教学实践，研究和探索教育、教学规律，把科研和教学结合起来，做一个专家型、学者型的教师。

1.“三好”老师，打造高效课堂

谯老师常给我们说，能做到新“三好”教师，肯定是优秀教师，新“三好”即备好一节课、上好一堂课、命好一套题。

（1）备好一节课。备好课是搞好教学的基础之基础。教师只有深入钻研教材，精心设计课堂教学，才能取得良好的教学效果。

首先是备教材。备教材不是把教学参考书上的目标进行简单的复制粘贴，深刻理解教材的重点难点才能促进课堂教学的有效实施。教师在编写教学设计时，要理解教材，要研究教材中每个内容的内涵，研究教材中每个探究性活动之间的结构及前后联系，才能有效地实施教学活动，达到课程标准的要求。

其次备学生。教无定法，课堂教学有效性的体现在于学生。课前了解学生现状，是实现教学有效性的关键。要想一堂课学生有所发展，首先要明白学生的起点在哪里，有哪些已有的知识，有哪些已会的技能。学生的知识基础是有差异的，教师只有了解学生的认知起点，才能更有效地实施教学，才能让学生在课堂上有效参与教学活动，从而达到教学目的。

结合专业备课。和专业老师对接，对学生将要学习的专业知识要有一定的了解，找出和数学相关联的内容，注重数学知识在专业课中的应用，让学生感觉数学不再是看不见、摸不着的了，这样才更有学习动力，有兴趣。

融入思政课程。课前充分挖掘与数学知识相关联的数学故事、数学发展史、传统文化等思政元素，在课堂教学中充分体现中职数学的基础性、发展性、应用性、职业性等特点，完成立德树人的根本任务。

（2）上好一堂课。课堂是教师的主要阵地，是师生互动与配合的主要平台。教师不仅要重视课程标准中的知识点，还应当尽可能地对知识进行延伸，真正做到旁征博引，触类旁通，将课堂上“活”，提高课堂的新鲜程度。

工作室总结提出将整个教学过程分为“学、导、探、练、评、固”六个教学环节，提出了“三心二意”的教学主张，经常组织大家网上磨课，现场听课，评课，观摩学习优秀的教学实录和精彩的课例。我认真领会“以学生为中心，以问题为中心，以思维为中心，培养学生的自主意识和创新意识”的精髓，并应用在自己的实际教学中，认真上好每一节课，努力做到先学生，后老师，先做后讲，先学后教。通过听优秀示范课，自己上示范课，发现自己仍有很多不足，所以努力学习同伴精湛的教学技艺，吸取优秀的教学经验，用心设计，以此提高自己的教学技艺，我所教班级的数学成绩在全市名列前茅。在内江市中职教研活动中的示范课《直线的斜截式方程》、市级研究课《高考专题复习之统计篇》、在工作室上的示范课《排列》得到大家的好评。2020 年、2023 年我获内江市中职数学教学技能大赛一等奖。2019 年我担任四川省技师院校联盟第一届教师教学能力大赛评委。2021～2023 年我担任内江市教师教学技能大赛初赛、决赛的评委。配合内江市教科所，我经常到内江市中等职业学校进行高三教学视导工作。

（3）命好一套题。试卷是检验教学效果的评价之一，既要考查学生对基础知识的掌握情况，又要考查学生综合运用数学知识的能力，为学生今后的学习和教师的教学起到导向作用。

在进入工作室以前，我认为命题不难，反正数学只有选择、填空和解答三种题型，依据考纲和大纲，根据经验进行题目的堆砌即可。专业学习后才知道一套好的试卷要有效度、信度、适当的难度和区分度，选题不只是要紧扣教材、考纲和课程标准，还要既不脱离课本，又要有相对独立性，要注意数学知识的综合运用，要保证解决问题的方法尽可能灵活多样，还要注意数学思想方法的渗透、数学思维能力的训练，学生成绩应成正态分布，要有原创试题，以达到导向的作用。试题的布局也不是随意排放，要由浅入深、由易到难、由简到繁，题目的数量、题型、坡度、分类都要合理，要让学生有充裕的时间完成试题的解答，还留有检查的时间。我也终于清楚了命题双向细目表是什么，明白了它在命题中的重要性。不同的考试类型就会对应不同的命题原则……2019 年底，谯老师让我给四川省中等职业学校 2020 届学生命一套全省的数学诊断题。接到任务后，在谯老师的指导下，把近 10 年的高考试卷和以往的诊断题都重新学习了一遍，对于哪些是必考、常考的知识点，做到心中有数；根据考试的目的首先列出双向细目表，这样就把每个单元的题型确定了；先命最难的题，最后命最简单的题弥补知识点分布上的不足，试卷内容就有了雏形；反复查修、筛选，调整试题的内容；最后试做全部试题、再调整。在大家的帮助下，我圆满完成任务。通过此次活动，自己的专业能力又得到了提升。

2. 编写教辅，建设精品资源

丰富的教学资源可以帮助教师钻研教材、学科教学标准，有助于教师教学，使教学效果大大增强，促进教师的专业发展，提升教育教学质量。但与普通中学相比较，中职数学的教学资源太少，教师无法在书店买到可供教学参考、研究的中职辅助资料，加上中职数学教师教学研究的水平有待提高，精品资源库的建设迫在眉睫。为了规范课堂教学，科学开展教学设计，帮助教师有针对性地带领学生高考复习，工作室发挥合作共进精神，以任务驱动型思路推动教学资源库建设，让工作室每个团队都承担了各种资料的编撰工作。

撰写教学设计及配套教学 PPT。我们内江工作站接到任务后，先组织成员学习《中职数学课程标准》、教学设计有关理论书籍，团队内开展集体备课，融入工作室提出的“三心二意”教学主张，将教学内容进行结构化处埋，采用“线上+线下混合式”教学模式，分工合作，整合资源，完成中职数学基础模块 8 课时的教学设计初稿，并收集整理成册，供成员使用。在谯老师亲自培训指导下，成员充分讨论，反复修改，《基于核心素养的中职数学教学设计》得到不断完善，已在四川教育出版社出版，配套教学 PPT 也上传到四川省教育资源平台上，为全省中职数学教师专业发展提供丰富的学习资源。

编写教辅资料。工作室成员均来自教学一线，对学生的基本情况和学习状态都非常了解，基于学生升学的愿望，谯老师带领我们对历年高职考数学考试情况进行分析，对口升学考试试题进行研究，开展命题策略与技巧培训，出版了《中等职业学校升学考试复习指导　数学》《高等职业学校单独招生考试模拟测试卷》《高职考数学知识梳理》等五本教辅资料，让学生夯实基础，开阔眼界，为广大考生的备考复习带来实质性的帮助。

我把在工作室学到的知识应用到工作中，2019 年参加了四川省教育科学研究院教材评审工作，2021 年到达州市职高进行校本教材的指导与评审。

3. 课题研究，促进专业发展

教育家苏霍姆林斯基说过："如果你想使教育工作给教师带来欢乐，使每天的上课不至于变成单调乏味的苦差，那就请把每个教师引上进行研究的幸福之路吧。"王真东所长在讲座中也强调：一个老师要提高课堂效率，必须不断反思，提炼教学成果，在科研中成长，通过课题研究深入钻研数学理论，总结数学规律。而据我们调查，有 60%的中职数学教师没有参加过课题研究，参加过市级及以上级别课题研究的只有 19%，课题研究是目前中职数学教师最需要也最薄弱的教研活动。

在进入工作室之前，虽然参研过省级课题，但对课题的重要意义认识肤浅，只觉得在职称上可以助力职业发展，没有认真深入地研究过。2019 年工作室省级课题《四川省农村地区中等职业学校数学教师专业发展调查研究》申报成功，领衔人谯老师成立了课题组，我有幸成为课题组组长，深感任务艰巨，责任重大，正式踏上课题研究之路。由于课题组成员的课题研究经验都不足，谯老师邀请专家团队为我们量身打造，多次分阶段地举办关于课题的讲座，大家汲取着讲座的养分，留下自己的思悟，迅速提升了理论水平。在他的督导下，我们学写开题报告，设计出关于学校、教师、学生的三个问卷调查表，调研分析写出三大调查报告。课题研究期间，正受疫情影响，谯老师带领我们线上线下研讨，与我们一起前后修改开题报告 9 次，问卷调查表更是逐题讨论，大家学以致用，在讨论中撞出思想的火花，渐入佳境。谯老师一直用他对学问研究孜孜不倦、精益求精的精神影响着我们。在他的鼓励和帮助下，在团队的共同努力下，我最后完成了四万多字的研究报告。这个过程很让人回味，是一个不断突破自己、超越自我的过程。

教而不研则浅，研而不教则空。随着研究的深入，对课题的态度由被动变为主动，从课题研究"小白"变为课题研究爱好者，感受到研究带来的惊喜与快乐。以前觉得课题深不可测，后来发现课题研究的目的就是解决问题，课题常伴我们身边，因为很多老师在平时教学中有困惑、有反思，追寻问题出现的根源，寻找解决问题的方法，实践新的方法，如果把它形成文字，给以理论支撑，就是课题研究。我之前明知道自己的专业发展已经停滞不前，但没有去思考原因和解决的办法，后来通过工作室的研究，开始剖析自己。一个教师的专业发展受社会认可度、学校的支持力度、学生现状和自身的专业素养、专业知识、专业能力等方面制约着。在探寻教师专业发展的途径中，为了不扰乱思路，抓住灵感，我可以几天不出门，潜心整理资料，梳理思路。根据全省 608 名教师的问卷调查，结合自己 20 年的教学经历，终于提炼出“一体三翼”的中职数学教师专业发展策略，总结出教师需提高专业素养、完善专业知识、提升教学能力、提高研究水平、明确专业发展规划的成长途径，梳理好教师要有职业认同感、终身学习、加强合作、反思实践、教育科研、开发校本教材等提高自己的专业化水平的成长方法。而我在研究过程中，增强了自我发展和不断学习的意识和能力，让我对学生的看法也有所改变。对全省 2 万多中职学生的问卷调查结果显示，学生认为数学难的原因不仅是基础较差，最重要原因是觉得教材太难，课本上的数学知识与专业教学、与生活实际脱节，缺少实用性和生动性。他们感觉不到数学与专业、与将来从事的职业有什么关系，学习仅仅是为了毕业和升学，不想把时间都浪费在这些用不到的学科上。而教师认为就是学生基础差，难教。学生最喜欢的数学老师的特点中，富有亲和力排在第一，知识渊博位居其次，教学严谨排在第三；而老师自己认为学生喜欢的数学老师的特点中，细心、耐心排在第一，风趣幽默位居其次，有责任心排在第三。诸如此类的矛盾，让我不得不去思考该如何“以生定教”。在工作室成员的共同努力下，作为第二主研人的课题《四川省农村地区中等职业学校数学教师专业发展调查研究》顺利结题，并获省第 20 次优秀教育科研成果二等奖。作为第二主研人参与工作室成果申报工作，课题《指向核心素养的四川省中等职业学校数学“三心二意”课堂教学改革》获 2021 年四川省教学成果二等奖。在这个过程中，自己带领团队也完成了市级课题《内江市中等职业学校数学教师专业发展调查研究》，为省级课题提供了认证的依据。2023 年 4 月，我主研的省级课题《中职数学学科素养与思政元素融合研究》获四川省教育联盟年度教育科研课题一等奖。

有人在奔跑，有人在睡觉。努力才是人生应该有的态度。课题研究虽然很辛苦，但对提升教师的理论水平，促进教师的专业发展有很大的帮助，可以影响更多的人，改变教育现状，提高教学质量。

（三）教育反思，学以致用

“纸上得来终觉浅，绝知此事要躬行。”教师要发展就得不断学习，学以致用，在平时的教学活动中不断自我反思，找出不足，然后再行动、再努力，通过自己的研究、探索和理解，最终把理论内化为能力，从教书匠逐渐成为有理念的准学者型教师。

活动中锻造，理论指导实践。工作室组织的各种学习，都是为了更有效地指导教学，更好地为学生服务，给学生以正能量和正确的指引。在教学活动中，以前注重知识的传授，不太重视学生能力的培养，将训练与练习放在首位，教学方式单一，对“情境教学”重视不够。现在，我始终对标工作室提出的“三心二意”教学主张，打破以往理论先行和学生被动接受的教学模式，课堂由“教会、会教”逐渐转向为“想学、享学”。上新课注重师生的课堂交流，新课讲解前，先让学生自学，带着问题来到课堂；在课堂上，允许学生出错，大胆讨论；用小组比拼、“开火车”等活动调动学生的注意力，刺激学生学习；针对他们的年龄发育特点，将课堂上“活”，提高课堂的新鲜程度，真正做到旁征博引，触类旁通，润物细无声，提高课堂教学效果。上习题课注意让学生先过手，放手让学生练习，上讲台板演讨论；上复习课重点抓概念、基础、常规和抓落实。学生家长专门打电话说学生在我的课堂上改变了对数学课的认识，增强了学习数学的兴趣和信心。

科研中卓越，实践支撑理论。读书使一个人内心丰富，写作使一个人表达精确，教研使教育向前发展。古人要“三省吾身”，陶行知先生要“每天四问”获进步，我们更要在日常教学生活中学习、实践、反思，做有思想的学者型教师。通过工作室的培养，我感受到了课题的魅力，养成了善观察、勤思考的习惯，更加关注教育教学中遇到的小问题，然后去深挖掘，会从社会、学校、家长、学生几个层面换位思考，看问题更客观、全面了。在寻找解决途径时，首先要实践在自己的日常教学中，看方法是否可行，看是否还有更好的方法。虽然还没有做出成绩，但已经跨出了很大一步。不积跬步，无以至千里。谯老师鼓励我把做课题的心得给大家分享，虽然之前从未作过专题讲座，但听的讲座多了，便从模仿开始，再加上自己的创新，结合自己在研究过程中的想法和做法，在省教科院举办的全省中职高考复习研讨会能力提升培训会上作了《开题报告撰写策略》专题讲座。另外在甘孜藏族自治州职业技术学校送培送教时，作了《中职教师课题研究策略》讲座，受到好评。通过这一系列活动，自己的业务能力得到进一步的提升。

三、携手共进展未来

社会的发展对教师的要求越来越高，要求教师要自觉跟上时代的步伐，不断进行自身知识结构的新陈代谢，具有不断更新自己教育技术的意识，不断追求新知并有意识地运用于教育教学活动，必须具备终身学习的观念和浓厚的科研意识，工作室建设就是时代的需求。

宝剑锋从磨砺出，梅花香自苦寒来。三年来，工作室给我们提供了一个宽广的舞台，让我们都舞出了自己的精彩。这里有名师谯老师引领，他有专业的情怀，专业的态度，亦师亦友，为我们制订成长规划，不停触动我们的心灵，让我们幸福成长。这里有志同道合的同伴，相伴而行，共同成长。我们工作室成员来自不同地区，都是当地优秀的骨干教师，既有学校校长、中层干部，数学教辅资料的作者，也有从事数学教育教学研究近 30 年的优秀老教师，还有参加四川省乃至全国中等职业学校数学说课大赛、教学能力大赛一等奖的获得者。我与这些优秀的老师在一个团队，大家互相鼓励，分工合作，各司其职，自学与互助结合，学习与应用结合，反思与提升结合，坚守与创新结合，一起前行。大家早已情同家人，分享智慧，实现资源共享。在这三年的锤炼中，我虽然学到了很多新理念、新知识和新方法，但内化的速度慢，思考的深度不够，以致自己进步的速度比较慢。在今后的工作学习中，我力争做一个有思想的教师，增强创新意识，进一步提高课堂教学能力和教研科研能力，不断总结经验，改进工作的方式方法，做一个有温度的职教人。

工作室散场不离场。在职教这条路上，我们还会继续发扬工作室的传、帮、带作用，引领辐射，还会跨区域、跨学科教研，抱团成长，共同发展，用工匠精神研磨教学，用工匠精神做教育事业，落实学生核心素养的培养，完成立德树人任务，推动职业教育向前发展。

内江市高级技工学校　黄春燕

2023 年 10 月 23 日

第三章　成长

名师工作室的学习促进了职业生涯的圆满

刘永辉，男，汉族，四川泸州人，1962年12月生，中共党员，研究生学历，中学政治高级教师，四川省特级教师，泸州市教育科学研究所中职思想政治教研员。

刘永辉同志1979年9月至1981年7月就读于叙永师范学校。1981年8月至1988年10月，在叙永县原大树区普站小学、大树小学、落卜镇天宝小学任教，其间1984年9月至1987年7月通过函授学习取得泸州教育学院数学专科学历。在天宝小学工作期间担任学校副校长，分管教学工作。1988年10月至1995年4月，先后在叙永县城郊中学、叙永定水中学（现叙永二中）任教，系城郊中学支部委员、办公室主任、教务处副主任，定水中学理科支部委员。其间1993年9月至1995年7月通过函授学习取得四川师范大学思想政治教育本科学历。1995年5月至1998年1月在叙永县政府担任分管教育副县长秘书；1998年1月至1998年10月在叙永县两河镇担任党委副书记；1998年11月至2001年10月在叙永县营山乡担任乡党委书记、人大主席；2001年11月至2005年9月在叙永县教育局担任党委委员、副局长，其间2001年9月至2004年6月在中共四川省委党校学习，区域经济管理专业研究生毕业；2005年10月至2010年12月在泸州市树风职业高级中学任副校长；2010年1月至今为泸州市教育科学研究所思想政治教研员、职业教育研究室主任。

刘永辉同志先后被叙永县政府表彰为优秀教师劳动模范，叙永县思想政治工作先进个人，泸州市继续教育先进个人，泸州市优秀教育工作者，两次评为泸州市优秀党务工作者、泸州市思想政治学科骨干教师，四川省思想政治学科骨干教师，被选举为中国职业技术教育学会教学工作委员会第三届理事会理事。被四川省教育科学研究所聘请为第六届四川省中等职业教育德育学科教学指导委员会副主任，为第七届四川省中等职业教育德育研究指导委员会委员，泸州市教师职称中评委委员，泸州市第六届教学成果评审委员会成员，被省教育厅聘请为四川省地方教材《生命、生态、安全》审核专家。

刘永辉同志为人师表，师德高尚，在基础教育、职业教育战线辛勤耕耘三十多年，是学生的良师，同志的益友，深受大家的尊敬和爱戴；在教育教学上兢兢业业，不断探索，有坚实的学科教学功底，掌握了教育学、心理学基本理论，教学效果优秀；科研、教研能力强，教育科研工作中善于理论联系实际，强调科研成果的推广和运用，强调科研与教学相结合，成果丰富；甘为人梯，无私奉献，视培养中青年教师为己任，带动、影响了一大批教师迅速进步；在教学、科研、教研管理上科学有序，工作卓有成效。总之，刘永辉同志是一位长期奉献在教育战线上的优秀教师、优秀教研员。

模范履职　恪守师德

刘永辉同志是一名忠诚党的教育事业的优秀教育工作者，自 1981 年中师毕业踏上讲台开始，在教育事业上勤耕 35 年，在地方党委政府工作 6 年时岗位也与教育息息相关。在政治上坚持四项基本原则，认真贯彻执行党的路线、方针、政策。坚持原则，作风正派，识大体、顾大局，善于团结同志，对待同志诚恳、真挚，关心同志疾苦，是群众的贴心人。在三十多年的教育教学、教育科研工作中，模范履行教师职责，恪守教师职业道德，教书育人，为人师表，具有高尚的职业道德和无私的奉献精神，真正做到了爱岗敬业、关爱学生，刻苦钻研、严谨笃学，勇于创新、奋发进取，淡泊名利、志存高远。

由于工作出色，刘永辉同志多次获各级政府和教育行政部门表彰。1988 年被叙永县政府表彰为优秀教师劳动模范，2001 年、2003 年两次获得泸州市委表彰的优秀党务工作者，2003 年被市教育局评为泸州市继续教育先进个人，2019 年被泸州市教育和体育局评为优秀教育工作者、泸州市骨干教师，四川省省级骨干教师，年度考核七次被评为“优秀”（1999、2000、2001、2005、2006、2007、2019、2020 年）。

教书育人　成绩显著

刘永辉同志从事教育工作的 35 年，大致分为四段：1981 年中师学校毕业参加工作到 1995 年，从事学校教育教学工作；1995 至 2005 年，在叙永县政府、两河镇政府、营山乡政府、县教育局从事行政管理工作；2005 至 2009 年，担任学校副校长同时坚持一线教学；2010 至今，从事教育科研工作。

刘永辉同志 1981 年中师毕业后到 1995 年，先后在偏远农村的“戴帽”初中学校第一线担任政治、数学等学科教学工作，因为每个年级只有一个教学班，所以才身兼多个学科教学工作。刘永辉同志热爱学习，从中师毕业后，通过不断的学习取得泸州教育学院数学专科学历、四川师范大学思想政治教育本科学历，在中共四川省委党校学习取得区域经济管理研究生学历。2019 年加入四川省谯述忠名师工作室，进一步研修学习至 2021 年结束。在长期的教育教学实践中，他锐意进取、善于积累，更新知识，坚持不懈地自学、进修，不断拓宽知识视野，从而具备了思想政治学科坚实的基本理论和专业知识，具备了按照大纲要求娴熟驾驭中学各年级政治学科教材的能力，在长期的教学实践中，形成了自己思想政治学科“结合专业、案例引导、课堂生动、提高觉悟、培养能力、注重养成”的教学特色。

思想政治学科理论性强、内容抽象，对教师的教学极具挑战性，教师必须结合学生和本学科特点进行授课，否则课堂就会十分枯燥，学生不会感兴趣，教师更谈不上教书育人。刘永辉同志在教学中始终以习近平中国特色社会主义思想为指导，深入贯彻党的十九大精神，落实立德树人根本任务，以社会主义核心价值观为主线，积极开发课程资源，将学科教学置身于社会发展的大背景，提高政治学科教学的思想性、科学性、时代性、现实性、针对性和实效性，解决学生思想上的深层次问题的同时，坚持社会主义核心道德体系教育，针对学生身心特点，晓之以理，动之以情，培养学生树立正确的世界观、人生观和价值观，实现既教书又育人的目标。

刘永辉同志坚持运用案例教学、项目教学、问题教学、情景教学等启发式教学方法，结合职业学校不同专业的特点，将“例、问、探、讲、练”相结合，培养学生质疑、研讨、参与的能力，有效提高了学生的学习兴趣和综合素质，所任教教学班学生学习行为习惯、职业道德素质变化明显，无论是在实习就业企业还是升学到高职院校，他们的职业道德素质、行为习惯、继续学习能力都获得好评，进步很快。相当部分学生成为企业骨干、成长为中层干部，在高职院校成为专业操作老师的得力助手、专业技能操作好手。

刘永辉同志学校教学工作另一方面的突出成绩是他的班主任工作、德育管理工作。无论在学校当副校长分管德育，还是在市教科所任思政教研员兼职教室主任，都一直重视学校德育工作和班主工作。在班级管理的具体工作中，坚持做到“六个狠抓”（利用微型德育课，狠抓学生特色理论教育和爱国主义教育；狠抓人生观教育和前途理想教育；狠抓德育常规、职业道德，培养学生纪律观念和集体主义观念，提高学生职业素养；狠抓班集体管理，培养学生自我管理能力；利用多元智力理论，狠抓学生特长发展；狠抓专业操作技能、理论和文化课成绩的大面积提升）。在狠抓促进下，学生健康成长，不少成为国家的栋梁之材。为了尽快转变角色，高质量地履行教研员的职责，刘永辉同志刻苦学习，认真钻研，他先后学习了《教研手册》《思想政治课程标准》等理论书籍，做了大量读书笔记，与此同时，刘永辉同志不失时机参加各种培训学习，几年里先后参加了北京师范大学教育领导力提升专题研修班学习，参加了四川省思想政治骨干教师培训班培训，参加了华东师范大学骨干研修班学习培训，参加了四川省谯述忠名师工作室的研修学习，这一切努力使刘永辉同志迅速成为教研战线的行家里手，在教研工作的理论与实践中取得丰硕的成果。

刘永辉同志工作作风踏实，常年采取“了解情况、研究问题、开展咨询、交流思想、传递信息、分类指导”的有效工作方法，深入课堂，加强与教师联系，积极开展教学视导，常年坚持深入一线学校课堂，2010 年以来，每年坚持听课、评课不少于 120 学时，召开不同类型的学科教师座谈会，针对教师个体进行一对一帮助。

在积极开展学科教研的同时，刘永辉同志高度关注中职学生思想道德建设和班主任队伍建设，主持开展了全市中职学生状况调查，执笔撰写了《中等职业学校德育工作现状及对策思考——基于泸州市中职学校德育工作现状调查的对策思考》研究报告，研究成果获得 2014 年中等职业学校优秀研究成果一等奖。

刘永辉同志十分重视教学评价对学科教学的引领作用。2013 年他首先在全省开展中职思想政治学科教学质量检测评价，他任思想政治教研员以来，一直担任全市中职思想政治教学质量评价命题组组长和教学质量评价阅卷组组长，负责全市中职思想政治教学质量检测的试题命制、试卷评判和成绩统计分析，撰写的全市中职教学质量检测分析报告和学科质量分析报告共 16 篇。

刘永辉同志治学严谨，每一次在全市活动中发言，都要求自己必须有书面发言材料。他执笔撰写全市中职对口升学成绩分析报告 6 篇，全市中职文化课统考、专业抽考、技能大赛文明风采大赛总结分析报告 22 篇。在全市中职教科研工作会，教指委、教研联组工作会，学科、专业抽考、技能大赛总结泸州分析会上作专题发言 25 次，为地区中职教学质量的提高提出有益建议，得到上级领导和基层学校的赞扬。

刘永辉同志用心、用情、用力推动泸州中职教育科研进入全省中职教育前列。刘永辉同志在担任职教研究室主任这十年里，通过提出建议方案、争取领导认可、形成操作方案、亲力亲为狠抓落实，泸州市中职学校教研科研、教学质量、内涵发展、常规管理、教师教学能力均居全省前列。他在省、市、中职教育领域获得了认可，具有较高的知名度、影响力。他在全省中职教育科研工作会交流发言两次，作专题讲座两次，参加省教育厅组织的政策研讨 6 次，担任省优质课比赛、说课比赛、教师教学能力比赛、班主任能力大赛等比赛评委近 20 次，担任全国德育教师说课比赛评委一次，承担省教育厅组织的重大研究任务 7 次，担任专家组长 5 次，2021 年被省教育厅聘请为地方课程《生命・生态・安全》审核专家。

刘永辉同志注重教育科研与教育教学的结合，大力倡导并积极参与教育科研。2010 年以来，他曾多次参与省市课题结题鉴定、市立项课题的审定，参与省表彰课题的推荐和市表彰课题的评审，参与江阳职高省级重点课题《职特融通式聋声职业教育机制构建与实践研究》的立项、开题、过程研究、结题、成果推广等系列工作指导，该课题获得第六届省政府教学成果一等奖。作为主研人员参与叙永职高《基于新时代创新教师教育中职学校校本研修运行机制建设研究》市级课题研究，指导培养年轻教师提升科研能力，该课题阶段性研究成果获得 2019 年市研究成果一等奖；参与叙永职高主研的课题《民族地区中职学校“四位一体”教师校本培训模式构建与实践》，该课题获得泸州市第七届教学成果一等奖；担任《中职学校校本研修制度建设的研究》《中职建筑专业学生素养培养的研究》等省市级 30 余项课题结题鉴定专家组成员；指导的《以礼仪教育为载体培育学生核心价值观》等 5 个中职课题获得泸州市第六届政府教学成果奖励；近 5 年指导推荐《中职学生心理健康状况调查研究》等 51 余项研究成果参加省教科院组织的中职优秀研究成果评选，获得省级三等奖以上奖励 35 项，其中一等奖 12 项。

2016 年作为负责人申报的《市域中职学校教学质量检测诊断与反馈机制建设研究》立项为省重点课题，他以此为抓手推动区域中职学校教研科研工作开展。2017 年该课题阶段性研究成果获得省中职优秀研究成果一等奖。2021 年《市域中职学校教学质量诊断与反馈机制》获得泸州市人民政府第七届教学成果二等奖；作为第二主研的《市域中等职业教育教学质量评价体系构建与实践》获得 2021 年四川省人民政府职业教育教学成果一等奖。作为主要研究成员的省级课题《中高职衔接背景下中职学前教育专业核心课程建设与实践研究》阶段性研究报告获得 2016 年四川省中职研究成果一等奖，2021 年该课题研究成果获得2021年四川省人民政府职业教育教学成果二等奖（按照规定每一个人当年只能申报两个成果，他一共有四个成果参与申报，这个成果没有写他的名字），研究成果之一的8本教材中，刘永辉同志作为副主编的《幼儿园活动设计与指导》教材不仅在市内推广使用，而且已经有省内外学校征订使用。

刘永辉同志注重调查研究，为地区教育的发展出谋划策，先后组织开展了泸州市中职学校“9+3”教学现状调研、泸州市中职学校教学现状调研、泸州市中职德育现状调研、泸州市中职数学教学现状调研、泸州市中等职业教育信息技术类专业建设调研、泸州市中职学校思政教师现状调研。他撰写的《中等职业学校德育工作现状及对策思考——基于泸州市中职学校德育工作现状调查对策思考》获得省优秀研究成果一等奖；参与撰写的《泸州市信息产业发展与人才供需结构分析——泸州市中等职业教育信息技术类专业建设调研报告》获得2018年省优秀研究成果一等奖，发表在《教育科学论坛》；《泸州市中职学校德育教师现状调研报告》获得2019年省优秀论文一等奖。《“9+3”学生学习行为习惯与学习能力调研报告的管理规律提高教育教学质量的研究》获得2014年优秀研究成果一等奖，《“9+3”教学现状调研报告》《普职均衡发展实现泸州高中阶段教育普及目标对策思考》《泸州市中等职业学校师资队伍现状调研报告》等系列考察调研报告为上级领导部门的决策提供了有益的参考。

发挥优势　共同成长

刘永辉作为工作室年龄最大、还有几年快退休的成员，最大的优势是担任市教科所教研员多年，有教育科研工作经验、丰富的基层教学教育经验、协调管理经验，热爱学习，态度端正，认真负责。通过3年与工作室成员共同成长，2021年他被四川省政府授予特级教师称号。工作室领衔人谯述忠老师非常重视每个人的特长，充分发挥刘永辉同志特长，针对全省中职学校学生数学学科基础差、教师队伍整体素质不高这个一直困扰中职学校数学教学质量的问题，首先带领工作室成员开展四川省中职学校学生数学基础及数学教师现状调研。一是摸清家底，二是培训培养工作室成员调研科研的能力。刘永辉同志发挥已经有的经验积极参与调研方案制订、调查问卷、访谈提纲编制，并发挥组织协调能力优势，在泸州市所有中职学校开展调查工作，参与后期调查数据、资料的收集、分析、提炼。工作室在调查研究基础上形成研究的课题《四川省农村地区中等职业学校数学教师专业发展调查研究》立项成为省级课题，形成了“一体三翼”数学教师专业发展路径、“一一四”

中职数学教师专业发展模式的研究成果。参与针对中职学生数学基础的教学方法、教学模式、教学环节研究，形成了“三心二意”的教学主张、“四面体”教学模式、“学、导、探、练、评、固”教学六环节。“三心”是指“以学生为中心”“以思维为中心”“以问题为中心”，“二意”是指培养学生的“自主意识”和“创新意识”。“学、导、探、练、评、固”精辟概括了教学过程中的六个环节，以“学”（学生的自主学习）为起点，以“导”（教师的趣味导入）抛问题，以“探”（学生的合作探究）引新知，以“练”（学生的课堂练习）促迁移，以“评”（自评、互评和师评）为抓手，以“固”（学生的课后作业）为保障，规范教师的教学设计模式。这些研究成果促进数学教师专业发展，提高学生学习数学积极性，有效促进数学成绩提高。《指向核心素养的四川省中等职业学校数学“三心二意”课堂教学改革》于 2022 年获得四川省政府第七届教学成果二等奖（按规定每人当年只能申报两个成果，他有四个成果参与申报，这个成果没有写他的名字）。

刘永辉同志作为泸州市教科所职教研究室主任，发挥协同能力优势，策划组织与泸州市教科所在泸州市联合开展两次联合教研研修活动，策划协调组织与内江市、自贡市两个教科所联合分别开展教研及研修活动两次，提高与西南三个市开展联合教研研修活动，一方面培养锻炼工作室成员，展示工作室研究成果，另一方面扩大工作室资源，发挥工作室的引领指导作用，为三个市培养了一批数学骨干教师。（2019 年 3 月 10 日至 11 日，四川省谯述忠名师工作室川南片区工作研讨会暨泸州市中职学校高考备考工作研讨会在叙永县职业高级中学开展；2020 年 12 月 15 日，中职数学教研组与四川省谯述忠名师工作室泸州市省、市级成员联合教研活动在泸州市纳溪区江南职业中学开展；2021 年 9 月 28 日至 29 日，四川省谯述忠名师工作室川南片区工作研讨会暨内江市中职数学教学研讨活动在隆昌市城关职业中学开展；2021 年 12 月 15 日至 17 日，四川省谯述忠名师工作室川南片区工作室成员总结研讨会暨自贡市中职数学教师教研活动在自贡市富顺职业技术学校开展）

指导教师　成效显著

刘永辉同志重视中青年骨干教师的培养，充分利用教研战线的各种平台，为中青年教师提供展示他们才能的机会，通过公开课、教学展评、评课说课、教学研究会、常规教学视导等活动，与基层教师面对面交流意见，探讨问题，使我市一大批政治学科骨干教师迅速成长，从而使我市中职思想政治学科教学质量得到提高，名师工作室在泸州市有两名省级成员，6 名市级成员。

近年来，刘永辉同志组织参加全省和全国中职教师信息化教学、教学能力、班主任能力大赛 6 次，主持开展了 9 次全市教师信息化教学、教学能力、班主任能力大赛。他指导的江阳职业高级中学罗安静、王洁，泸州职业技术学校杜煜欣、卓致远，泸县建筑职业中专学校聂丹、游涛，泸州市纳溪区江南职业中学白鱼江、李一平，叙永县职业高级中学罗海、潘光全等教师或者教师团队在全省、全国比赛中获奖。如：泸县建筑职业中专学校思想政治教师聂丹参加四川省中职思想政治教师信息化大赛获得一等奖，推荐参加全国中职教师信息化教学比赛获得二等奖；江阳职业高级中学王洁老师参加四川省班主任能力大赛获得一等奖，并代表四川省参加全国班主任能力比赛获国家级二等奖；泸州职业技术学校卓致远老师参加四川省教师教学能力大赛、班主任大赛均获得一等奖，参加全国比赛均获得二等奖。指导的泸州职业技术学校郑莉老师、教科所彭远斌老师评聘为正高级教师，学生罗海 2021 年被省政府表彰为四川省特级教师。刘永辉同志强调，组织比赛不是目的，关键是要通过比赛，指导培养一大批青年教师迅速成长起来。在他的努力下，泸州市中职青年教师成长迅速，不少教师都已成为泸州市思想政治学科教学科研的骨干力量。他从学校推荐考调教科所职教室的彭远斌老师，在他的指导培养下，成为泸州市第一批职教名师工作室领衔人。2019 年以来他组织指导泸州市中职教师参加省教育厅在全省开展教师教学能力比赛获奖人数、获奖等次均居于全省前列，市教育体育局三年都获得优秀团体奖，2021 年指导的 10 名班主任参加省教育厅组织的班主任能力比赛获得一等奖 2 人、二等奖 3 人、三等奖 1 人，获奖人数获奖等次全省第二名。

除通过教学展评活动培养学科青年教师，他还以讲座等形式对青年教师进行培训，给他们理论指导。近年他组织专题讲座 10 余次，组织教材培训 6 次，每次培训都有现场上课、评课、专题讲座等，都有书面发言材料，参加培训的教师受益匪浅。

2020 年，指导的工作室市级成员高宗伟老师在四川省教科院组织的教研活动中通过职教研究课展示了工作室研究成果，得到了各级领导的充分肯定。

综上所述，刘永辉同志师德高尚，为人师表，教学成绩优秀，科研教研成果丰富，培养青年教师成绩突出，是工作室里成长起来的优秀教师。

四川省谯述忠名师鼎兴工作室

2022 年 10 月 18 日

砥砺奋进　铿锵前行

张建军，男，1973 年 9 月出生，四川省首批中职数学名师工作室谯述忠名师工作室省级成员，中职数学正高级讲师，四川省教育发展研究会专家组成员，广安市联合教研组组长，广安市职业教育教研中心组成员，邻水县第一届教育学会会员，邻水县教科研专家库成员。1996 年 7 月他毕业于达县高等师范专科学校物理系物理教育专业；2005 年 7 月他完成中央广播电视大学数学与应用数学本科课程学习，取得数学本科学历。年华似水，岁月飞逝，蓦然回首，他竟已在职业教育这个行业里耕耘了近三十载。职业教育的发展历程，让每一个职中人都有道不尽的辛酸，曾几何时，家长、社会对职业教育赋予了太多的含义。他有着职中人共有的豁达心境，他用爱心和职责在职业教育这条道路上砥砺奋进、铿锵前行，他用烛照生命的情怀，孕育着职教的梦想，他用爱心呵护着每一位中职学生，让孩子们心中总是装着满满的快乐，感受着喜悦的幸福。党的二十大对职业教育有了新的诠释，职业教育作为一种类型教育，与基础教育具有同等重要的地位，让每一位职中人砥砺奋进、铿锵前行。

一、做一个严而有度，心中有爱的中职教师

双流中学高志文校长说："有的老师对学生严，有的老师对学生宽，不是严就一定好，也不是宽就一定好，关键是对学生有没有爱。"只要是发自内心爱学生，严就不会苛刻，宽就不会放纵。职业教育面对的是历经挫折、屡战屡败的中职生，他们情感缺失，心灵叛逆，更需要爱的浇灌。从事职业教育近三十年以来，"做一个严而有度，心中有爱的中职教师"是他最大的梦想，他也一直在践行着"爱"的教育。作为一名人民教师，他深知"教书是手段，育人才是目的"，"能做人，会做人"是对学生的基本要求，也是学生成才的前提条件。

自张建军同志参加工作以来，他特别注重利用教师的感染力在自己的教育教学工作中对学生进行德育渗透，尊重学生、关爱学生，与学生做朋友，充分发现挖掘每一名学生的闪光点，引导学生健康成长、快乐成才。他在四川省邻水县职业中学担任的 18 年班主任工作中，始终坚持以德服人、以情感人，倡导学生"先学会做人，再学会做事"。班级工

作管理中，不歧视“问题学生”，也倡导其他班主任，要正确面对“问题学生”。其中 19 级财会一班有位学生很难管理，该班班主任几次与年级领导谈话，希望劝退学生。张老师知道这事后，主动对接这名学生，走访学生家长，与学生面对面交流，了解学生情绪波动反复的原因，同时引导班主任换位思考：假如该名学生是你的子女、兄弟，你还放弃吗？你还会将他推出学校，推向社会吗？张老师耐心引导班主任，他倡导办有温度的学校，做有情怀的教育，让“问题学生”不再有问题，他就这样一直在践行着“爱”的教育，在近三十年的教学生涯中，培养了一批又一批品学兼优的学生，被学校评为优秀教师 15 次、优秀班主任 8 次，评为邻水县优秀教师 2 次、邻水县先进个人 1 次。

二、我是一块砖，哪里需要，哪里搬

1996 年 8 月，张建军通过遴选分配到四川省邻水县职业中学从事初中物理教学并担任班主任工作，工作期间认真钻研大纲、教材，善于改革课堂教学，不断加强教育理论的学习，在教学实践中积累了丰富的经验，形成了较为独特的教学风格，深受学生喜欢，教学效果明显，由于教学成绩突出，于 2000 年 7 月担任学校理化生教研组长。2006 年，全市调整办学方向，大力发展职业教育，提出了普职分流的春季招生政策，学校按县教育局安排，砍掉了已有的初中教育教学。在学校的安排下，他由初中物理课教学岗位转向电子专业课教学岗位，承担了电子线路与电子电工技能两门专业课的教学工作，组织学生参加市县校技能大赛，多人荣获一等奖，电子专业毕业生升学率逐年提升，教育教学成绩突出。2008 年 3 月他担任学校电子专业部部长，2008 年在电子科技大学参加四川省教育厅举办的中等职业学校专业骨干教师《电子技术应用》专业培训班提升培训。2010 年 3 月，随着国家对普职招生比例的宏观调控，中职学校逐渐得到了学生及学生家长的认可，学校招生人数大幅增加，中职学生由原来的不到 1000 人增长到 3000 多人，文化课教师缺口大。2012 年 3 月，他正担任 2012 级春招升学 3 班班主任，同时担任该班电子专业课教学。当时学校实行专业大类招生，第一学期主要开文化课，专业课只开一些基础课程，第二学期再根据学习情况让学生选专业。由于这一教学改革，文化课课时比较多，部分教师提高了文化课教学难度，学生普遍反映数学难学。他了解到这一情况，加之他本科又是数学与应用数学专业，于是他主动到学校教务处提出担任该班中职数学课教学。他既是这个班的数学老师，又是专业老师，既是班主任，又是高三年级组长。功夫不负有心人，三年后的 2015 年，学校本科上线一共 9 人，他带的这个班本科上线 6 人。正因为如此，从 2012 年以来，他就一直担任中职数学课教学工作。

在邻水县职业中学担任初 2001 级五班、六班物理教学工作期间，张老师组织学生参加 2002 年 10 月邻水县初中物理实验操作竞赛，邻水中学取得第一名，邻水县职业中学排名第二，取得了前所未有的好成绩，深受学生、家长、社会的好评。在 2004 年 3 月组织学生参加第十四届全国初中应用物理知识竞赛，获得四川省（初三组）一等奖一名，二等奖三名，其中甘超同学参加复赛，荣获全国三等奖。同年 6 月，所教初 2001 级 6 班 8 名同学升入邻水中学，14 名同学升入邻水二中。由于教学成绩突出，在 2004 年与 2006 年两度被学校推荐为邻水县优秀教师，两年年度考核均为优秀。

张老师在邻水县职业中学担任高 2012 级机电信升学班（原高 2012 级春招升学 3 班）数学教学工作期间，坚持文化课为专业课服务的原则，坚持“实用够用”的原则，大胆删减数学教材的内容，降低了数学的难度，极大地提高了学生学习数学的积极性。有位教育家曾经说过：“培育人才如同种花一样，只有了解花的特点，才能合理地浇水、施肥，这就是‘因材施教’。”根据学生的不同水平采取分层教学的方式，既可以照顾到成绩好的学生，还可以帮助学习差的学生树立信心，早日追上来。分层教学把学生分为三个层次，即优、中、差，对不同层次提出不同的要求。比如，讲课时会有难题、中等题和简单题，提问时应鼓励后进生回答简单题，让中等生作补充，优等生作评价；中等题让中等生作答，优等生完善和补充，后进生复述；难题要留给优等生去思考。这样不仅可以帮助后进生重拾自信，争取早日追上来，也可以让中等生有所提高，还可以调动优等生的积极性。

2014 年学校没有人考上本科，学校领导寄希望 2015 年的教学成绩有新的突破。2015 年作为年级组长和班主任的他倍感压力，在他的带领下，组织教学复习，每次月考后，都要召开学科质量分析研讨会，对于重点学生，任课教师与学生结对子，让学生逐一过关，进行针对性的培优补差。最后，2015 届毕业生考上本科人数达到 9 人，这是近十年来邻水县职业中学的最好成绩。也正因为如此，在 2015 年张老师被邻水县教育局评为“邻水县先进个人”。2018 年学校没有人考上本科，2019 年作为高三年级教学组长的他再一次被推上了风口浪尖，学校领导班子对 2016 级充满了期待，在他精心组织与安排下，全年级上下一心，尽职尽责，拼尽全力狠抓教学，学校当年本科上线人数达 14 人，创 17 年来的最好成绩，谱写了邻水县职业中学的新篇章。

三、名师引领，砥砺奋进，静待花开

进入工作室之前，张建军从初中物理课教学到中职电子专业课教学，再到中职数学课教学，走过了十九个春秋，每门学科都上了六七年，在教育教学工作中出现了“高原现象”。在职业的“瓶颈期”，教育教学程序化，思维固定化，教学观念传统化，教学教研工作徘徊不前，又加上 10 年前已评高级教师职称，他感觉自己已提前进入了半退休状态。

2019 年，在学校、市县教育局的推荐下，经过层层选拔，他最终成为四川省中职数学名师工作室谯述忠名师工作室省级成员。张建军自从加入工作室以来，在“1+10+5”模式的引领下，在广安市成立了谯述忠名师工作室广安工作站，他与三位一线教师组成教学团队，周小俊与另三位一线教研员组成教研团队。广安工作站教学、教研团队成员在谯述忠名师的引领下，在线上、线下进行教学教研大探讨，取长补短，从而让教学有教研的理论支撑，教研有一线教学的实践反馈。一个工作室的两个团队，在课堂教学、教材处理、教学设计的编写、期末试题的命制、期末成绩的质量分析等各个环节相互协作，从而让教学与教研有机融合，切实推动了广安职业教育的发展。广安工作站教研教学团队，坚持走出去，引进来，积极参加国家级文化基础课程改革研讨会，学习广东、浙江、上海教育发达地区的先进经验，组织工作站成员观摩全国教师教学能力大赛，感受不同地域的教学差异，成员们教育教学观念受到了一定的冲击。工作室领衔人谯述忠名师提出“在活动中锻造，在科研中卓越”，鼓励每一位成员积极参加省、市、县、校等各级各类教育教学研讨活动。2019 年 3 月广安市首届中等职业学校高考备考研讨会在邻水职业中学开展，在研讨会上张建军奉献了一堂示范课《抛物线的标准方程》，得到了参会人员的好评；2019 年 5 月 24 日至 27 日，四川省谯述忠名师工作室省级成员远赴云南省大理市参加全国中等职业教育文化基础课程改革研讨会，让他们又向新课程标准走近了一步。四川省谯述忠名师工作室 2019 年 7 月 14 日开展暑期“教师综合能力”提升培训，通过走出去，请进来，让省市级职教专家分享了职教改革发展新趋势，《四川教育》编辑部总编分享了成长经历，如何在教育教学中提高写作能力。2019 年 10 月 9 日，工作室领衔人深入课堂，诊断把脉，将“三心二意”教学理念融入了课堂教学。2019 年 10 月 31 日广安工作站成员贺单浩在绵阳上了一堂示范课《不等式的基本性质》，充分展示了以学生为主体，以学生为中心的教学理念。2019 年 11 月 22 日，广安市全体工作站成员在湖北省武汉市参加观摩了第 11 届全国中等职业学校数学课程教师信息化教学设计和说课交流活动。这次说课交流活动，让张建军认识到了四川教育与教育发达地区的差距，比如课堂是如何体现以“活动”为中心，以“学生”为中心，是如何通过信息技术提高课堂达成度的。对于长期在一线上课的教师而言，这种巨大的落差，让他明白了今后努力的方向。雨课堂、智慧课堂、几何画板、GGB 教学软件等现代信息化教育技术让数学课更生动、更直观、更有趣，现代信息技术成了每位数学老师的必修课。2019 年 12 月在前锋区广安市世纪职业技术学校组织开展数学、德育教师教学能力比赛。工作室成员彭冬梅上了一堂示范课《两角和与差的正切公式》，张建军在会上作了《研读新课程标准与考试大纲》的讲座，让全体参赛教师对新课程标准有了初步的认识。2020 年、2021 年疫情并没有影响教学教研活动的开展，线上、线下齐上阵，各种网络教研直播，由省到市、县、校，让 2020 年度网络教研上升到了新高度。每周二晚为工作室固定网络教研时间，各成员积极交流，共同提高。2020 年 9 月起张建军先后在武胜、遂宁、华蓥、成都参加教学研讨会，其中在遂宁举办的中职数学教师专业能力提升培训活动中作了《新课标下高考解读》专题讲座；在华蓥举办的 2020 年广安市中等职业学校教学研讨会上作了《解读中职数学课程标准》专题讲座，工作站成员彭冬梅在研讨会上了一堂示范课。2021 年张建军先后在成都市中和职业中学参加名师工作室总结会与工作布置会，在成都电子工程技术学校参加 2021 年中职复习研讨会，在成都标榜职业技术学院参加 2021 年中职高考质量分析会，在广安市教科所参加暑期提升培训会，在宣汉职专参加 2022 年中职高考复习策略会。2022 年 4 月张建军在四川省中等职业学校教学质量联合测评考情分析会上作了题为《高一年级联合测评数学学科质量分析》专题讲座。自加入工作室以来，张建军在各级各类教研活动中不断学习，不断提高，业绩颇佳，成果丰硕。

1. 个人业绩

（1）2019 年，张建军成为四川省首批中职数学名师工作室省级成员。2019 年 2 月他组织成立谯述忠名师工作室广安工作站。

（2）《指向核心素养的四川省中等职业学校数学“三心二意”课堂教学改革》课题成果获 2021 年四川省职业教育教学成果二等奖。

（3）2017 年张建军主研的《中职学生情感发展障碍疏导对策研究》获县级一等奖；2019 年张建军参研的省级课题《四川省农村地区中等职业学校数学教师专业发展调查研究》于 2022 年 7 月结题，在四川省第二十次优秀教育科研成果展评中获省级二等奖。

（4）2015 年张建军被邻水县教育局评为“邻水县先进个人”。

（5）任现职以来张建军被学校评为优秀教师达 13 次，优秀班主任 7 次。

（6）任现职以来张建军上省级示范课 1 次，作省级讲座 2 次、市级讲座 2 次，连续三年担任广安市中等职业学校教师教学能力大赛评委。

（7）任现职以来张建军连续三次担任广安市中职数学期末试题命制、审题工作，并撰写数学期末质量分析报告，在 2022 年四月被四川省教育发展研究会聘请为专家组成员，并完成了 2021 年秋季四川省中等职业学校教学质量联合测评质量分析工作。

（8）2022 年 9 月张建军被邻水县教育局评为“邻水县鼎屏镇优秀教师”。

2. 扎实开展名师工作室工作，作出实质性贡献

2019 年，张建军成为四川省首批中职数学名师工作室省级成员，按照工作室建设三年规划，制订工作室学习制度、考核制度，坚持“培养一个、带动一批、辐射一片”的理念，积极参加研讨会、教科研活动等。研究当前中职教育教学的热点、难点问题，帮助老师提高中职数学教学研究水平，带动一批中职青年教师迅速成长。工作站成员人人上公开课，个个作专题讲座，活跃在各级各类赛课活动中，成绩突出。

3. 工作室积极开展课程开发、题库建设

2019 年工作室出版了《高职考数学知识梳理》，同时配套出版了《高职考数学知识梳理测试卷》及《高职考数学知识梳理课时作业》；2020 年出版了《基于核心素养的中职数学教学设计》，《高等职业学校单独招生考试模拟测试卷（数学）》，《中等职业学校升学考试复习指导　数学》；2022 年由北师大出版社出版了中职《一年级寒假作业》，《数学天天练一年级》（基础模块同步练习册），《数学天天练二年级》（拓展模块同步练习册），《数学复习指导与高分冲刺》。

4. 教育科研

积极参加中职课题研究。2017 年张建军主研的《中职学生情感发展障碍疏导对策研究》课题获县级二等奖；工作室《“三心二意”教学主张课堂教学改革》成果于 2021 年获省级成果二等奖。2018 年张建军参加了省级课题《四川省农村地区中等职业学校数学教师专业发展调查研究》研究，课题于 2021 年 7 月结题，在四川省第二十次优秀教育科研成果展评中获省级二等奖。

5. 指导教师参加数学学科教学竞赛，取得优异成绩

张建军认真开展与青年教师“一对一”结对帮扶工作，指导邻水职中数学教师贺单浩、青年教师雷小莉，和他们一起研究备课、上课，让他们创新教学方法，增强教学能力，提升专业水平，加强学生管理，有效驾驭了整个课堂教学，取得了很好的指导效果。2019 年 10 月，该校数学教师贺单浩作为广安工作站成员，参加邻水县中职学校“文轩教育”杯师生技能大赛获数学老师基本功一等奖。2019 年 12 月，青年教师雷小莉代表该校参加广安市第十届职业院校技能大赛数学、德育教师能力比赛以第一名的成绩获一等奖。在 2020 年广安市职业院校教师教学能力大赛中，雷小莉负责的教师团队获一等奖，推荐参加 2020 年全省职业院校技能大赛教学能力比赛。在 2021 年广安市职业院校教师教学能力大赛中，工作站成员王莉萍负责的教师团队获一等奖。在 2021 年工作站成员彭冬梅负责的教师团队参加广安市第十二届职业院校技能大赛数学教师能力比赛，获一等奖。

四、扬帆再起航，劈波斩浪，奋勇前行

四川省首批中职数学名师工作室这个平台已经期满快一年了，但名师工作室的影响力却是深远的。现在工作室的成员们仍然活跃在中职教育的各条战线上，有四川省优秀教育工作者、国家级三等奖课题主研人员王三刚，有天府青城计划天府名师邓光强，有攀枝花教育体育专家团队领衔人张文彬……工作室成员在中职教育教学战线上你追我赶，相互促进，共同提高。作为名师工作室的一名成员，张建军积极参加中职教育教学教研，先后申请邻水县教科研专家库成员、广安市中职数学中心组成员、“小平故里培优计划”（广安教育学科领军人才项目）成员。他深知科研促教的重要性，不断更新教学理念，提高教学素养，提高教学能力与水平，坚持“在活动中锻造，在科研中卓越”，努力提高自身综合素质。教育教学中，他大力推广《指向核心素养的四川省中等职业学校数学“三心二意”课堂教学改革》课题成果，总结形成了“以学生为中心、以问题为中心、以思维为中心，培养学生的自主意识和创新意识”数学课堂教学理念。

以课例为载体，开展网络教研学习。在“一师一优课、一课一名师”这一平台，有课堂教学实录、教学设计、PPT 课件等教学资源，这些资源基本上对中小学的课程内容全覆盖，保证了资源的全面性，对一线教师教学有较强针对性和指导性，对于某些重点章节的教学内容，有多个名师对同一内容进行同课异构，而且都是全国范围内省部级优秀课程资

源，具有较高的学习价值。“一师一优课、一课一名师”平台不仅是能展示个人魅力的大舞台，更是教师间相互学习和交流的平台。通过观摩和学习这些省部级优秀的课程资源，教师们拓宽教学视野，提升教学信息化水平，均衡教育教学资源，丰富教学手段，借鉴和吸取经验，提高自己的教学水平和能力，让教师从知识的传授者变为引领学生对知识探索的组织者，让课堂从“传授知识为中心”转变为“培养学生学习能力为中心”，从而增强学生的学习兴趣，提升教育教学水平。“一师一优课、一课一名师”这一平台，对一线教师而言，有较强的可模仿性和可操作性。张建军老师更是高度评价这一平台，他现在每天一有时间，都会泡在这个平台学习。在他积极推荐下，“一师一优课、一课一名师”平台成了学校教师们网络学习的教研阵地，这一举措推动了学校教师教学教研的积极性。

“痴心一片终不悔，只为桃李竞相开。”作为一名一线中职教育工作者，起始于辛劳，收结于平淡，张建军用自己的一言一行诠释了教育人不懈奋斗的初心，用青春和热血续写了中职教育的美好篇章。走上三尺讲台，教书育人；走下三尺讲台，为人师表。他在平凡的岗位上已扎根中职教育 28 年，在职业生涯的后半程，他将继续以饱满的精神状态，不忘初心，在中职教育大道上砥砺奋进，铿锵前行。

四川省谯述忠名师鼎兴工作室

2023 年 10 月 28 日

向下扎根　向上生长

张文彬，女，高级讲师。1987 年出生于四川省攀枝花市，2009 年毕业于西华师范大学数学与应用数学专业，她带着对教育事业的热爱、对教师职业的崇敬，入职攀枝花市经贸旅游学校，成为一名光荣的数学教师和班主任，现任攀枝花市经贸旅游学校数学教研组长。她砥砺前行、不负青春，坚守三尺讲台，勤勤恳恳、兢兢业业，始终践行教育初心和使命。先后荣获“攀枝花市优秀班主任”“攀枝花市优秀共产党员”“攀枝花市学科带头人”“攀枝花市教育和体育系统优秀教师”“攀枝花名师”“攀枝花市高层次第四类人才”“攀枝花教育体育专家团队领衔人”称号，其中，2019 年、2022 年分别被遴选为四川省第一批、第三批中职数学名师工作室省级成员。

回望 14 年的教书生涯，她始终战斗在教学一线，在平凡的工作岗位上勤勉进取。她认为，教师的成长是一件伴随职业生涯全过程的事情，是终身学习、终身教育、终身发展的过程，需要教师持续学习，不断适合和构建自我，从而实现专业的持续成长；其次，不同教师的职业发展不尽相同，有的快、有的慢，其中固然有很多影响因素，但是教师的主观因素起着主导的作用，由此教师成长落脚点是教师的自我发展，是一种自觉行为，教师能主动地自我设计、自我反思、自我创新和自我发展，使得思维模式跟得上经验的积累，撑得起往上升的台阶；虽然教师天赋、兴趣、性格等存在着很大的差异，但是通过自己的努力是可以改变和发展自己的。她认为教师的成长可以从三个方面下功夫：需求、思维、行为。

一、成长性需求

教师的成长是个过程，需要一些成长的条件，在外界的环境或平台中进行磨炼。

1. 提升学历

在教育观念不断迭代更新的新时代，教师各方面的知识和能力光靠职前师范教育打下的底子是远远不够的，需要紧跟时代学习更新理论，积极探索新的教学方法。2014 年她报考了全国在职硕士研究生考试，经过笔试、面试，顺利考上四川师范大学的教育硕士，继续数学教学专业学习，通过四年假期的努力学习，在 2018 年 6 月顺利取得了教育硕士学位证书。这种规范化的学习以及学术论文的撰写，为她之后的课题研究和教学论文撰写打下了坚实的理论基础。

在对口高考班的数学教学工作中，她结合所学的教育教学理论，认真钻研教材、研读课程标准和考试大纲，注重以学生、问题、思维为中心，激发学生的学习兴趣，帮助学生树立自信心。所教班级的平均成绩一直名列前茅，98%的学生考上优质的高职院校，多人考上本科。

2. 提升育人能力

她共担任了 9 年的班主任工作。2009 年，刚大学毕业的她，就担任 2009 级计算机 5 班的班主任，她尽心尽责，迅速从一个学生的身份转换成一个教师的身份。由于一些中职学生调皮，不好管理，对于新任班主任的她，是一个很大的挑战，但是她始终坚持教育初心，坚守师德师风、爱岗敬业、关爱学生，以“爱心、责任心、耐心”为宗旨，以严管厚爱为原则，积极推进班级德育文化建设。接着，她又担任 2012 级信息技术 4 班、2018 级信息技术 1 班的班主任。所带的班级获得 7 次“攀枝花市中等职业学校先进班集体”称号，1 次“攀枝花市中等职业五四红旗团支部”称号，受到了学校教师和家长的一致好评。

3. 加入平台

任何教师的成长都离不开学校为其搭建的平台。首先，教师需要展示的平台。成长的第一步就是把课上好，成为学生喜爱的教师。学校为教师提供了公开课、新教师过关课、骨干教师示范课、教学能力比赛等展示平台。教师在观摩和上课过程中，总结得失，提升自我教学水平。其次，教师的成长需要专业的团队平台。学校专业教研组、区域教委会、名师工作室等平台，为教师提供更多的指导和帮助，让教师迅速成长起来。最后，教师成长需要交流平台。英国作家萧伯纳说：“你有一个苹果，我有一个苹果，彼此交换还是一个苹果；你有一个思想，我有一个思想，彼此交换就是两个，甚至是两个以上的思想。”真诚的交流所导致的思想碰撞和交锋，会使教师对问题的认识更加全面和深入。教师可以通过参加教研活动、听评课活动、培训、参观学习等，进行广泛的交流，开阔视野和拓展思维。

二、成长性思维

教师的成长源于自我觉醒，来自向上生长的内在动力，而这种改变的起点和进步的动力就是成长性思维。它决定了教师在面对困难时，能对标榜样自我激励，能及时反思自我发展，始终保持对教育的热爱，担负起教育者的责任。

1. 学会反思

教育专家叶澜教授说过："一个教师写一辈子教案不一定能成为名师，写三年教学反思则可能成为名师。"教学反思是对自己教学活动过程和课堂教学实践中的行为决策以及结果进行审视和分析的过程，是教师自我成长的关键。

她在不断听课和上课中，不断反思，及时记录下自己的新的教学感想。同一份教材在不同的班级使用会有不同的教学感受；同一份教材在不同届的学生中使用会有不同的感悟；同样的内容不同的教师有不同的讲法，教学方式不是一成不变的，是多姿多彩的。在教学中可以这样反思。

（1）思所得

每一堂课总有自己满意的地方，无论哪个方面的收获，课后及时记录下来，日积月累，把它们归类整理提升，形成有规律的东西，供以后教学参考使用，对形成自己的教学风格有着很大的好处。

（2）思所失

任何一节课，准备得再充分，也不可能是完美的一节课。对于存在的问题，要敢于正视，汲取教训，及时改正，才能不断提高自己的教学水平。

（3）思所疑

在课堂教学中，教师对教材的理解可能会存在一些困惑，学生或多或少有一些不明白的地方，学生会提出预设之外的一些问题和想法，让教师在课堂上无法直接回答，教师不能对这些情况置之不理，课后应查阅资料、请教其他教师，最终找到解决问题的办法，加深研究，使之明白透彻。

（4）思所难

教学中，教学难点的突破是课堂的核心，关乎着整节课的成败，记录下解决的办法，并进行深入的分析、比较、研究，长期坚持下去，将会提高教师处理教学难点的能力，还能帮助学生突破难点。

教学反思是教师进步的阶梯，工作室的成员邓光强校长每日坚持写教学反思和每年发表论文的行为深深影响着她，她虽然没有像他那样每日坚持写反思，但是针对每次培训或重要的教学活动，她会认真听取同仁的意见和学生的意见，并描述自己的教学行为、分析教学事件、最终以文字的形式记录下来，这样的记录会让她有一些不错的论文题目和框架浮现。通过这样的教学反思，她提高了自我监控能力，提升了专业素质，从而结合新课标、教学大纲、教学新理念，促使数学教学与实际生活、专业发展、职业规划有机结合，逐步发展自己对教学实践判断、分析、思考的能力。

2. 对标榜样

她入职学校以后，学校延续“传帮带”优良传统，促进青年教师成长，为她配了一名优秀导师——方万仙老师（市级学科带头人和四川省职业教育数学教研中心组成员）。从刚开始的新教师过关课到多次参赛的录课，方老师都给予她耐心的指导和帮助，促使她的教学基本功不断扎实，课堂驾驭能力逐渐提高。

2019 年 2 月，她加入工作室，仿佛进入了一个新的天地。工作室领衔人认真的工作作风、严谨的科研态度及工作室成员们勤奋向上、勇于探究的精神给予她很大的鼓舞。她说：“工作室如同阶梯，承载我一步步攀登。”工作室使她在教学工作中踏实奋进，心怀满腔热情努力探索。

榜样是一种向上的力量，是一面镜子，也是一面旗帜。她以这些优秀教师为榜样，认真对待每一堂课，关注每一位学生的学习状况；同时学习他们的长处，找到与先进教师的差距，慢慢努力缩小差距。在榜样的影响下，她不仅专业有成长，还在心态管理、交流沟通、为人处事方面也有一定的成长。

三、成长性行为

她认为，在教师成长过程中，在成长需求的前提下，既要有成长性思维，还要有成长性行动，即不能有想法而没有行动，必须有可行的成长方案，方案可以从增强“眼力”“脑力”“脚力”“笔力”来设计，通过方案的设计来规划个人的成长轨迹。

1. 在教学理论中增强“眼力”

教学理论是教师取得教学成功的重要保障，是教师成长的“堵点”。教师需要多读学科专著、名人传记、科学百科等，增加自己的教学理论广度和深度，完善自己的专业知识体系。加入工作室之后，她渐渐养成定时看书的习惯，主要看的是课题研究、教学策略、教学设计等方面的专著，慢慢弥补理论上的缺失，通过理论学习突破专业成长的瓶颈期。她说：“教师的成长不仅要会读书、教书，还要会出书，这样才能真正成为一名会读书的教师，进一步引领学生也成为会读书的人。”另外，教师从书中所获得的教学理论知识，要进行实践和总结，从而优化、超越原有的理论，创新自己的教学理念，帮助学生全面地发展。

她通过学校和工作室提供的各种各样的培训，不断拓宽自己的视野，包括教学改革、课题研究、高三试卷研讨、论文撰写等方面，不断打破自己原有的思维逻辑，及时梳理培训所获并记录下来，重建教学理念，进而开放思想，明确教学目标，创新教学过程。其次，她通过听取优秀教师的示范课，学习了新的教学方式、教学策略、课堂情境导入方式、教学评价方法等，特别是信息技术能力有了很大的提升。真的只有走出去才会知道自己的渺小，只有多听多看才会发现自己的不足，所以她随时保持“空杯”心态，时刻充实自己，去接受新的思维，才会有不一样的收获。

2. 在教学比赛中增强“脑力”

教学能力比赛是教师提升教学技能的必经之路，也是教师成长路上的“痛点”。2010年她代表攀枝花市参加四川省的教师教学能力比赛荣获“二等奖”，第一次拿到省级奖励的她特别地高兴。2018 年，她再一次参加四川省教师教学能力比赛，通过努力，获得省级“一等奖”，并代表四川省参加全国“创新杯”教师教学技能比赛获得全国“一等奖”的好成绩。同年年底，她被遴选为四川省谯述忠名师工作室（四川省第一批名师工作室）省级成员，全省仅有 10 名，从此她的成长轨迹发生了重大的转折。刚加入工作室时，她非常不适应，觉得事情特别多而杂，每周都要开会，每周都有任务，经常没有时间照顾自己年幼的小孩，让她觉得亏欠小孩。后面经过领衔人的开导，以及受工作室成员们潜移默化的影响，她渐渐喜欢上这个团队，喜欢上做教学研究。她调整好心态，合理地规划好自己的业余时间，做起事来也得心应手了。名师工作室就像是她专业成长的一方适宜的土壤，放飞梦想的广阔天空，让她脚踏实地地走上追求卓越的发展路线。2021 年，为工作室发挥传帮带的作用，她带领本校的唐俊老师以及攀枝花技师学院的周银川、陈礼飞老师参加四川省教师教学能力比赛获得“三等奖”。2022 年，她再一次组队参加四川省教师教学能力比赛获得“一等奖”，团队经过两轮比赛，从同类学科和其他公共基础学科团队中脱颖而出，代表四川省参加全国的教师教学能力比赛，但很遗憾最终没有取得名次。前后 4 次难忘的参赛经历，磨炼了她的意志，锻炼了她的心智，让她看到了自己的不足，也在不断地突破自己。

她在自己参赛的同时，不仅连续 2 年担任了四川省教师教学能力比赛的网评评委，还多次受邀担任凉山彝族自治州、攀枝花市教师教学能力大赛的评委。她一直坚信“一个人可以走得快，但一群人会走得更远”，多次鼓励和指导工作室的市级成员参加比赛。2019 年 11 月，她指导攀枝花市建筑工程学校的杜婧代表四川省参加全国“创新杯”教师教学技能比赛荣获“二等奖”；2020 年 6 月，指导攀枝花市建筑工程学校的杜婧和郭怡琳参加四川省教师教学技能比赛获得“一等奖”，同年还指导本校唐兴兰和刘聪 2 人参加省赛荣获“三等奖”；2023 年，指导本校徐静、黄雨婷、谢义华、张友祝参加四川省教师教学技能比赛荣获“二等奖”。作为教研组长和名师工作室攀枝花工作站的负责人，担负着引领学科教师发展的重要使命，她要为提高青年教师的专业素养，共同探索高效课堂，帮助他们迅速成长，为学校的教师队伍建设提供更多的帮助。

近年来，中职教师教学能力比赛的赛制发生了很大变化，从之前的单人参赛到后面的团队参赛，教学能力比赛难度也在不断增加，备赛战线越拉越长。从选题到写教学设计，到录制课堂教学，再到最后的实施报告，每一个细节、每一个环节都需要精心设计，围绕参赛作品的广度和深度、特色和创新。通过这个参赛过程，教师会去学习平时不关注的国家的教育教学改革的文件，会反反复复去推翻重建，会身心疲惫后又满血复活。相信对于任何一位教师而言，教学能力比赛都是一次难忘的经历，整个过程就是“熬”，熬不住就出局，熬得住就出众。但这样的过程对教师的成长绝对是益处多多，为教师提供了一个挑战自我、展示自我、提升自我的舞台，从而实现以赛促学、以赛促改、以赛促教，让教师慢慢蜕变成为一名教学能手。

3. 在教学实践中增强“脚力”

教学实践是教师成长的主阵地，是教师成长的“重点”。一节好课是教师一辈子的追求。好课的背后打底的是教师的教育哲学，一个好教师的课堂教学，一定是传递教师的价值认知和价值取向的，而不是随心所欲、天马行空的，也不会为人左右，失去自我。教师只有在教室里上好每一节课，走上讲台为学生解惑，走下讲台倾听学生心声，走出学校拓宽视野，走向自我发展。

有专家指出："国家课程、学校实现一切教学活动都要从学生的实际情况出发，要以学生发展为中心、以学生学习为中心、以学习效果为中心，降低知识难度、降低知识高度、降低知识广度，从而提升学生自信心、提升学生学习兴趣、提升学生成绩。在每一堂课中关注到每一位学生，走到学生身旁，睡觉的学生叫一叫，发呆的学生喊一喊，懒惰的学生提醒一下，让每个学生在每一堂课中有所收获。"中职学生基础较差，学习习惯较差，自信心严重不足，作为中职教师更需改变教学行为，注重提高学生学习数学的兴趣，重点培养其自信心。在课堂上，教师要以展示学生思维为主，观察和引导学生探索，做个"懒"老师，充分培养学生的自主意识和创新意识；要走进学生思维，发现学生的闪光点并给予鼓励；走向学生的发展，从而提升学生的数学核心素养，促使人人出彩。

2019 年 4 月 25 日，她在雅安市四川省档案学校上了一节公开课《抛物线的定义及标准方程》，打开了她在市外上示范课的大门；同年 10 月 21 日又在德昌职业高级中学上公开课《已知三角函数值求指定范围内的角》，2021 年 10 月，在四川省西部片区研讨会上了公开课《分步计数原理》。她前前后后共展示 10 次公开课，其中 3 次参与凉山州的支教送教活动。课前，她会看名师的课，查阅相关的资料，充分准备每一节课；课中，她充分调动学生的积极性，循序渐进引导学生探究知识的形成过程；课后，她对所上的每一节课的现象、做法进行认真剖析，从实录中截取精彩片段，反思自己的课，从中提取闪光时刻和不足之处。"人生没有白走的路，你走的每一步都是算数的。"经过一次次的磨炼和挑战，她从之前的放不开到现在的收放自如，从传授知识到关爱学生，从课前的焦虑紧张到柔和沉静，从站稳讲台到站好讲台、体会上课的乐趣和幸福。

随着教学研究的不断深入，她也渐渐到外地开展讲座。2020 年，在盐源县职业技术中学校开展了她的第一个讲座《课题开题报告中的文献综述的撰写》，先后又开展了省、市级的《中职数学课程思政教学设计的要点》《基于教学能力比赛的教学整体设计和实施报告撰写》《深化课程改革，探讨中职数学课堂"有效教学"的规律》等讲座，都得到培训教师们的好评。2023 年，她担任国培计划（2022）四川市（州）统筹项目——攀枝花市中职公共基础课教师教学能力提升培训的导师，策划了整个培训，撰写培训方案，全程协调培训的各项事宜。俗话说："大道至简，知易行难。"很多事情说起来容易，但真的去做才知道或许比你想象中要麻烦得多，困难得多。她真正去策划培训，才发现那是多么复杂而琐碎的一项工作。教师唯有真做事，做真事，才能在不断磨炼的过程中自然而然习得真本领。

4. 在教学研究中增强“笔力”

教学研究是教师提升专业素养的法宝，是教师成长的“难点”。教学研究一般包括课题研究、论文撰写、教材教辅资料的编写等。

教师做好课题，可以驱动教师快递成长。教师参与课题研究，学习理论，更正观念，以科研带教研，教研促教改，对提高自身的素养大有裨益。2019 年，工作室的省级课题《四川省农村地区中等职业学校数学教师专业发展调查研究》申报成功。2020 年 1 月 13 日工作室在广安召开研讨会，领衔人对成员进行明确分工，她分到了课题组，课题组共 4 人，负责课题开题报告、教师问卷、学生问卷、数据收集和整理、撰写调查报告等一系列的问题。1 月 20 日，突如其来的疫情，使得大家只能待在家里，工作方式由线下的研讨转变成线上的研讨。每周二晚上 7:30 课题组的四名成员准时上线，在领衔人的带领下进行长达 3 个小时的讨论。首先，对课题的开题报告反复进行研究，共修改 8 次，最终，报告得到省级各专家的高度认可；其次，按照《中职学校教师专业标准》，从教师的专业理论和师德、专业知识、专业能力三个维度出发设计教师问卷；最后，对问卷进行科学的分析，撰写结题报告，顺利地完成课题结题。2021 年，这个课题的成果还申报了四川省教学成果奖，并取得省级教学成果“二等奖”。荣誉是对熬过的日日夜夜的肯定，在这个课题的研究中，她虚心地向专家请教，认真地梳理研究问题，耐心地找研究方向，真正地做教学研究，相互交流，不断碰撞出思想的火花，沉淀出科学研究的价值，让她对课题研究有了进一步认识。次年，她又主研市级重点课题《中职数学学科核心素养与思政元素融合研究》，并获市级教育科研课题“一等奖”。2023 年，她担任主持人，申报了四川省教育厅 2022~2024 年职业教育人才培养和教育教学改革研究项目《指向核心素养提升的中职数学“全景式”课堂教学实践研究》，目前已开题。

论文写作是教师成长的必经之路。论文撰写是归纳总结教学所得，可以促进教师发展。她结合教学实践，总结教学经验，积极撰写并发表论文。2019 年 5 月在《课程教育研究》杂志上发表论文《中职数学小组合作学习教学案例——以组合的概念为例》；2019 年 11 月在《教育科学论坛》杂志上发表论文《浅谈中职数学课堂小组合作学习的策略》；

2021 年 5 月在《教学与研究》上发表论文《浅谈中等职业学校数学教师的专业发展》，该论文还获得了市级论文比赛“三等奖”；2022 年 12 月在《教学与研究》上发表论文《“舒服、舒情、舒放”中职数学课堂教学探究》；2023 年 10 月在《教育科学论坛》杂志上发表论文《全景式教学理念下的中职数学课堂情境创设策略》，该篇论文还获得四川省职业教育优秀论文“二等奖”。唯有动笔，才能写出论文，你才真正知道自己还需要学习什么，还需要看什么，还需要了解什么，只有真正去做了，才知道缺失的到底是什么。

教辅资料的编写会让教师钻研新课程理念、课程标准以及学生的特点，熟悉知识点、考点、难点，使教学内容系统化和实用化，也为学生提供丰富的资源，促使师生共同发展。近年，她参编《基于核心素养的中职数学教学设计》《高等职业学校单独招生考试模拟测试卷（数学）》，两书均由四川教育出版社出版；担任教辅《高职考数学知识梳理》《高职考数学知识梳理测试卷》的编委工作；还主编十四五规划教材配套练习册《中等职业学校数学学习指导与练习基础模块（上册）》，图书由高等教育出版社出版。教辅资料的编写需要不断探索，紧跟趋势，推陈出新。

教师的成长，非一日之功，不可能一蹴而就，但也不可畏缩不前，正所谓：“道阻且长，行则将至。”教师就是一棵树，在成长过程中，离不开学校和学科团队的庇护，离不开源源不断学习的养分，离不开积极向上的阳光。有了它们，成长的道路不再孤单和艰难。教师既要像树一样不断地向上生长，不断地学习、积累经验，扩大自己的知识面，提升自己的技能，向阳光绽放，迎接每一个新的挑战和机遇，让自己的生命更加充实和精彩，又要像树一样努力地向下扎根，稳固自己的基础，让自己的成长更有力量。同时在成长的道路上，教师也要学会不断调整自己的方向和姿态，让自己更加适应社会的变化和发展。

四川省谯述忠名师鼎兴工作室

2022 年 10 月 30 日

第四章　影响

名师引领促成长

“既然选择了当教师，就一定要把学生教好，不能让家长失望!”我时刻提醒自己。不忘初心，牢记使命，我始终坚守在大巴山教育教学第一线。

时光荏苒，岁月如梭。2019 年，我通过省、市、县层层选拔，加入了四川省第一批中职名师名校长工作室四川省谯述忠名师工作室，于 2020 年成为全省 16 名省级成员之一。此后，我深入学习教育教学理论，积极参加工作室举办的多项教研活动，主动参与研究工作室省级课题，主动上示范课、开展专题讲座等，不断提升自己的专业水平和综合素质。历经三年的努力学习和不断成长，我圆满完成了四川省谯述忠名师工作室的所有榜单任务，最终被评为四川省第一批中小学名师工作室“优秀成员”，为今后在教育教学工作中取得更大进步奠定了坚实基础。

回首三载求学路，难忘谯师授业恩。我非常感谢四川省教育厅、四川省教师发展中心、四川省谯述忠名师工作室搭建的宝贵学习平台，让我有幸得到谯述忠老师的细心指导，有缘遇见了一群志趣相投、积极进取、献身职教的兄弟姐妹。他们品德高尚、学识渊博、科研扎实，对数学命题研究深入，对教育教学见解深刻。三年期间，我在谯述忠老师的引领下，常常与工作室的其他成员采用头脑风暴的方式进行思维碰撞，交流研讨，收获巨大，感受颇深。

一、名师领衔筑平台，搭建成长阶梯

记得那是 2017 年 5 月，我参加达州市教师说课比赛荣获了一等奖，十分幸运地代表

达州市参加全省比赛。两个月后，我顶着巨大压力，与全省优秀选手同台竞技，比赛异常激烈。我一路过关斩将，荣获了一等奖，代表四川省参加全国比赛。12 月 1 日，全国中等职业学校数学课程“创新杯”教师信息化教学说课大赛在厦门拉开帷幕。我竭尽全力，奋力拼搏，在赛场上与各省优秀选手残酷角逐，最终以小组第一名成功晋级，荣获全国一等奖。此后，我先后获得达州市“百姓学习之星”、开江县“巾帼建功”标兵、开江县名优教师等荣誉称号。但是，当我从获得教师赛课的最高奖项和系列荣誉的喜悦中醒来，突然发现自己陷入了深深的困惑：“难道我这一生只满足于在学校当个‘教书匠’吗？还有没有什么方法可以让我开阔眼界，进一步提升自己的教育科研能力和综合素质呢？”我苦苦寻觅成长的渠道和平台。

2019 年，四川省为贯彻落实《中共中央　国务院关于全面深化新时代教师队伍建设改革的意见》精神，启动了四川省中小学省级名师名校长工作室建设，确定了 45 名四川省名师名校长工作室领衔人，广安市教科所高中阶段数学教研员、副所长谯述忠老师当选为四川省中职数学名师工作室领衔人。随后，四川省教育厅颁布了关于申报四川省第一批名师名校长工作室成员的文件。我得知消息后欣喜若狂，根据文件要求以最快的速度准备好了申报资料，然后经历了个人申报、学校组织推荐、达州市教育局遴选推荐等程序。在内心忐忑不安和殷殷期盼中，我终于申报成为四川省谯述忠名师工作室达州工作站市级成员，如愿成为谯述忠老师的弟子。我在四川省谯述忠名师工作室领衔人谯述忠老师的引领下，在工作室达州工作站站长、达县职业高级中学潘林的带领下，积极参加工作室、工作站举行的各项教育教学研讨活动，认真学习，努力提升自己的教育教学理论水平。一次偶然的契机，四川省教育厅将调整四川省第一批名师名校长工作室成员。我在谯述忠老师的关心和帮助下，再次通过四川省名师名校长工作室领衔人选拔、省教育厅审核备案等流程，有幸由四川省谯述忠名师工作室市级成员调整为工作室 16 名省级成员之一，主要负责工作室宣传报道中心的工作。

四川省谯述忠名师工作室就像一个温暖的大家庭，谯述忠老师如同慈父一般，关心、爱护着我们每一位成员。此后，我在谯老师的关怀下，在工作室全体兄弟姐妹们的帮助下，不断提升，努力成长。

二、思想引领定目标，丰富理论素养

谯述忠老师是四川省谯述忠名师工作室领衔人、四川省数学名师。他知识广博，教育理论深厚，教学观念独特；他热爱学生，为了学生们的健康成长呕心沥血，为了教育事业的发展作出了巨大贡献；他受人敬仰，桃李满天下。谯老师用自己的一言一行，潜移默化地影响着我。

谯述忠老师常常耐心地提醒我们要坚持阅读，坚持写读书笔记和教学反思。他常常用苏联著名教育家苏霍姆林斯基的话教导我们："要天天看书，终生以书籍为友，这是一天也不能断流的潺潺小溪，它充实着思想的河流。"同时，他告诫我们："作为一名教师，需要践行终身学习理念，让学习与生命同行。"为了激励工作室的每位成员学习，谯老师自购了大量教育教学相关理论书籍和数学教材、教辅资料、配套试卷等，亲自邮寄赠送给每位成员。他常常利用每周工作室的例会时间，关心询问大家的阅读情况，他鼓励每位成员积极撰写学习心得体会，在例会上大胆交流分享学习收获，从而促进工作室全体成员共同成长。

在谯老师的思想引领下，我坚持每天用"学习强国"武装自己的头脑，提升政治理论水平，了解国家职业教育政策方针。我坚持学习国家、省、市、县出台的关于职业教育的相关文件，例如《中华人民共和国职业教育法》《教育信息化十年发展规划（2011~2020）》《教育信息化 2.0 行动计划》《关于加快发展现代职业教育的决定》《职教二十条》《国家职业教育改革实施方案》《中等职业学校教师专业标准（试行）》等，努力学习职业教育相关理论及中外著名教育家的教育教学理论，认真解读中职《数学课程标准》（2020 年版）和考试大纲，仔细钻研谯述忠老师赠送的不同版本中职数学教材、教辅资料、配套试卷等相关书籍，并认真做好学习笔记，努力提高教育教学理论水平。此外，在谯老师的推荐下，我还利用业余时间，读魏书生的《教学工作漫谈》，领悟教育哲理；读李镇西的《做最好的老师》，提升教育智慧；读尹建莉的《好妈妈胜过好老师》，学会从孩子的角度思考问题；读周国平的《愿生命从容》，学会用哲学的眼光看待世界，看待人生，看待工作。同时，我还常常通过电话、微信、QQ 等向谯老师请教，与工作室的成员们相互交流，认真积淀理论，提升综合素质，不断丰富壮大自己。我坚信，现在读书的厚度，决定今后行程的长度。

三、教研引领谱新篇，提升教学质量

为贯彻落实全国教育大会精神，深入推进习近平新时代中国特色社会主义思想进课堂，全面落实立德树人根本任务，谯述忠老师结合农村初中学校的实际情况，提出了"三心二意”教学主张，即“以学生为中心、以问题为中心、以思维为中心，培养学生的自主意识和创新意识”。为了落实“三心二意”教学主张，我积极参加全国、省、市、县举行的关于职业教育的各项线上、线下教研活动，努力提升自己的教育教学能力，将思政元素有机融入数学课堂教学中，努力实现数学“课程思政”与“思政课程”同向同行，培养学生良好的思想品德，培育学生的学科核心素养，认真落实“立德树人”根本任务。

我非常珍惜每一次难得的学习机会，从不缺席。我坚持参加四川省谯述忠名师工作室每周星期二晚上7:30举行的工作室例行会议，主动参加工作室举行的各项大型教学研讨活动。2019年4月我在广安市参加了四川省名师工作室川东片区工作研讨会暨广安市首届中职学校高考备考教学研讨会；2019年7月在广安市参加了工作室“2019年暑期成员综合能力提升培训”活动；2019年10月在绵阳市参加了川东片区成员教学能力提升暨绵阳市中等职业学校数学教师教学能力提升培训；2019年11月在广安参加了四川省谯述忠名师工作室年终工作汇报活动，并作为发言人作工作室年终汇报。2020年1月我参加了四川省谯述忠名师工作室网络研讨会，对2019年的工作进行总结，对2020年的工作进行部署；2020年2月参加了工作室视频会，对工作室成员考核办法及工作室规划进行网络研讨，动员大家抗击疫情；2020年5月参加了四川省教育科学研究院组织的全省中职数学网络教研活动，并由谯述忠老师安排，在网上对四川省泸县建筑职业中专学校高宗伟老师的高三示范课《高考专题复习之数列篇》进行评课；2020年9月参加了工作室在遂宁市举办的四川省中等职业学校数学教师专业能力提升培训活动，我主讲复习示范课《集合的运算》，受到与会专家和同仁们的一致好评；2020年10月参加了达州市数学联合教研活动；2020年10月参加了在阿坝藏族羌族自治州举行的四川省名师名校长工作室联合送教等活动，我主讲《中职数学课程思政教育实施策略》专题讲座，受到参会老师们的一致好评；2020年10月参加了达州工作站组织的教育教学工作研讨会，并对工作站成员的示范课进行评课议课。2021年3月我在广安邻水参加了四川省中职学校高三教学质量联合测评分析会暨川东片区高考教学研讨会；2021年3月在成都市中和职业中学参加了工作室总结会；2021年5月在成都市中和职业中学参加了由四川省教育科学研究院、四川省谯述忠名师工作室联合举办的全省中职数学高考复习研讨会；2021年7月在广安参加了2021年暑期中职数学教师综合能力提升培训；2021年10月在达州宣汉县参加了四川省谯述忠名师工作室川东片区工作研讨会暨达州市中职高考备考会，并担任主持人。2022年4月在广安武胜县参加了四川省谯述忠名师工作室三年工作总结会，我主讲《中职数学课堂教学落实核心素养实施策略》专题讲座，受到参会老师们的一致好评。

我通过参加工作室举行的多项教研活动，聆听和学习了全国许多著名职教专家的讲座，如四川省教育科学研究院院长、正高级教师刘涛院长的《进一步深化中等职业教育改革》，四川省教育科学研究院曾宁波副院长的《如何增强校本教研的有效性》，四川省教育科学规划办副主任、四川省教育科学研究院科研管理所王真东所长的《从教师发展视角、课题视角、课堂视角，在科研中成长、反思与进步》，四川省教育科学研究院职业教育与成人教育研究所廖大凯所长的《新时代职教老师的使命与担当》，四川省教育科学研究院职成教所尹毅副所长的《四川省中职升学数学考试复习建议》，山东大学秦静教授的《中职数学课程标准解读》等专题讲座。在教研活动中，我观摩了大量名师的教学示范课，积极参与评课议课，主动上示范课和开展专题讲座，并与全省中职数学骨干教师相互交流研讨，收获巨大。

我时刻谨记谯述忠老师的教诲：要将“三心二意”的教学主张真正落实到数学课堂教学中。通过学习，我认为实施“三心二意”的教学主张，要以“结构化”数学知识主题为载体，从培育学生核心素养入手，形成适宜农村初中学生的“以学生为中心、以问题为中心、以思维为中心，培养自主意识和创新意识”的数学课堂教学改革，逐步实施中职数学课堂教学改革，激发学生数学学习兴趣，培育学生数学核心素养，不断提升教育教学质量，让学生们能够在数学上得到不同的发展，而实现数学“课程思政”，培育学生数学学科核心素养，要从“以师为主”到“以生为本”，从“知识本位”到“素养本位”，关注学生的最近发展区和认知能力，通过数学课程思政构建切入点，提高学生的综合素质。数学“课程思政”具体操作可以从以下方面入手：感受中国科技进步，培养学生爱国情操；引入函数对称图形，对学生进行美学欣赏教育；坚持科学价值导向，使学生远离社会骗局；引进中华传统文化，培育学生感恩情怀；聆听数学家的故事，培养学生探索创新精神；感受古人聪明智慧，提高学生民族情意；保护人类健康生态，树立学生环保意识；结合知识渗透德育，增强学生凝聚力量；挖掘数学知识背景，宣扬祖国传统文化；教学内容紧联时政，体现师生共情共生等。运用多种方法和策略培育学生数学核心素养，可以从以下方面进行具体操作：立足概念归纳，培养抽象能力；凭借数学思维，生成逻辑推理能力；利用综合实践，提高数学建模意识；媒体辅助教学，增强直观想象能力；依赖统计方法，提高数据分析素养；借助训练数感，提升数学运算能力。

在谯述忠老师的不断勉励下，我认真钻研业务，从职高生的实际情况出发，大胆创新，以新思路、新方法指导教学，有效提高了课堂教学效果，为学生的终身发展奠定了良好基础。为了达到“立德树人”这一根本任务，设计符合职高生所学专业和身心发展特点的教案，我常常工作到深夜；为了上好每一堂数学课，我牺牲休息时间，连续钻研教材教辅四五个小时；为了不耽误每一节课，我骑着破旧的自行车，穿梭在每个寒冬酷暑；为了不让班上的每一个孩子掉队，我因材施教、细心呵护。

在谯述忠老师的不断鼓励下，我成立了四川省开江职业中学数学工作室，带领学校青年教师共同成长。身为四川省谯述忠名师工作室省级成员、四川省国培计划“优秀培训员”、开江县中小学教师赛课评委，我始终把谯述忠老师的教诲牢记心间，将引领青年教师成长看作分内的职责。冬去春来，我关爱新教师，手把手指导青年教师备课；我深入青年教师课堂听课，诊断教学；我针对青年教师的教学困惑，精心选择主题，为他们传经送宝；我经常利用双休时间，为青年教师参加教学比赛寻求最佳策略……2019 年我指导学校谢淑红老师荣获四川省教师教学能力大赛中职公共基础课程组（数学）二等奖，2019 年我指导的学生刘婷婷获达州市科技创新大赛二等奖；2020 年我指导学校章大均、刘玉花、崔琼琨、徐先燕老师荣获四川省教师教学能力大赛中职公共基础课程组（数学）三等奖。

四、课题研究助成长，提升科研能力

为提升工作室成员的科研能力，谯述忠老师以《中等职业学校如何开展课题研究》为题作专题讲座，分别从“四川省中职课题研究情况、中等职业学校为什么要开展课题研究、什么是课题研究、怎么开展课题研究”四个方面进行详细阐述。首先，他使大家了解中等职业学校开展课题研究是为了“科研兴教、科研兴校、科研兴师”这一崇高目的。其次，他对课题研究的范围、内容、问题层次等进行了说明，让我们明白了开展课题研究的具体步骤：一是选题——遵循价值性原则、创新性原则、可行性原则、科学性原则，二是撰写立项申请书——组建研究团队、课题论证（重点）、完成课题的保障条件。最后，他强调了撰写开题报告的注意事项和课题研究过程的要点。

为了让所有成员在教育科研中走向卓越，谯述忠老师组织大家积极开展省级课题《四川省农村地区中等职业学校数学教师专业发展调查研究》及子课题的课题立项与具体研究工作。谯述忠老师向成员们推荐了许多政策性文件和相关文章，他希望每位成员都要加强理论学习，不断提高教育科学研究水平，努力成长为市州区域或者学校的教学骨干。

在谯述忠老师的带领下，我们通过多次研讨交流，对省级课题《四川省农村地区中等职业学校数学教师专业发展调查研究》的问卷调查表进行多次修改，并认真按照《中等职业学校教师专业标准》基本内容中的“专业理念与师德、专业知识、专业能力”三个维度，以及“职业理解与认识、对学生的态度与行为、教育教学态度与行为、个人修养与行为、教育知识、职业背景知识、课程教学知识、通识性知识、教学设计、教学实施、实训实习组织、班级管理与教育活动、教育教学评价、沟通与合作、教学研究与专业发展”十五个领域进行问卷设计，逐步提高了每个成员的研究能力与水平。通过准备阶段、选题立项阶段、实施阶段和总结阶段，历时两年多的课题研究终于顺利结题，形成了《四川省农村地区中等职业学校数学教现学状调查报告》《四川省农村地区中等职业学校数学教师专业发展调查报告》、四川省农村地区中等职业学校不同层次数学教师专业发展研究的相关论文集、中职数学教师专业发展优秀个案集等系列成果。

课题研究不仅提升了我们的科研能力与思维水平，而且使我们快速成长为学校或区域的教学骨干和学科带头人，发挥引领辐射的作用。我主研的课题也频频获奖或顺利结题。2022 年课题的阶段成果《中职阶段初中数学补习教材的开发与应用阶段报告》被达州市教育局评为达州市教育科研成果二等奖，课题《助力乡村振兴中职电子技术 852 校本教材的开发与应用》被达州市教育局评为达州市 2020～2021 年度教育技术研究优秀成果二等奖，教学成果《中职学校新教师“雏鹰工程”培养模式》被达州市教育局评为达州市 2021 年职业教育教学成果二等奖，教改项目《欠发达地区农村中职校“3366”教学模式研究与实践》被省教厅列为四川省教育厅 2022～2024 年职业教育人才培养和教育教学改革研究项目立项在研项目。

五、以赛促教提技能，传承奋斗基因

谯述忠老师常常耐心地教导我们：以赛促教、以赛促学、以赛促改、以赛促建是教育教学改革的重要策略，其核心目标是通过比赛的方式，调动学生的学习兴趣和积极性，提高教学质量和效果。我们要坚持“以赛促教”，通过竞赛激发教学热情和创新意识，提高教学质量和效果；坚持“以赛促学”，通过竞赛激发学生的学习兴趣和积极性，提高学习效果和成绩；坚持“以赛促改”，通过竞赛推动教育教学改革，促进教育教学质量的提高；坚持“以赛促建”，通过竞赛推动学校和教育系统的建设和发展，促进教育事业的繁荣和发展。他指出，作为工作室成员，要积极带头参加教学能力比赛，将工作室的教学主张和教育理念在比赛中展现出来，争取在全省乃至全国起到示范引领作用，为中职数学教育教学质量提升作出自己应有的贡献。

自从参加了 2017 年举行的全国中等职业学校数学课程“创新杯”教师信息化教学说课大赛，亲身体会了比赛期间的残酷磨砺，经历了熬夜加班的艰辛付出，我决定不再参加教学相关比赛。但是，我经过谯老师的谆谆教诲，改变了自己肤浅的认知，决心与工作室成员组队，重新参加比赛。2022 年，在谯述忠老师的撮合下，我有缘与四川省谯述忠名师工作室另外 2 名省级成员四川省档案学校副校长王三刚、攀枝花市经贸旅游学校张文彬以及四川省档案学校郑波跨校组队。因为攀枝花、雅安和达州相隔太远，我们 4 人平时不能见面进行沟通交流，再加上学校的行政事务和教学工作任务十分繁重，所以我们只能经常利用晚上的休息时间开展线上视频研讨，每次不知不觉就讨论到了凌晨 2 点，但是我们没有一个人抱怨。由于我已经 4 年没有参加过任何教学比赛，总是感觉自己各方面都比较落后，无论是教案设计、课堂实录还是课件制作，都缺乏竞争力。我害怕辜负了领导的期望，专家的指导，同事的嘱托。我心力交瘁，陷入了前所未有的困境，甚至一度躲在一边默默落泪。谯老师或许感受到了我内心的巨大压力，为此他专门打电话关心我：“你要积极面对比赛，勇于挑战自己，不要太在意结果，不要有心理压力，只专心享受比赛的过程。我和工作室的全体成员都是你们坚强的后盾!”有了谯老师的鼓励和指导，我信心倍增，决心不问终点，全力以赴！比赛期间，王三刚、张文彬、郑波和我常常废寝忘食、通宵达旦地反复修改实施报告、教案，反复设计录课、答辩等环节。最终，在教学比赛团队成员们的奋勇拼搏下，在四川省开江县职业中学张鹏（负责录课的老师）的共同努力下，在四川省档案学校师生的全力支持下，在谯述忠老师和工作室全体成员的默默祝福下，我们的《一元二次不等式》有幸从残酷的竞争中脱颖而出，荣获 2022 年四川省职业院校教师教学能力大赛公共基础课程组（数学）一等奖。

“幸福都是奋斗出来的。”我们每个人都应该保持昂扬的斗志和上进的精神，只争朝夕，拒绝躺平，追求卓越。

六、反思写作炼思维，促进自我成长

谯述忠老师非常热爱写作，他在国家级、省级重要刊物和核心期刊上发表了多篇论文，是我们学习的榜样和前进的动力。为了提升工作室成员的写作能力，提炼教育教学成果，谯老师多次邀请省级专家和著名杂志社编辑为我们开展专题讲座、搭建平台、指明方向、答疑解惑。同时，他要求全体省市级成员在每次参加完教研活动后，都要及时写一篇学习心得体会或教学反思，并发表在四川省谯述忠名师工作室的简报上进行宣传报道。

我通过聆听《四川教育》杂志副主编、副编审王建强，《四川教育》杂志记者、理论版责任编辑陈敬两位专家关于写作的专题讲座，学习了关于学术论文写作需要注意的三个方面，即“定好向——明晰写作的方向、拟好题——确立写作的思路、选好材——精心捕捉写作题材”；明确了科学表达学术论文时一定要做到格式规范、结构严密、语言精练、材料恰当；掌握了论文写作五步法：明确问题、整理文献、选定方法、建构框架、规范表达；了解了论文修改的三种方式：“趁热打铁”式、“搁置”式、“另起炉灶”式。

在谯老师的指导和不断鞭策下，我撰写的论文多次在省市级优秀论文评选中获奖并发表。2021 年论文《信息技术为中职三教改革增质赋能之我见》发表在《学习与科普·知与学》刊物，2022 年论文《中职数学课程思政教育实施策略初探》在四川省中等职业教育优秀论文评选活动中荣获二等奖，2023 年论文《中职数学实施“一心双核五化”大单元教学初探》在四川省中等职业教育优秀论文评选活动中荣获二等奖，论文《中职数学“一心双核五化”大单元教学改革初探》发表在《民族文汇》教育版。

在谯老师的鼓励下，2020 年 3 月疫情期间为了响应“致敬逆行者，倡导居家隔离”，我创作了抗疫诗《锁住春光锁住我》，被《四川省名师名校长工作室抗疫作品集》成功选录。此外，我还协助开江县教科局参与编写《志洁行芳》，协助编写开江县职业中学《德育故事》。我还热爱文学创作，系达州市作家协会会员、开江县作家协会理事，先后在《达州日报》《遂宁日报》《成都武侯》《四川扶贫与移民》等发表散文数十篇，被评为开江县“优秀创作员”。

教育是一朵云推动另一朵云，一棵树摇动另一棵树。我一直以自己是四川省谯述忠名师工作室的一名成员而深感荣幸，一直以自己是谯述忠老师的弟子而无比自豪。在今后的工作中，我要继续刻苦钻研，认真按照教师的专业成长轨迹，奋勇争先，砥砺前行，努力走向卓越，做有情怀的职教人。我要像谯述忠老师一样，用自己的实际行动，潜移默化感染身边的每一位人。我要在教育这片田园里勤奋耕耘，积极探索，奉献无悔的青春。今天我们因四川省谯述忠名师工作室而骄傲，明天四川省谯述忠名师工作室以我们而自豪！

四川省开江县职业中学 杨丽君

2022 年 8 月 15 日

领悟“活动中锻造，科研中卓越”

2018 年 1 月 20 日，《中共中央　国务院关于全面深化新时代教师队伍建设改革的意见》提出，到 2035 年，教师综合素质、专业水平和创新能力大幅提升，建设一支具有更高素质的教师队伍是推进教育现代化、建设教育强国的必然要求。2019 年 1 月 24 日，国务院发布《国家职业教育改革实施方案》（简称《职教 20 条》）明确指出，职业教育与普通教育是两种不同教育类型，具有同等重要地位。因此，在新时代背景下，满足人民群众对高质量职业教育的需求，办好人民满意的职业教育，离不开新时代高素质的职业教师师资队伍。2022 年 10 月 16 日习近平总书记在中国共产党第二十次全国代表大会上的报告指出，我们要坚持教育优先发展、科技自立自强、人才引领驱动，加快建设教育强国、科技强国、人才强国，坚持为党育人、为国育才，全面提高人才自主培养质量，着力造就拔尖创新人才，聚天下英才而用之。

2013 年 9 月《中等职业学校教师专业标准（试行）》对教师专业理念、专业知识、专业能力提出明确要求。2014 年 9 月 9 日，习近平总书记来到北京师范大学考察，提出“有理想信念、有道德情操、有扎实学识、有仁爱之心”的四有好老师标准，号召全国广大教师要做人民满意的“四有”好老师。2016 年 9 月 9 日，习近平总书记到北京市八一学校考察时，要求广大教师做“四个引路人”，即做锤炼品格的引路人，做学生学习知识的引路人，做学生创新思维的引路人，做学生奉献祖国的引路人。因此，在新时代背景下，国家对教师的使命和担当提出了明确要求，教师应积极提高自身专业素养。

平台搭建，扬帆起航

暖雨晴风初破冻，四川省谯述忠名师工作室在 2019 年 2 月 15 日揭牌成立。工作室以活动为横轴，以科研为纵轴建立坐标系，覆盖全省中职数学教育工作，以“三心二意”四面体中职数学课堂教学改革的育人初心，推动全省中职数学教学模式的转变，为教师专业发展提供新航向。

学海无涯，书囊无底，我有幸成为其中一员，在工作室提供的这个平台上，踏上新的征程，扬帆起航。

专家引领，扬己露才，锻造自己

（一）专家引领，提升专业素养

人生在勤，不索何获？在这三年里听了很多专家讲座，我受益匪浅。四川教育科学学院院长刘涛的《进一步深化中等职业教育改革》，四川省教育科学研究院职业教育与成人教育所所长廖大凯的《学习职教20条，做有情怀的职教人》《新时代职教老师的使命与担当》等讲座让我了解到最新教育政策动态、教育改革方向等信息，明确新时代教师的使命与担当，拓宽了视野，提高了对教育问题的认识和理解。四川省教育科学研究管理所所长王真东的《搞好科研，提高素养》，《四川教育》杂志副主编、副编审王建强的《学术论文的方向选择与科学表达》，《四川教育》杂志记者、理论版责任编辑陈敬的《编辑视角下的论文写作》等讲座让我学习到学术论文的写作方法，论文格式、论文结构、论文语言、材料等相关要求，明确了论文应从明确问题、整理文献、选定方向、建构框架、规范表达等方面入手。领衔人谯述忠的《中职数学高效课堂论》《精研两纲一题，复习有的放矢》《教学设计质量提升策略》《新形式新标准，新高考新策略》等讲座让我知道应研究考纲，知道考什么、考多难、怎样考，在教学中应抓概念、抓基础、抓常规、抓落实，回归教材，处理好内容、教师、学生、教学四者关系，提升自己专业教学能力。

（二）理论用于实践，提升专业教学能力

在这段时间里，我参与了多次听课评课议课活动。在这些活动中，通过老师们的交流与合作，进行思维的碰撞，发现教学中的问题，分享教学经验，提供改进建议，为教师的专业成长提供支持和帮助。

以学生为中心，以问题为中心。2019 年 4 月，唐玲老师和张建军老师同课异构上完《抛物线的标准方程》后，在评课议课环节中，大家对课堂上教师怎样“提问题”进行了热烈的讨论。谯师傅强调了两点，一是提问时机要精准把控，二是强调提问质量。我认为对于我们的数学课堂，“提问题”贯穿整个教学过程，那么怎样进行问题设计呢？通俗点来说就是要“提好问题”。“提好问题”包含两个方面：1. 提“好问题”；2. “提好”问题。

提“好问题”指的是问题的质量。而现阶段不少教师上课提的问题还存在以下问题：（1）课堂提问表述不准确。这主要表现在部分老师在课前没有对具体问题进行思考，因此问题在提出时表述不是很准确，从而误导学生对问题的理解，在思考问题时把握不住方向。例如：在椭圆的标准方程的教学中，观看平面上点的运动轨迹形成椭圆时，有教师会问“在点的运动过程中绳子发生变化没有?”学生就会想绳子形状发生变化了，但是我们需要学生观察的是绳子的长度有没有发生变化。（2）对设置问题的难度把握不好。有些老师在上课时总是会问的“是不是”“对不对”完全没有质量可言。学生只是机械地回答“是”“对”，完全不用思考。因此在设计问题时，要求教师对问题要有很好的把握，既不脱离学生所学知识的范围，又能保证学生能够在回答前能进行独立的思考，锻炼学生的思维，引导学生积极参与到课堂中来。（3）问题的设计缺乏层次性。有位老师在讲抛物线的标准方程时开篇以生活中的实物引入本节课的内容，充分引起学生的听课兴趣，然而紧跟着却提出了这样一个问题“怎样作抛物线?”学生完全不知从哪个方面去思考，去回答。由于初中学习了二次函数，部分基础好点的同学可能首先想到的就是二次函数图像，然而“怎样作”却很难回答，因此导致设置的这个问题起不到丝毫作用。由于在学抛物线标准方程之前，已经学习了椭圆和双曲线的标准方程，可以仿照形成椭圆和双曲线的点的运动方式提出问题，学生就会比较容易理解。比如，可以这样设计问题：①同学们，我们前面学习了椭圆和双曲线，平面上的点怎样运动会形成椭圆？怎样运动会形成双曲线？②那么抛物线呢？点的运动要满足什么规律？再以动画辅助演示，学生就更容易理解了。因此，我们在设计问题的过程中要进行基本的顺序梳理，可以使提出的问题展现出基本的层次性，学生在回答问题的过程中，能够逐步思考出答案。

“提好”指的是提问的艺术。讲究提问的目的、提问的方式、提问的时机，问题的针对性、启发性。可以从以下几方面入手：（1）在新课导入时提问。讲新课时怎样引入？基于数学学科的特点，引例要做到知识结合生活，知识结合专业，知识结合实际运用，引例设问要生动有趣，能激发学生兴趣，吸引学生自主参与到学习中来。（2）在知识的关键处提问。（3）在规律探究处提问。例如，在椭圆的标准方程一节，怎样由数学实验引导学生归纳出椭圆的定义十分关键。这个实验并不只为了学生动手、觉得有趣，教材设计实验的目的就是让学生亲身体验知识的形成过程，归纳出椭圆的定义。因此，我们可以这样设置问题：①两个图钉是平面上的两个什么？（两个定点）②笔尖相当于什么？（一个动点）③在画椭圆的过程中，有一个量始终没变，是什么？（由绳长引出定长）从而可以由学生自己归纳出椭圆的定义。这样的话，过渡比较自然，衔接顺畅，逻辑性强，学生也更容易理解椭圆的定义，对 a，c 两个量的认识也深刻。(4) 在认知矛盾处提问。

以学生为中心，以思维为中心。水拍金沙涌激流，云崖索晃鬼神愁。红军洒血开天路，克敌英名万古秋。2021 年 11 月，我来到美丽的泸定县，到甘孜藏族自治州职业技术学校进行送教送培活动，上了一堂示范课《一元二次不等式的解法》。这堂课我充分按照“三心二意”的新理念，以学、导、探、练、评、固课堂新模式，注重呈现学生思维，以学生为主体，教师为主导，重在培养学生的自主意识和创新意识。这堂课我有两个感悟。一是面对新环境和陌生的学生，我们应该怎样和学生磨合，让他们接受我们、喜欢我们，在课堂上能完全配合我们的教学。教师施爱应有严爱和宽爱，在行为习惯和学习习惯上严格要求学生，在生活上关心爱护学生，注重学生的情绪，让学生感受到你爱护他、关心他。因此，在上课之前，我走近学生，和他们聊聊甘孜藏族自治州的风土人情，聊聊他们的学习生活，表扬他们，喜欢他们，辅以肢体语言，拍拍背，摸摸头，有一个女生唱了一首歌，我抱了抱她。因此，在课堂上，师生互动，效果很好。二是课堂上呈现学生思维的重要性。在课堂教学中，作为教师要在充分分析学情的基础上，改变教学行为，根据学生情况，及时选择恰当的教学策略，而无论选用什么样的教学策略，都应以学生为重心，注重学生思维的呈现，让学生真正成为学习的主人，在自主学习过程中，获得知识，体验过程，培养能力，培养工匠精神。教师合理设置问题，并对学生的反应及时地反馈，可以及时呈现学生思维，及时检查学生思考情况，及时评估学生知识掌握情况，从而提高学生学习效率，培养学生积极思考的能力，培养学生自主学习的意识。课堂的教学行为是多向的，如学生与学生之间，学生与教师之间。课堂缺乏学生自主学习的过程，则达不到学生最基本的诉求。

最近上课，有一幕让我很开心。在评讲练习册的时候，有这样一道题：椭圆 $\frac{x^2}{25}+\frac{y^2}{16}=1$ 上一点 $P(4, m)$ 到两焦点的距离分别为多少？有部分同学做的时候出现了困难，要求我讲一讲，这时我把课堂交给了学生，我让做对的同学上来讲。最后他们给了我四种解题方法：一是用向量的模来求解，二是用两点之间的距离公式来求解，三是通过作图根据 P 点坐标用勾股定理求解，四是根据椭圆的第二定义求解。真的是惊喜满满，学生远比我们想的优秀。在课堂教学中，要注重学生思维的呈现，就要给学生自主学习的时间和空间，就要在教学中给学生存疑、批判、探索的过程，特别是教学实施的过程中教师要创造条件，让学生落实自己的想法，大胆质疑，积极探索。这些都很好地诠释了“以学生为中心，以思维为中心”“培养学生自主意识和创新意识”。

通过参加这些活动，我既可借鉴其他教师的优秀经验，拓展自己的教学思路，更好地理解教育理念，同时又促进自己反思和改进，发现自己在教学方法、教学内容、教学效果等方面的不足，从而有针对性地改进教学、提升自己的专业教学能力。在教学中，我始终坚持“三心二意”的教学理念，以学生为中心，以问题为中心，以思维为中心，培养学生自主意识、创新意识，继续为提高教学质量和培养优秀人才而努力。

（三）以赛促教，以赛促改，以赛提升自我

2019 年 4 月我接到参加市中等职业学校教师教学能力大赛的通知，以前我也参加过讲课、说课等比赛，但像这种要求提交资料较多的比赛还是第一次，因此也比较紧张。第一步是选题，智能时代要求教学要深度融合信息化手段，因此，选择了《函数的奇偶性》这一节的内容参赛。第二步是做教学设计，这是一个异常艰难的过程。熟读课程标准，熟知教学大纲，钻研教材，学情的分析、教学目标的制订、教学重难点的确定、教学策略的选取、教学过程中每一个教学环节的处理甚至教学设计模板的选取都需要慎之又慎。我与学校数学组的老师，在教科室的老师们的帮助下，不断地讨论，不断地修改，不断地磨课，不断地完善，最终用于实践，录制视频，上交资料。值得高兴的是课件成功入围 2019 年四川省中等职业学校教师教学能力大赛。接着，准备省赛，省赛是对教学设计进行现场解说，通过各方朋友的指导，我获得了四川省中等职业技术学校教师教学能力大赛一等奖。在这次比赛中，我获得最深的感悟就是对于一堂课的设计其实是这堂课每个环节的设计。课堂引入、获得新知、例题讲解、巩固练习、课堂总结等每个环节怎样设问，怎样设置活动，师生间怎样互动，等等。每个环节的落实就是一堂课的设计，但是我们设计的内容容量以及选取的教学策略不是一成不变的，它一定是根据教学情况适当做出调整的。

2020 年和 2022 年应学校要求我和学校其他 3 位老师组队，参加了 2020 年市中职学校教师教学能力大赛并成功进入省教师教学能力比赛。在 2019 年参赛时，对教学设计解说其实是不理解的，但比赛后闭幕式现场李雪峰教授讲话以及优秀选手的现场展示让我明白了教学设计解说是怎么回事。因此这次比赛相对于前一次来说我有一定经验，我在仔细研读文件过后，我认为本次参赛的教学设计需要注意以下几点：1. 融合课程思政；2. 结合人才培养方案，与专业相联系；3. 中职数学核心素养的落实；4. 结合疫情，线上线下混

合式教学模式的采用；5. 数学软件 GGB 的运用。入围省决赛后，学校请了专家给我们进行指导。专家给我们指出了很多不足的地方，例如：

要严谨。目录的排列要整齐；汉字“一”后应跟“、”，阿拉伯数字“1”后应跟“.”。这让我觉得很汗颜，自己在这些方面做得不好，自己应该反思，进行改正。

思维导图要简洁、美观、大方，表格要整齐、美观。

教学实施报告缺乏数据支撑，应将主观性的叙述改用数据来说明，比如学生的学情分析。

教学要可测可评，完成了这一节的教学，怎样来衡定教学目标完成度，要用数据来说话。因此在每一小知识板块结束后都应先进行小结测验，再进行统计，数据分析，来衡量教学目标的完成情况。

对学生的评价方式应多样化，形成一个完整的评价机制。

这两次比赛培养了我严谨的精神，从而所做教学设计更精确，排版更美观，让我对新课程标准的解读更加深刻，同时还让我认识到中职数学课程怎样和专业相融合，中职数学课程怎样融合思政教育是一名中职数学教师需要思考的问题。

科研小白踏上征程，走向卓越

在进入工作室之前，我一心教书，压根没有想过科研相关的内容。进入工作室之后，四川省教育科学研究院副院长曾宁波的讲座《如何增强校本教研的有效性》让我认识到教师的教育研究源于实践、寓于实践、归于实践。我们发现问题，界定问题，分析问题的成因或症结，提出问题的解决方案及实施步骤，并总结反思，从而形成教育研究成果。对于我而言，最难的是总结反思、形成报告。后又听了四川省教育科学研究院科研管理所所长王真东的讲座《课题开题的方法论》，了解了做课题首先要弄明白课题研究的意义、开题的框架、论证关键点，然后抓住课题名称、研究目标、研究内容这个切口，明晰课题要研究什么，了解了文献查找、文献价值、文献引用、文献综述等。后在谯师傅的指导下，了解了课题的结构，研究的背景与意义、研究的目的与问题、研究的方法与技术、研究的结构与讨论、结论与建议，学习了开题报告撰写的基本框架，前言、问题的提出、核心概念的界定、国内外研究现状及特点与趋势、研究价值、研究意义、研究创新、拟达成的理论或实践目标和研究的主要内容、拟采用的实施路径和措施、研究阶段、研究方法、预期形成的研究成果名称和成果形式、预期的研究效益、保障条件、参考文献等。我在学习过程中也尝试写了调查报告。在工作室的这段时间内，在谯老师的带领下，在工作室成员的帮助下我也逐步参与了一些研究。2021 年参与编写《高等职业学校单独招生考试模拟测试卷（数学）》《中等职业学校升学考试复习指导　数学》。参与工作室课题研究《四川省农村地区中等职业学校数学教师专业发展调查研究》，该课题于 2021 年结题。教学成果《指向核心素养的四川省中等职业学校数学“三心二意”课堂教学改革》荣获省级二等奖。2022 年参与编著《基于核心素养的中职数学教学设计》。科研可以让我们提升学术水平和研究能力，掌握创新教学的方法，提高教学能力；科研成果可以转化为教学资源，丰富教学内容，并应用到课堂中，激发学生的学习热情和创新能力。书山有路勤为径，学海无涯苦作舟。我将继续努力，争取成为一名研究型的教师，希望能逐渐优秀，走向卓越。

路漫漫其修远兮，吾将上下而求索。在接下来的日子里，我将继续参加各类专业培训、研讨会、学术交流、比赛等活动，不断更新自己的教育理念和教学技能，在活动中锻造自己；继续学习、进行教育研究，不断提高自己的学术水平和专业水平，在科研中走向卓越。长风破浪会有时，直挂云帆济沧海，争做“四有”好老师。

遂宁市职业技术学校　蒋美

2023 年 11 月 17 日

在谯述忠名师工作室三年的成长札记

回头望，三年的光阴，如白驹过隙。忘不了，夕阳下的沟通交流，星光下的挑灯夜战；忘不了，谯老师的谆谆教诲，专家们的侃侃而谈；忘不了，夜灯下的冥思苦想，成功后的欢欣雀跃。三年的历程，有困惑，有期待，有感悟，也有收获，更多的是成长。

——题记

因为共同的追求、共同的目标，我们在工作室相遇、相识、相伴到相知，虽有万般不舍，但天下没有不散的筵席，或许分别是为了下次更好的相聚。三年的经历，让我感觉到工作室就是一个强大的能量库，其中的能量会源源不断地渗透到我们身上，让我们时刻充满活力。

过去的三年，我积极参与工作室的活动，认真听讲座、做笔记，事后认真整理笔记，积极思考问题，并将一些想法付诸行动。通过学习，我对课题研究有了更深层次的认识，写文字资料也不再是无从下笔，总能从学习中捕捉到一些有用的信息并融入笔下。对教学设计的编写，有了更高的认识，要"融思政""联专业""贴生活"，要体现现代教育教学理念，要有适当且先进的信息技术作为依托，等等。对如何命制高质量试卷的要求，我有了进一步的了解和理解，除了大家熟知的信度、效度、难度和区分度外，还需要考虑广度、坡度、深度、速度和亮度，根据这些"度"，我试着去尝试并努力实施。对如何上课、评课，也有了更成熟的思考……

下面，简单分享我在工作室三年的成长、思考、感悟和收获，等等。

一、怀着忐忑走进名师工作室

2019年初，我怀着忐忑的心情加入了四川省谯述忠名师工作室。当时，我对工作室的概念是模糊的，对今后工作室的工作也是迷茫的，不清楚这个未曾涉足的领域究竟是做什么的，我是否可以胜任工作室布置的各项任务，我在里面会充当一个什么样的角色。我心中有一个又一个的疑惑，不知谁能为我解惑。其实当时我曾问过邀请我加入名师工作室的老师工作室究竟是做什么的，可他并没有给我一个明确的答案。后来我通过上网查询得知名师工作室的宗旨：以名师为引领，以学科为纽带，以先进教育思想为指导，集教学、科研、培训等职能为一体，搭建促进青年教师专业成长以及名师自我提升的发展平台。当时我感觉工作室非常“高大上”。怀着好奇和期待，甚至还有些许激动，2019 年的 3 月 10 日至 11 日，我参加了在叙永县职业高级中学召开的四川省谯述忠名师工作室在川南地区的第一次研讨活动。

二、抱着期待了解名师工作室

第一次研讨活动，有来自古蔺县职业高级中学、泸县建筑职业中专学校、隆昌市城关职业中学、内江职中等职业学校的二十几名老师参与，大家汇聚一堂，共同探讨川南片区教师三年培训计划和课题研究计划。那天，我见到了工作室领衔人谯述忠老师（时任广安市教育科学研究所副所长、数学教研员），他神采奕奕、和蔼可亲，炯炯有神的眼睛里闪烁着智慧的光芒，让人感觉到他是一位儒雅博学的师长。大会分为几个议程：

首先，谯老师让我们每一位成员做自我介绍。

第二，谯老师向我们介绍工作室的情况及今后大家的任务等，其中提到了“三心二意”的教学主张，当时我认为是自己听错了，因为这个词与我们数学教学理念完全背道而驰，所以并没有在意。

第三，泸州市教育科学研究所刘永辉主任作讲座，向大家介绍了泸州市职业教育中数学学科的现状，如何改变现状，给在座老师提供了思考和努力方向。谯老师作专题报告，他指出教师需要在活动中锻造，在科研中卓越。谯老师用朴实的语言让大家明白，“做科研”并不是很深奥的事情，他说：科研来源于课堂，来源于教学，今后我们若能做到以下几点，便是向科研迈出了第一步：1. 不懂就问；2. 注意收集课堂上的素材，动脑思考；3. 教学中注意数学与专业的结合；4. 注意学法的研究；5. 课堂上不让学生打瞌睡。我因为做过课题，所以勇敢地阐述了自己的观点：课题不宜做得太大，研究的范围不宜过广。课题越小，范围越小，越容易入手，越容易出成果。这是我通过专家的讲解、自己的学习和体会得出的结论。

第四，穆举红老师和巫源森老师上示范课。经过观摩和评课议课，谯老师告诉我们要如何去评课，引导自己做一个科研型的教育者。

第五，谯老师作讲座《抓纲务本，精准备考》，从近几年的对口高考情况入手，提出了备考策略，为高三老师提供了复习方向。

最后，谯老师总结，告知我们，工作室除了带领大家做课题研究，还要教会我们如何评课议课、如何上研讨课、如何编写高质量的教案、如何命制高质量的试卷，学习高三学生备考技巧，等等。工作室对所有成员做出了如下要求：通过三年的学习，至少完成“三个一”——做好一个“教学设计”，上好一堂“高质量课”，命好一套“高水平试卷”。由于这些工作都与自己的教学工作息息相关，于是我满怀热情融入到了工作室中。

继“三心二意”的教学主张后，“四面体”教学模式、“学、导、探、练、评、固”教学六环节、“一体三翼”数学教师专业发展路径、“一一四”中职数学教师专业发展模式、“双向细目表”等如“生僻字”似的生涩词语或词组接踵而至。我已经在教学战线上工作近 30 年，通过自己的不懈努力，也取得了一些成绩，为此，偶尔心里还会沾沾自喜，却不曾想自己竟如井底之蛙，对于这些词语或提法居然知之甚少，对个别甚至一无所知。我明白，我如若不改变，将被永远困在原地，按部就班做一辈子老教书匠。我无法接受这样的自己！为了适应新时代教育教学的要求，为了顺应当代教育教学的改革，我绝对不能停滞不前！改变自己，刻不容缓！

如何改变自己，是我们每位工作室成员的共同心声。这种不满足于现状、意欲更上一层楼的渴求成为我们集聚在一起的共同心理基础。对于不懂的东西，自己努力去学，我们必须要用新知识来武装自己，力争成为一名学生们喜欢的、顺应改革浪潮的老师！

在第一次交流会上听到“三心二意”的教学主张没在意，可后来再听到时，我却不能不在意了，只是带着无尽的疑问：“三心二意”难道不是数学最忌讳的词语吗？怎么会成为教学主张呢？难不成它有什么特殊的内涵？确实如此，“三心”是指“以学生为中心”“以思维为中心”“以问题为中心”，“二意”是指培养学生的“自主意识”和“创新意识”。这些主张都是现代新型教学模式的要求，我们工作室已然走在了改革的前列！这个“诙谐”的教学思想，用这一耳熟能详的词语，很容易就引起他人注意，也能很快根植于脑海。如今的课堂，学生是主人，学生是主体，学生是演员，于是“以学生为中心”不言而喻；问题来源于课堂，来自于我们身边真实的思考，作为教师，是课堂的主导或导演，应该用有价值的问题引领学生进行探究，在积极的思考中不断完善想法，在积极思考中启迪智慧，促进发展。用有价值的问题引领学生的发展，需要教师有足够的智慧进行思考，用问题引领学生学习，在不断的探究中深入所学内容，不断提升学习效果。所以，以问题为中心、以思维为中心也就理所当然。

对于“四面体”教学模式，工作室用立体几何中的一个图形——四面体，生动形象阐释了“三教改革”与新型教学模式间的关系。如下图所示，教师 C 托起学生 A，边 CD 是专业素养，边 CB 是教学方法，边 BD 是教材，素养与教材决定着课程开发 D 的质量，方法同教材决定教学设计 B 的优劣。侧棱 AC 是“谁来教”，侧棱 AB 是“如何教”，侧棱 AD 是“教什么”，侧面 ABC 表示“思维中心”，侧面 ACD 表示“学生中心”，侧面 ABD 表示“问题中心”，底面 BCD 表示“‘三教’改革”，目的是培养学生的“自主意识”和“创新意识”，这两种意识最后指向学生数学六大核心素养。

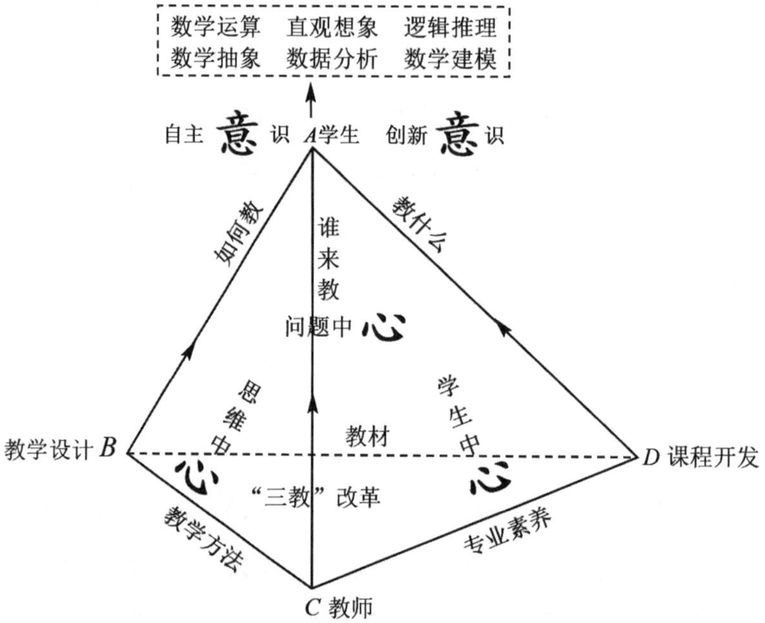

“学、导、探、练、评、固”，精辟概括了我们教学过程中的六个环节。以“学”（学生的自主学习）为起点，以“导”（教师的兴趣导入）抓问题，以“探”（学生的合作探究）引新知，以“练”（学生的课堂练习）促迁移，以“评”（自评、互评和师评）为抓手，以“固”（学生的课后作业）为保障，规范教师的教学设计模式。

“一体三翼”数学教师专业发展路径是指：以中职数学教师自我发展为主体，以教育行政部门、学校、中职数学名师工作室的引领为三助翼。

“一一四”中职数学教师专业发展模式是指：一清晰——清晰个人情况，一借力——借力发展平台，四维度——培养专业理念与师德、掌握专业知识、钻研专业能力、提升专业情意。

“双向细目表”是编制测验试题的计划表。它详细说明测验的内容、测验目标及其水平，以及它们在整个测验中所占比重。它是确定测验题目的内容、覆盖面、数量以及分数的分配等的重要依据。

……

接连不断的新知识让我应接不暇，我明白，我需要学习和理解的东西实在太多了。我无法也不能懈怠，唯有破晓而生，踏浪前行！

三、揣着热情融入名师工作室

为推进课堂教学改革，提高课堂教学的有效性，提高数学教师的教学水平，达到“以教促研，以研促教”的目的，开展多种形式的教研活动是一种有效的途径。

谯述忠名师工作室从成立到期满一共组织了十余次大型活动，以加强成员之间的交流沟通，大家在一起可以集思广益，头脑风暴，碰撞出更加绚丽的智慧火花。

当明白了自己的需要，自己应该做什么，我做起事情便总是斗志昂扬。除非实在抽不出时间，否则我都会尽量参与工作室的活动。听讲座、搞科研、写文章、编教案、命试题，讲课听课、评课议课，参加教师教学技能比赛等等，我每次的工作行程总是排得很满，过得十分充实。

（一）课题研究

随着现代教育模式的发展，高中阶段的教师不仅应该注重课堂效率的提高，还应该在课堂教学中不断地对自己的教学形式进行反思和总结，这样的教学研究是十分必要的，可以让教师真正地把自己的实践教学经验总结成理论教学知识，从而进一步促进教学质量的提高。

做课题研究是提升一个教师素质最有效的手段，工作室为教师制订了一个科研能力发展的模型：客体被动—客体主动—主体表层—主体深层—独立自主—完全自主。我正是沿着这样的路径脚踏实地、慢慢前行的。

我第一次接触的课题是《“9+3”学生专业素养培养研究》，当初只是为课题组提供了一些资料，课题申报—立项—开题—研究—结题的整个过程我并没有参与，所以该课题结束后我也不清楚课题的研究流程。我真正做课题研究是在2012年，当时是四川省委、省政府实行“9+3”惠民政策的第三年，我的直接领导——招生就业办王其跃主任为我申报了一个关于研究内地学生与“9+3 学生”融合培养的课题——《少数民族学生与内地学生融合的培养实践与研究》。开始我真的不知道如何入手，曾一度想放弃，但在王主任的指导和督促下，我逼迫自己行动起来，不断查阅资料，一边学一边做，在组员们的共同努力下，终于在 2 年后顺利结题，其研究报告于 2015 年获得四川省优秀教育教学成果三等奖。

2020 年春，我申报了市级个人课题《改变中职学生数学学习现状的方法研究》，经过几个月的努力，课题于同年 10 月顺利结题。该课题旨在逐步改变目前职业教育“国家重视，民众轻视”的状况，该课题主要以 2017 级高三公共管理专业学生的数学学习情况作为研究背景，对各案例及我高三的教学经验等进行分析，以取得的成绩为依据，证明“有效整理错题”“引导答疑”等方法的可持续性及可推广性。该课题是我 2017 年市级个人课题《中职学生数学学习现状的调查与对策的研究》的延续。《中职学生数学学习现状的调查与对策的研究》的创新点之一就是“重视学生数学学习兴趣的培养”，而《改变中职学生数学学习现状的方法研究》是我根据多年高三的教学经验得出的提升高三学生学习兴趣的方法，比较有针对性，而且该方法完全可以推广到其他年级。

后来我根据该课题的研究内容写了两篇论文：《浅谈中职高三数学学习方法之我见》《浅谈培养高三学生数学学习兴趣之我见》，并发表于公开发行的刊物《速读》上。2021 年底，我将论文《浅谈中职高三数学学习方法之我见》改编成讲座在工作室活动中进行交流，得到与会同行的高度认可。其主要内容如下。1. 当前中职高三数学学习中存在的主要问题：（1）没有自主复习的习惯；（2）重做题数量，轻思维的培养；（3）重整体要求，轻个体差异。2. 中职高三数学有效学习方法：（1）有效整理错题；（2）引导答疑；（3）分层次，按需施教；（4）用通俗易懂的语言将公式、定理讲透；（5）读题时“勾点圈画”；（6）“细”批作业。其中“有效整理错题”“引导答疑”及“读题时‘勾点圈画’”是我自认为比较重要的有效学习方法。“有效整理错题”与我们所认知的“错题重做”是完全不一样的，而是“错题至少做三遍”。其中第一遍尤其重要，第一遍不能简单、机械去做，而是首先分析该题包含的知识点，尽量细一点；其次分析自己出错的原因是其中的哪一个或哪几个知识点没有弄懂，这样可以做到“有的放矢”，真正做到查漏补缺；再次是要求用不同于之前的颜色的笔做错题，并将出错的地方用红色笔进行标注，时刻提醒自己；最后是通过看书、查阅资料、问老师或同学把没弄懂的知识点弄懂，努力做到“不欠账”。“引导答疑”与我们平时一般的“答疑”也是不一样的，而是先让学生读题，不需读题的就直接尝试着做，做到不会的地方再开始引导，学生在老师的引导下一步一步往下做，最后还应对学生进行鼓励，如“不错，这题是你自己做出来的哦”，这样他们不但有获得感，而且很有成就感，从而慢慢对数学产生兴趣，虽然这样会花费老师大量的时间和精力，但教学效果不错。“读题时‘勾点圈画’”是指读题时要求学生拿着笔一个字一个字地读，将易错、易混淆或易被忽视的地方做记号，以提醒自己。数学中一字之差可能天壤之别，比如“至多”与“至少”、“等差”与“等比”、“正确”与“不正确”等等。

我虽然做过两次课题，但对课题研究仍然比较懵懂，直到进入工作室，听了多个科研专家的讲座，才对课题研究逐渐有了进一步的认识，也决定要自己组建一个团队，再次从头到尾，亲力亲为、认认真真做一次课题。2021 年下半年，我组建了一个五人课题组，除了我，课题组成员都是年轻老师。我们申报的课题是《“三教”改革背景下中职数学与课程思政融入研究——以函数为例》，第一次申报泸州市社会科学联合会、泸州市社会科学院及泸州市中小幼教育改革与发展研究中心联合发布的 2022 年度课题没有成功，后来进行修改后，去申报学校 2022 年度课题成功了。该课题是应数学教育的责任、素质教育的要求、课程思政的效能及函数知识的重要性而提出的。该课题的研究，旨在丰富教学内容、提升教学效果、改革教学方式。本课题以教材《数学》基础模块上册第三章函数融入思政元素为例，为数学其他章节融入思政元素提供案例、方法和途径，进而推广应用于其他学科，最终将研究成果向其他学校进行推广。目前，该课题我们正在积极研究中，学生问卷及其分析、教师问卷相继完成，预计 2023 年年底结题。

科研路漫漫，但我仍会一如既往，尽心竭力，努力前行。相信：长风破浪会有时，直挂云帆济沧海！

（二）教师教学技能比赛

2008 年 6 月 28 日，教育部正式提出建立职业院校技能竞赛制度和“校校有比赛，层层有选拔，全国有大赛”的职业院校技能竞赛序列。近年来，技能大赛的兴起以及形式上的不断改变，使得陈旧的课堂教学模式不再与之匹配，从而促进了职业教育人才培养模式的根本转变，引领了课堂教学改革。中职学校必须要树立“以赛促教、以赛促学、以赛促改”的教学活动观，切实注重对学生综合素质的培养。

为了让年轻人更快地成长起来，2020~2023 年，我要么是作为指导教师，要么是作为参赛者，参与教师教学技能比赛，虽然并未获得很好的成绩，但对我们参与者，特别是年轻教师的成长有较大的促进作用，能在一定程度上提升大家的教学能力，在很大程度上提升参赛教师的信息技术能力、统筹能力、写作能力等等。

2020 年 6 月，在时间很紧迫的情况下，我以最快的速度组建了一个由 3 名年轻教师组成的参赛团队，我作为指导教师，带领他们在约一个周内确定课题、分配任务、编写教学设计、撰写教学实施报告和录制上课视频等等，团队最终获得了泸州市三等奖。在此过程中，不但几位年轻人得到了提升和锻炼，我自己也得到了提升，不仅知道了如今的教师教学技能比赛与以前我参加的个人赛完全是两码事，还了解了现今的教学技能比赛的流程，也充分体会到了“单线不成丝，独木不成林”的道理。为了让更多的年轻人成长起来，同时也为了进一步提升自己，2020 年底，我毫不犹豫组建了一个四人组合团队，作为组长，我早早谋划 2021 年的教师教学技能比赛。为了让后面的修改及熟悉的时间更充裕一些，我们寒假前就确定了课题、分配了任务，寒假期间就开始编写教学设计。在比赛的前期准备工作中，我们熬了很多夜，查阅了大量资料，学习了许多优秀作品，不断向有经验的老师取经，向优秀的老师学习，向旅游专业老师讨教旅游专业与数学知识的联系，与思政老师探讨如何在数学中融入思政……我一遍一遍看旅游专业的“人才培养方案”，抓住里面与数学有关的一切细节进行分析，一遍又一遍分析优秀作品，去粗存精，为我所用。我们非常仔细检查已写好的“教学实施报告”和“教学设计”，最大限度避免“一票否决”的情况发生。只可惜百密也有一疏，我们都没有注意到在人才培养方案的标题里赫然出现了校名，我们心里无论有多么不甘，又有何用？只能怪自己不够仔细。吃一堑长一智，相信下次不会再犯这种低级错误了。失败带给我们的是几天的郁闷，之后我们认真进行了剖析，得出结论：其实除了信息泄露，我们的“无生授课”也有问题，我们自己的理解与真正专家的解读有差距。由于不甘心，2021 年底我们四人打算来年再搏一次。2022 年 4 月的校赛，我们准备得还算充分，但却由于一名队员临近比赛因故不能参加比赛，我们只好找了另一名老师来替代，最后比赛结果是我们团队以零点零几分的差距输给了另一参赛队。2022 年底，我在其他老师的邀约下再次参与比赛，2023 年初，最终由于我们团队技不如人仅在市赛中获得二等奖，虽然很遗憾，但又觉得理所当然。我们在备赛过程中，队员间不够团结，队员的情绪也出现了问题，我作为组长，没有及时进行调解和解决，算失职。

比赛的历程确实是艰辛的，一路走来，我付出了心血和汗水，但也获得了快乐与成功，更重要的是，在教学技能方面取得了明显的进步。

（三）教学研究（上课、听课、评课、议课）

无论是比赛，还是课题研究，我们的最终目的都是为了给学生们带去更有吸引力的、有效的课堂。在三年内，我听了几位老师的课，他们的课堂各具特色，有很多值得我学习的地方。比如，泸州市叙永县职业高级中学廖凤琼老师在讲《圆的方程》这一节课时，针对“圆的标准方程”形式的记忆，给学生们总结了口诀：“1 加 2 减 3 平方”，朗朗上口，容易记忆。隆昌市城关职业中学林兴全老师给机械专业的学生讲等差数列的概念时，他的课堂引入让我记忆犹新。林老师从一个月的日历中，取出一竖列的三个日期，问这几个日期之间的关系；他给出一些螺丝及其直径的数值（大小有规律），叫同学们观察数据之间的关系，既与生活接轨，又与专业结合。不过，最让我无法忘记的是自贡电信职业技术学校宋志雄老师的一节关于平面向量的高三复习课，他的设计独具匠心，我从来没想到复习课还可以这样上。课前，宋老师叫学生们复习向量一章的知识，同时把近 5 年的高考题发给了学生，让学生找出与向量知识有关的题目。课堂上，他发给每位学生一张表，表中主要包含年份、题号、分值、知识点、是否为坐标运算、解题方法、相应公式等项目，要求学生在一定时间内按要求完成表格。这样做既让学生自主巩固了向量相关知识点及其解题方法，还让学生间形成比拼，积极投入学习中，不得不让人为之喝彩。但精彩并未结束，此环节结束后，宋老师叫学生们对照这些题目涉及的知识点，找出题目中还没有涉及的知识点，并根据这些没有涉及的知识点，自己设计题目，分别把这些知识点包含进去。同学们学习情绪高涨，大都能积极投入其中。后来，宋老师对同学们找出的知识点和所设计的题目进行了点评。这节课，给我的震撼是很大的，是值得我思考和学习的。这也不由得让我想起了谯老师曾说过的一句话：在课堂上要做智慧的“懒”老师。宋老师不正是这样的一位老师吗？

听课能够学人之长，避己之短。上课却更能展示自己的优势和暴露不足，能更快地提升自己的教学水平。2019 年 12 月，我在泸州市的数学教研活动中上了一节研究课《函数的定义域》，虽然得到了与会同行的好评，但我清楚，上课方式老套、所掌握信息技术落后是自己的硬伤，自己成长的脚步并没有跟上时代的步伐。为了进一步提升自己，2021 年 9 月 29 日上午，我在隆昌市城关职业中学上了一堂研究课《两条直线平行（二）》。我在课前调试设备和后来的预讲中，各种设备一切正常，但在正式上课的时候，平板却出现了问题。我试着恢复，调试了几分钟都没能成功，这必然影响了我课堂的进度及安排。突然出现的问题，让我一度有些慌张，几分钟后我才慢慢冷静了下来。因为调试设备耽误了时间，但为了让课堂环节完备，我只能压缩了某些环节的时间。课后，谯老师和我沟通：设备出现问题很正常，难道没有该设备就不能上课了吗？开始没把学生的积极性调动起来，而后来又调动起来了，自己不该深思吗？学生提出的问题，不该给他们留有充足的思考时间吗？……谯老师朴实的话语，体现了他独到的见解，中肯的提问，展示了他深厚的功底。确实，难道没有多媒体，我们就无法上课吗？学生积极性没有调动起来难道不是老师自己的原因吗？让学生回答问题却不留给他们充足的时间思考，如何能培能养学生独立思考的能力？教学是无止境的，我们到底要给学生留下什么？值得每位教师进行追问和思考。仅是教会学生知识吗？可知识是教不完的。我们的教学应该给学生留下能“带走”的能力，教会学生学习，在学习的过程中掌握学习方法，不断在自我学习中提升自己的学习能力。教学也是宽泛的，我们在学习函数时，不妨先去了解一下函数的发展史；在学习数列时，可以先去读一读国际象棋的起源；在学习概率时，可以去先阅读一下概率起源于赌博的生活实例……所有这些，让我深深感到，我的教学路还很长，我的探索与学习一直在路上。

每一次听课活动后，便是评课议课。评课和议课，是开展校本研究的重要途径，也是对教师进行过程性评价的重要体现。“课”只是交流和探讨的平台。如果说“评课”时把教师看成等待帮助的客体，“议课”时则把教师培养成具有批判精神的思想者和行动者，帮助他们实现自身的解放。评课议课能够改进课堂教学，可以提高教师专业水平，促进教师专业发展，对教师的成长发挥切实有效的作用。评课议课能促进教师开阔视野，让其意识到自己的缺陷和不足，接受一个真实完整的自我。之前，我不认为评课议课有多大作用，大家一般都是循规蹈矩地从大纲和考纲分析，该课是否按照教学规律，教学环节是否齐备，是否突出了重点、突破了难点，从而肯定其优点、指出其不足，这是从欣赏者、审视者及诊断者的角度去进行评课议课。进入工作室后，谯老师告诉我们，可以站在更高的角度去处理，即就是要站在“研究者”的角度去评课，因为教书仅是手段，而育人才是目的。

（四）教学反思

教学反思就是教师自觉地把自己的课堂教学实践作为认识对象，进行全面而深入的冷静思考和总结，从而进入更优化的教学状态，使学生得到更充分的发展。教学反思是一种有意义的思维活动和再学习活动。美国著名心理学家波斯纳指出：经验+反思=成长，教师需要通过不断反思—实践—再反思—再实践来更新教学观念、改善教学行为、提高教学水平。他还认为：没有反思的教学经验是狭隘的，经验意识性不够，系统性不强，理解不透彻，容易导致教师产生封闭的心态，阻碍教师的专业成长。如果一个教师仅仅满足于获得经验，而不对经验进行深入的反思的话，那么，他的教学水平发展将停滞不前，甚至可能滑坡，即便有多年的教学经验，也只能是一项工作的多次重复。我国著名教育家叶澜教授曾指出：一个教师写一辈子教案不可能成为名师，但如果一个教师写三年教学反思，就有可能成为名师。由此可见，教学反思对于教师的成长来说，是具有十分重要的意义与价值的。所以，教学反思是校本研修最基本和最普遍的方式，也是提升教师素质的最有效途径。

从很多年前开始，我便会将学生作业中出现的各种问题记录下来，如写书格式不规范、数学符号书写不正确、解答过程思维混乱等等，下次上课时一点一点进行讲解，后来，慢慢开始试着将出现这些问题的原因写出来，渐渐地就变成了现在的教学反思，虽然写得不太规范，但通过几次教师教学技能比赛，我觉得已经开始规范了。我做的两个关于数学的课题都来自高三教学的教学反思。我于 2014 年开始担任高三数学教学，每个年级的第一次课，我会对学生的情况进行摸底，发现高三学生的基础都较差，而且对数学课没多大兴趣，但为了参加高考，他们还是逼迫自己去学，其效果可想而知。后来我通过自己的一些记录习惯，慢慢形成了如下问题：如何提升学生学习数学的兴趣，如何在短时间内提升高三学生数学成绩等等，希望通过课题研究来解决。后来，我便付诸行动了。

（五）写教学设计

还记得，那是一个黄昏，我们泸州的几名成员围在一张桌子周围，激烈讨论关于教学设计的相关事宜。首先是领任务，每人设计一个课时，严格按照工作室的要求和格式进行设计。工作室的教学设计表格内容非常丰富，除了教学目标，教学重难点、教学方法等等，还有学情分析（学生的知识基础、认知能力、学习特点）、教学关键、教学资源与手段等，完全涵盖了教师教学技能比赛对教学设计的所有要求。所以说，我们工作室的理念是超前的。我领到的任务是《两条直线平行》的第二课时，是第一课时结论的应用。我知道，学生们的运算能力相对较差，但凡涉及运算，同学们就会有一种无力感，没有成功便提不起兴趣，从而感觉学习数学枯燥无味。我怎样才能让他们积极动起来呢？我认为只有小组间做题比拼，才更容易让大家兴奋起来，从而达到“在兴趣中学习，在学习中巩固”

的目的。所以我设计如下：复习结论（学生抢答）—提出问题（亮出五组题目）—解决问题（小组合作，展示并讲解解题过程）—总结归纳（总结解题方法和步骤）—奖励优秀（根据表现情况，评出优胜小组和个人，并给予加分奖励）—作业布置（分层布置作业，让每个学生都有成就感）。后来从我上课的情况来看，确实达到了预期的效果。所以，只有用心，才可能有好的结果。

（六）命制试卷

“命题”是一名教师最基本的技能之一，此举会促进教师专业成长，提升自己的命题能力，学会命制高质量试题，会促进自己教学水平的提升，实现可持续发展。教学中，命题制卷是老师的必做功课，也是家常便饭。在进入工作室之前，我觉得出题并不难，按照要求出好相应数量的题就可以了。记得某一学期的半期考试，我一下子就出了 9 套题（当时有春秋两季招生，其专业不同、课时不同，于是进度不同），也没觉得有多累。进入工作室后，经过培训才知道，命题的注意事项很多，特别是出一套高质量试题，需要具有较高的效度、相当的信度、适当的难度和必要的区分度。要达到这四个指标，就需要选题精到，题型新颖，知识点全面，题量充足而适度，而要达到这些要求并非易事。2021 年暑假，工作室给我们每位成员布置了“命制试题”的任务，我选择了命制“高三总复习模拟题”。在做这个事情之前，我咨询了大师兄李富明，他给了我一些很好的建议。比如，题干要通俗易懂、运算不要太难、题目要由易到难，等等。出好试题的初稿，我让李师兄给我提出了建议和意见，不断进行修改，直到满意为止。虽然命制这套自认为较高水平的试卷花费了一些时间，但都算是我能力范围内的事情，而填写“双向细目表”我就感到有些吃力了，虽然我已经大致明白它的含义，可要完整填好此表，我还是有些力不从心。表里的“题型”和“分值”能理解也好填，但难度系数就不知道该怎样填了。于是我又不断查阅资料，明白了：试题的难度系数在 0~1 之间，系数越小，题目越难，系数为 0.7 的是比较简单的题，系数为 0.3 的是难题，一般系数为 0.6 时难度比较合适。试题的难度系数可以低于 0.3，高于 0.7，但这样的试题不能太多。难度系数还可以理解为得分率，比如说这个题 10 分，难度系数为 0.6，就是说平均得分为 $10\times0.6=6$ 分，也可以理解为能答对这个题的人数比例，比如说一个选择题难度为 0.6，就是说 10 个人有 6 个人能答对。一套试卷的总难度系数一般在 0.3—0.7 之间。试题的难度系数的计算公式为 $L=\frac{X}{W}$，其中 L

为难度系数，X 为样本平均得分，W 为试卷总分（一般为 100 分或 150 分）。举个例子，若总分 150 分，学生平均得分为 102 分，于是难度系数 $L=\frac{102}{150}=0.68$，试题总体比较简单。通过对这些知识的理解，我认真填写了“双向细目表”，得知我出的这套题的总体难度系数为 0.59，处于 0.3~0.7 之间，难度比较合适。记得有一位专家对命制试卷提出这样的要求：坚持立德树人，渗透数学文化；立足课标教材，注重基础知识；强调选拔功能，考察能力素养；体现应用价值，凸显职业精神；科学调控难度，适度探索创新。要真正达到这些要求，实属不易，可我们要想成为一名合格的老师，必须努力去达到这些要求。

四、带着收获迈出名师工作室

有人说，工作室是“加油站”，确实，工作室在三年里，让你不断地去征服自己，突破自己，超越自己，开始去理解一些“生僻”的词语、词组，然后慢慢地融入，与大家一起做事：听课、评课、讲课，写教案、出试卷、做课题……工作室引导我们一步一个脚印，踏踏实实向前迈进。

三年来，工作室每一次研讨活动都让我受益匪浅，在课题研究、命制试卷以及教师教学技能比赛等等方面都获得一些感悟或心得，对我今后的工作有很大的帮助。

（一）课题研究的心得

1. 关于课题的选择：（1）尽量选择教育科研前沿的课题，做到人无我有，人有我新，人新我特，人特我快，达到特色创新的统一；（2）选择应用研究型课题；（3）选择主观条件比较成熟的课题；（4）选择客观条件比较具备的课题；（5）选择大小较适宜的中观、微观课题。初学者可以从较小的方面着手，在教学中遇到的问题、困惑，教学反思都可以是自己课题的研究对象。

2. 教师是为学生“传道、授业、解惑”的，如何解决教育教学中遇到的问题、如何提升自己的教育教学水平，往往可以通过课题研究来解决。

3. 教育科研是名师成长的“加油站”“生长点”和“助推器”。必须要努力学习，提升自己的科研水平，才会让自己的教学水平得到提高、教学效果更好，才能更好地帮助学生成长、成才。

（二）命制试卷的心得

1. 命制试题要做到：

（1）紧扣教材、考试大纲和课程标准；

（2）试题考察的覆盖面要广；

（3）试题不脱离教材，要源于教材；

（4）试卷中各道试题均要有相对的独立性；

（5）试题不偏不怪；

（6）学生的考试成绩应呈正态分布而不是一边倒；

（7）试题能发挥好的导向作用；

（8）一套试卷要有一定数量的原创性试题；

（9）试题要注意数学知识的综合应用，解决问题的方法尽可能灵活多样；

（10）试题要注意数学思维方法的渗透，数学思维能力的训练。

2. 具体到试题的分布上还要注意以下几点：

（1）试卷中试题的排放要合理（排放顺序要由浅入深、由易到难、由简到繁，避免把繁难题目排在前面，造成学生心理压力大、影响水平的发挥）；

（2）题目数量和题型要合理；

（3）试卷的用时要适当（要让学生有充裕的时间来完成试题的解答，并留有检查的时间，使学生不至于因时间不够造成思想紧张、笔误、书写不规范等）；

（4）梯度合理；

（5）合理分类，代数与几何部分间插安排。

另外，对于命题的流程、考试类型等等，经过四川师范大学数学科学学院周思波教授的阐释，我对试题的命制有了一个更加系统、全面、清晰的认识，我相信自己以后命制的试题质量会有很大提升。

（三）教师教学技能比赛心得

1. 细。必须一遍又一遍逐字逐句读“教学设计”“教学实施报告”及“人才培养方案”等，尽量规避“低级错误”或“一票否决”的现象出现；撰写教学实施报告要细化到每一个环节、每一个问题。有些团队会把实施报告、人才培养方案读好几十遍甚至上百遍，要将实施报告演练好几十遍。

2. “教学实施报告”是整个教学设计的高度浓缩。它不是各板块简单的拼凑，而是连续 12 节或 16 节课堂的一个浓缩，各个环节间都存在逻辑关系。

3. “教学设计”要“融思政”“联专业”“贴生活”。而这些东西体现在教学设计里应该是自然的，切忌牵强，思政教育要“润物细无声”。“思想政治”的含义很宽泛，并非仅是“爱党、爱国、爱人民”的口号，如社会主义核心价值观、大国工匠精神、认真严谨的学习态度，等等，都是可挖掘的思政元素。换句话说，只要是能赋予正能量的言和行，都可以是思想政治教育的内容。

4. 准确理解“无生授课”“教学目标的可视化”“创新”。“无生授课”不是说课，它与正常上课相比，除了没有抽问环节，其他环节都有；“教学目标的可视化”即可测可评，课堂效果需要平台的数据表格进行佐证；“创新”是指可在一个大范围内进行推广的方法、结论等。

5. “作品”包括教学设计、教学实施报告等，“表现力”包括课堂实录、无生授课、回答问题等；将内容与信息浓缩于“图表”中；双评教学，即自评、互评效果好。

6. 组员素质要全面。对数学素养、信息技术、文字功底、表演技巧、普通话等等都要求较高。组长还需要具有统筹能力和沟通能力。当然，不可能每个组员都很全面，但至少组员间的素质要能互补。

7. 组员间多交流。多与自己团队的成员以及其他团队的成员交流，交流才可能碰撞出智慧的火花，才可能有新的想法或是好的创意的出现。

8. 组员间多沟通，不计较。各个成员，既要分工，更要合作，不要计较得失，不能计较工作做得多或少，做得难或易，更不能埋怨，而应该主动承担自己得心应手的工作。所以，分工重要，合作更重要。队员的情绪一旦出现了问题，一定要及时沟通，以便及时解决，憋在心里，做事情就会不开心、不主动，思维也会受到影响。也就是说，大家要形成合力，心往一处想，劲往一处使。

五、一些难忘的片段

1. 2022 年 8 月 17~20 日，四川省谯述忠名师工作室总结会在广安市武胜嘉豪大酒店举行。8 月 18 日上午，我们的活动现场，来了一位慈眉善目的老人，他个头不高，偏瘦，穿着白衬衫，花白头发，但精神矍铄，气宇轩昂，脸上挂着淡淡的笑容，就像邻居叔叔一样。谯老师笑容满面，他走上台向我们介绍："平时，你们觉得我很厉害，今天，给你们介绍我身边这位田继万老师，他是我的老师。你们了解了他，才知道什么才叫作厉害。"谯老师眼神和话语都满含崇敬之情。田老师给我们介绍了他曾经做过的一些事情，其中一件是他为了教师的工资待遇直接向中央提交提案的事情，从他娓娓道来的话语中，我能感觉得到田老师可谓是满腹经纶。后来上网一查，才知田老师果真厉害。田继万，四川岳池县人，民盟盟员。2014 年 11 月聘任为省政府参事。民盟中央委员、民盟四川省委专职副主委（正厅级），第九届、第十届全国人大代表，第十届、第十一届省政协常委兼副秘书长。享受国务院政府特殊津贴。擅长中小学校教育和管理。曾荣获中共中央统战部和各党派中央"民主党派为全面建设小康社会作贡献先进个人"、民盟中央"纪念中国民主同盟成立七十周年先进个人"称号、四川省政协优秀提案奖、四川统一战线理论研究优秀成果二等奖。

2. 泸州市教科所邹伦富主任对新课标、新教材及新教法的解读，让我对新课标有了进一步的认识和理解，对新教材有了一定的了解，还有一种莫名的期待：新教材丰富而得当的体例，如"试一试""练一练""想一想""温馨提示"等等，与学生的身心紧密贴合。同时，邹主任还让我们认识到，要转变课堂教学方法，关键是教会学生学习，要做到：学生先行—独立思考—展示交流—归纳总结—板书整洁—融合媒体。如果每堂课都能将这些环节有机结合，那每一堂课必定都是精彩的、学生们喜欢的，而且是学有所获的。

3. 隆昌市城关职业中学曾校长在《培塑师德师风，做中职教育的守望者》发言中提到，我们要通过以德立身、以德立学、以德施教、以德育德，当好中职教育的守望者，不辱"人类灵魂的工程师"及"太阳底下最光辉的职业"这些伟大而崇高的称号，这让我内心十分振奋，相信自己一定能成为一名优秀的守望者！

4. 谯老师的《研 2021 年高考真题，讨 2022 年复习策略》为我们高考复习提供了方向、方法及技巧，再次彰显了他的智慧和眼界。我们一定努力紧跟谯老师的步伐，不让自己落得太远。

5. 广安市教育科学研究所何学军老师的《以问题为导向，做好课题研究》，从科研对老师的重要性入手，从课题研究的一般程序、教育科研"234"（2 指二段，即理论生产和成果转化应用；3 指"三要"，即要坚持问题导向，要夯实学理支撑，要做好成果转化；4 指"四化"，即转化为教案，转化为决策，转化为制度，转化为舆论）、如何选课、如何确定课题名称等方面进行了详细讲述，有理论有案例，教我们如何进行教育科研，实效性很强。特别是她对课题名称选取的讲解，给了我很深的感触。何老师给我们列出了几个课题名，让我们自行选取，然后教我们如何判断、分析这些课题名取法是否正确、合理，最后总结为：课题名称的表述要准确、规范、简洁，应具有研究对象、研究内容、研究方法。这样让我们明确了课题名称的要素和表述方法。

……

工作室的每一次活动都让我受益良多，不但让我提升了教研科研的基本素养，提高了数学高考备考技巧及评课、授课水平，也让我进一步理解了数学新课标的丰富内涵，了解了数学新教材得当的体例及友好的呈现方式，同时加深了对师德师风的理解。这些收获必将激励我一如既往勤奋工作，为职业教育的发展尽自己的绵薄之力！

六、取得的一些成绩

三年的相处，我们共享智慧、交流所长，既有观念上的洗礼，也有理论上的提高，既有知识上的积淀，也有教学技艺的增长。以下是我在工作室三年期间取得的一些成绩：

1. 在三年工作室建设中，获得“名师工作室资源开发先进个人”称号。

2. 2021 年 11 月成为中国共产党泸州市第九次代表大会代表。

3. 2020 年、2021 年连续 2 年被学校评为“招生先进个人”。

4. 2020 年写了两篇数学论文《浅谈培养高三学生数学学习兴趣之我见》《浅谈中职高三数学学习方法之我见》，并分别发表在公开发行的刊物《速读》2020 年 7 月刊及 2020 年 8 月刊上。

5. 2020 年 12 月、2021 年 9 月分别上了 1 节市级研究课《函数的定义域》和 1 节公开课《两条直线平行（二）》，受到与会老师的好评。

6. 2021 年 1 月撰写了一份较高水平的教学设计。

7. 2021 年 8 月命制了一套较高质量的中职学生对口升学模拟试题。

8. 填写了一份命题双向细目表。

9. 2020 年做了一个市级个人科研课题《改变中职学生数学学习现状的方法研究》。

10. 2019 年 6—8 月在华晨鑫源重庆汽车有限公司担任实习学生带教老师，同年 9 月被企业评为“企业优秀带教老师”。

11. 2019 年 7 月被学校评为“优秀共产党员”。

“问渠哪得清如许？为有源头活水来。”这些成绩并没让我止步于此，学习是教师的终身必修课。在信息化时代，我们更要时刻提醒自己，要不断充电，才能适应当代教育的发展。站在工作室搭建的平台上，我通过自己的努力，于 2022 年 12 月 9 日，获得了正高级讲师职称，2023 年 4 月参加泸州市教师教学技能比赛获得二等奖，2023 年 7 月被学校评为“优秀共产党员”。

如今，我们工作室成员虽然天各一方，但工作室的精神依然熏陶着、感染着我，不断激发我的工作热情，领衔人谯老师科研上炉火纯青的功底，教学上高屋建瓴的见解，培训上合理精妙的规划，等等，都给我留下了深刻的印象。我相信，只要工作室的魂还在，各成员的心依旧，我们同样心连着心，同样可以齐心协力，沿着谯老师指引的路坚定不移走下去，不辜负他老人家对我们的期许，同时最大限度发挥工作室的作用。

展望未来，路漫漫其修远兮，吾将上下而求索。我将以三年的成绩为起点，在今后的工作中，继续努力前行！追求，是一种动力；奋斗，是一种乐趣。只要时刻铭记：初心如磐，奋楫笃行！我们便无愧于学生，无愧于家长，无愧于学校，无愧于职业教育！

泸州市职业技术学校　郑莉
2023 年 10 月 8 日

我在名师工作室的成长经历

“教育是一朵云推动另一朵云，一棵树摇动另一棵树，一个灵魂唤醒另一个灵魂。”“教育是一场心灵与心灵的对话，需要教师用心灵去感受，用生命去影响生命。”在2004年8月的夏日，迎着晨光，我踏上了教育之路；带着憧憬，我欣然走入了菁菁校园。作为青年人，我憧憬着在自己的工作中开拓出一片新天地。然而，任何成绩的取得和理想的实现仅仅靠一腔热血是绝对不够的。我深知，要想由一个青年教师变成一个骨干教师，其中必定要经历一个成长过程，这个过程未必就一帆风顺，遇到困难、曲折都是很正常的事情，关键是我们应当如何去面对和处理。作为一名青年教师，我想从下面几个方面简单谈谈我的个人经历。

一、业务学习

“学习是进步的阶梯。”作为一名青年教师，我深知自己要走得更远，必须有一支高素质的团队作后盾，必须有一批学术造诣高、业务能力强的名师作指导，在学习中锻造自己，在科研中让自己卓越。因此，在名师工作室的引领下，我积极参加各级各类的教学培训、观摩交流活动，以此加强学习，提高思想认识，树立新的理念，紧紧围绕学习新思想，构建新课程，尝试新教法，不断更新教学观念。

我自2018年加入四川省谯述忠名师工作室以来，在四川省教育厅、教师培训项目办以及谯述忠老师的悉心指导下，获得了很多业务学习的机会。

2019年3月26日至27日，由达州市名师工作室负责人潘林老师在四川省达县职业高级中学主持召开了“四川省名师工作室达州市教育教学工作研讨会”，达州市教科所副所长郑煜为工作室成员作专题讲座，同时为了提升教师的教学设计能力，提高课堂教学质量，本次研讨会特组织了四堂示范课，通过观摩和评议，教会大家如何上好一堂课，如何在课堂教学中激发学生的学习兴趣，充分体现以学生为主体、教师为主导的课堂教学模式，提升教学效果。老师语言生动，非常有亲和力，拉近了师生间的距离；课前采用问题情境导入，激发了学生的学习兴趣，课堂氛围活跃；教学过程结构设计合理、严谨，环环相扣，层层追问，提高了学生的认知能力和独立思考能力，同时在教学过程中利用“一题多解”的变式训练，激发了学生的求知欲，并关注学生进行小组合作探究学习的情况，提高了学生分析问题和解决问题的能力；在教学过程中注重板书和格式训练，关注了文字语言和数学语言的相互转化，有效提高了课堂教学效率。工作室成员也对我的课提出了很多建设性意见，在评课议课活动中我学到了很多知识。通过本次研讨活动的开展，达州工作室的各位成员要在各校主动承担示范课、展示课、汇报课等公开教学任务，在课堂教学中，要实践不同课型，吸纳更有效的教学方式，提炼更多的课例，让其他数学老师借鉴和运用。同时，还要自觉丰富文化素养，提高教学技能，认真撰写教学反思和教育教学论文，相互交流，共同搞好中职数学教育。

2019 年 4 月 18 日至 19 日，我参加了由谯述忠老师主持的“四川省名师工作室川东片区工作研讨会暨广安市首届中职学校高考备考教学研讨会”，观摩了四位名师的示范课，张建军老师与唐玲老师就《抛物线的标准方程》一课展开同课异构，注重数学源于生活，运用多媒体动画演示抛物线画法，让学生更形象地理解了抛物线的定义，让参会教师深深明白：教学的艺术，不是传授而是激发和唤醒。潘林老师在示范课《两角和与差的正切公式》上展示了扎实的数学功底以及教学中如何运用语言和肢体动作激励学生，让在场的教师们都感受到“好学生都是夸出来的”。魏敬爱老师展示了示范课《向量内积的坐标运算》，教学风格让人耳目一新，展现了数学名师的独特风采。在评课议课中，谯老师分享了课堂教学中如何提好问题的心得，一是强调提问时机的精准把控，二是强调提问质量。我也从教学设计思路、重难点把握、课堂目标达成、课后反思等方面学习到了很多新的理念。教师们应该从教学理念、教学设计以及把握课堂教学过程的重点与难点等方面入手，涉猎教学设计、师生互动、教育理念。

2019 年 7 月 13 日至 17 日，我参加了四川省谯述忠名师工作室组织的 2019 年暑期成员综合能力提升培训，培训会上四川省教育科学研究院院长、正高级教师刘涛就“进一步深化中等职业教育改革”为主题为老师们作了精彩讲座。刘院长从“未来中国教育梦想，国家对职业教育发展的定位，办学体制近期目标要求，职业教育发展的中长期发展目标、把握好正确的改革方向”四个方面讲解了职教改革发展的趋势；指明各职业学校要进一步深化职业教育招生制度改革、深化职业教育人才培育制度的改革、推动校企深度合作、积极关注《中国制造 2025》；要在坚定理想信念上、厚植爱国主义情怀上、加强品德修养上、增长知识见识上、培养奋斗精神上、增强综合素质上下功夫。

四川省教育科学规划办副主任、四川省教育科学研究院科研管理所所长王真东从“教师发展视角、课题视角、课堂视角”等方面阐明了教师搞好科研的方法和教师如何在科研中成长。王所长指出，教师的核心素养就是要有必备的品格、关键的能力和正确的价值观，要从学科教学转向学科教育，教师要在学科知识、三种表达、学科教育三个层面上不断升华，从双基层走向问题解决层，直到学生学科思维层，还要时刻反思自己的课堂教学，让课堂充满生命力，最终成长为卓越教师。

四川省教育科学研究院职业教育与成人教育研究所所长廖大凯从“学习职教二十条，做有情怀的职教人”出发，强调落实“职教二十条”就是要完善现代职业教育体系，完善职业教育国家制度标准，促进产教融合校企“双元”育人，建设多元办学格局，完善技术技能人才激励保障政策，加强职业教育办学质量督导评价，做好改革组织实施工作。四川职业教育现阶段的基础能力有待提高，教育、教学质量仍需增强，专业布点有待优化，区域间中职教育发展不平衡有待调控，促进中职教育发展的社会环境仍需改善。面对这些困难与问题，我们教师要不畏艰险，披荆斩棘，一路前行，争做“四有好老师”，做有情怀的职教人。

这次培训内容丰富，形式多样，我学习到了专家全新的教育教学理念，收获颇深。同时我也有幸作为四川省谯述忠名师工作室市级成员，同来自四川省内各职业学校的老师们分享了今年参加省级赛课获得一等奖的课堂实录和教学设计及参赛的经验。

2019 年 10 月 8 日，四川省谯述忠名师工作室的名师领衔人谯述忠老师亲临达州指导我关于《平面向量的内积》一课的课堂教学工作，谯老师给了我三点建议：

教学风格是教师教学价值最直观的展现。教学风格是教师教学活动中长期历练出来的特有的精神风貌，影响学生的学习态度，影响学生人格塑造，影响学生的个性品质。教师的语言应该简洁明了，教态文雅大方，师生关系要融洽，在方法上应充分发挥教师的引领作用和学生的主体地位，真正把课堂还给学生。

教学经验要常总结、多提炼。新时代教师不只是教书匠，教书匠只能教死书、死教书，新时代教师要善于在先进的理念指导下进行教学教研活动。提炼教学经验是进行教学效率提升的有效途径，在教学的过程中不断地总结经验，不断实践先进的教学理论和教学方法，争做学习型教师，取百家之长，补一己之短；要养成常写教学反思的习惯，日积月累就成了最好的写作素材。

中职教师要做好学生的引路人。由于中职学校的部分学生人生的第一颗扣子没扣好，我们中职教师就应该接着帮助学生扣好人生第一颗扣子。百年大计，教育为本，教育大计，教师为本，教师承载着培养下一代的责任和使命。中职教师要做好学生的引路人，这是职责所在，也是社会所托。

经过谯老师的一番指导，我对课程重新设计，从而课堂各环节衔接更加紧密，学生接受起来水到渠成，大大提高了课堂教学效率。我于 2019 年 10 月 24 日参加了四川省谯述忠名师工作室献课送培到凉山彝族自治州德昌县职业高级中学的活动，展示了该堂示范课，受到广泛赞誉。

2020 年 10 月 5 日，我作为四川省谯述忠名师工作室达州工作站课题组一员，在课题负责人潘林老师的带领下，到四川省宣汉职业中专学校开展课题调研工作，同时聆听了胡开泽和王君强老师的示范课。在座老师一致认为这两堂课教学设计合理，思政元素有机融入课堂教学，对学生易错点把控较好，重难点突出，板书工整，积极引导学生进行思考，培养了学生的数学思维，师生互动较好，值得大家学习借鉴，同时建议讲解重点知识应加重语气进行强调，提示部分可以适当停顿，让学生有足够时间思考，还建议可以借助多媒体投影展示几个学生对同一个问题的解答过程，有助于掌握学情，在梳理公式时，可以由学生展示，老师评价补充。经过这次的评课议课，我学习到了很多宝贵的经验，为我后面的教学能力大赛做了很好的知识储备。

同时我们课题组还深入课堂全面了解了宣汉职业中学教师及学生的实际情况，充分听取了他们的建议，针对中职学校数学教师现状对课题中的教师调查问卷和学生学习调查问卷进行了修改，为《中等职业学校数学教师专业发展研究——以四川省达州市为例》课题的圆满完成奠定了坚实的基础。

2020 年 10 月 22 日至 24 日，我参加了四川省中职名师名校长工作室联合送教活动。四川省谯述忠名师工作室领衔人谯述忠作了《中等职业学校如何开展课题研究》的专题讲座，谯老师从申请课题、撰写课题申报书、立项、课题开题、怎么开展科研课题五个方面进行了讲解，为我们后面开展课题研究指明了方向。四川省尹福泉名师工作室领衔人尹福泉作了《永葆教育情怀，争做卓越教师》的专题讲座，使我明白了追求卓越是教师成长的最高境界，卓越教师首先要思想上卓越，然后要方法上卓越。同时四川省谯述忠名师工作室成员还进行示范课展示。本次送教培训活动，我认真聆听了专家讲座，对中职数学教育理念有了更加深入的理解；观摩示范课课堂教学，极大提高了我的课堂教学实践方面的专业素质；与专家交流、听课评课议课，对我专业综合能力的提升起到巨大促进作用。

2021 年 3 月 11 日，我参加了四川省中职学校高三教学质量联合测评分析会暨川东片区高考教学研讨会，我听取了潘林老师的《数学教育教学中实施思政教育》专题发言，他从四个方面指出了在数学教育教学中实施思政教育的方法：一是从课程内容的背景进行思政教育，提升数学审美能力；二是充分挖掘数学教材，发掘德育教育的素材；三是办好思想政治理论课关键在教师；四是把思政小课堂同社会大课堂紧密结合起来。同时来自达州市宣汉职业中专学校的胡开泽老师展示了高三复习示范课《三角函数的恒等变换》。胡老师从分析近三年三角函数高考试题入手，明确教学目标，复习证明题的基本思路、常用方法和相关公式，最后精讲典型例题，培养学生数学思维；学生通过变式练习巩固知识，提高复习效率。胡开泽老师精彩的课例展示，获得与会专家和老师们的一致好评。这次培训干货满满，使我收获颇多，丰富了我的数学知识，开阔了我的眼界，我对一堂好的数学课的设计又有了新的认识。

2021 年 5 月 4 日，我参加了四川省黄宗良名校长工作室与四川省谯述忠名师工作室联合在四川省成都市中和职业中学开展的教研活动。黄校长强调要办好中职教育，首先要研究了解学生的特点：应试教育的受挫者、自尊心自信心极度贫乏、行为习惯差、没有人生目标及规划，走投无路，极不情愿、无可奈何走进职中大门。面对这样的情况，中职学校的主要任务是：恢复学生的自尊心、自信心，培养学生良好的行为习惯，帮助学生做好职业生涯规划。作为中职生，应达到的终极目标是：做合格的社会主义公民，成为有技术、有技能的高素质劳动者。所以中职的课程体系应为：中职—高职—本科—研究生，要改观念、改教材、改教法、改评价，根据学生的不同目标与方向，设置不同的课程标准，让每一个学生都能在课堂上听懂课，有所获，真正拥有作为学生的幸福感。黄校长的精彩讲座让我认识到职教改革的重要性，并且为中职改革提找到了方向。在今后的教师工作中，我学会了根据学生的不同情况设置不同的培养目标。

2021 年 10 月 27 日至 29 日，四川省谯述忠名师工作室在四川省宣汉职业中专学校举行川东片区工作研讨会暨达州市中职数学复习教学研讨活动，来自遂宁、广安、巴中、达州市教科所相关领导、工作室指导专家、省市级成员及教师代表 80 余人出席了本次活动。研讨活动中，我们除了聆听专家们的讲座，还听了来自巴中市南江职业中学数学学科带头人李小兰老师上的示范课《等差数列之方程（组）思想》。李小兰老师在谯述忠老师和工作室成员的指导下，以“三心二意”为教学主张，注重学生的思维形成过程，结合学生学情，应用信息化教学手段进行教学设计，从高考题入手，由易到难，采用任务驱动策略，有效引导学生进行自主学习、掌握方程（组）思想，培养学生的数学核心素养，并有机融入“课程思政”元素，提高学生分析问题、解决问题的能力和逻辑推理能力，为学生的终生发展奠定坚实基础。大家评课时一致认为，本课以专业案例导入课题，立意新颖，通过提问引导学生书写公式，及时纠错，巩固对通项公式和前 n 项和公式的掌握；同时本课将知识点与高考题联系，在教学过程中老师不断追问，充分激发了学生的学习兴趣，课堂氛围活跃；在教学过程中，老师充分考虑了学生的学情，以鼓励表扬为主，设计了典型例题，挑选了合适的高考题，值得大家借鉴。

二、教育科研

时代在发展，要想在教育领域取得进步并成为一名优秀的教师，仅凭课堂上的教学已经远远不够。除了精心设计富有创意和互动性的教学活动，教师还应该通过科研活动和参加教学能力比赛来不断提升自己的专业水平和教学能力。在数学名师工作室团队中，这些活动成为教师们取得进步的重要途径和手段。作为数学名师工作室成员，我深知自己肩上的责任和使命，于是把工作和科研放在同等重要的位置。我认为，数学在科学研究和社会生产服务中发挥着巨大的作用，数学素养是现代社会每个人都应具备的基本素养。《中等职业学校数学课程标准》指出“中职数学课使学生获得进一步学习和职业发展所必需的数学知识、数学技能、数学方法、数学思想和活动经验”，要求教师“具备一定的科学精神和工匠精神，增强创新意识”，所以如何提高教师专业素养、如何改善中职数学教与学的关系、如何转变教育教学观念等问题已成为中职学校数学教育教学急需解决的问题。然而大多数中职数学教师对中职数学教学的现状缺乏实质性、系统性、科学性的了解，缺乏改变现状的实际依据，所以“了解中职数学教育教学现状”成了提高中职数学教师专业发展的前提。

作为一名达州中职学校的数学教师，我有如下研究和思考。

（一）存在问题

达州市中等职业学校（含民办）有 30 余所，根据参与调查的 99 名数学教师的情况，我们发现其数学教学都普遍存在以下问题：

学校方面，每年派遣数学教师外出参加培训或学习的机会很少，一学年都未外出培训（学习）的比例高达 30%。专业数学教师缺乏，部分学校数学由非数学专业教师任教，师范类数学专业教师只占 57.58%。

教师方面，作为专业人员，在专业思想、专业知识、专业能力等方面缺乏不断发展和完善的过程。中职学校学生普遍不喜欢数学，兴趣不浓，教师的幸福感不强，成就感较少，所以中职数学教师会出现职业倦怠，从而会变得思想不积极，所以很有必要从根源上改变中职学校数学教师发展的现状，让教师专业水平有所提升。中职教师的初始学历多为大专，师范类数学专业教师占比较少，专业不对口现象严重。部分教师认为中职学校学生基础差、习惯差，教不出成绩，于是放弃学生的同时也放弃了自己，对自己的个人专业发展没有规划，甚至不愿外出听课或参加培训学习，对当前职业教育课程及改革重视不够，专业化知识陈旧，教学能力方面得不到提升，科研意识不浓，只重视上课、备课、批改作业等教学常规工作，不怎么重视教育科研，对教学不反思或反思流于形式，没有记录下教学中发现的问题，没有思考如何解决。在教学上，部分教师认为自己的专业水平足可以应付中职学校的学生，所以不用备课，直接拿着教材就开始讲，照本宣科，不因材施教，也不分层布置作业，课后经常与学生交流的教师只有少数。在教研方面，有部分教师从不听课或者每期听课节数较少，对于外出听课表示不愿意参加或者被动参加，缺乏进取心。

中职数学课堂学生睡觉、玩手机是一种常态，除了学生的认知、兴趣等因素，教师的教学方法不适合现在的中职学生也是一个重要原因。传统的数学教学，注重课本知识的传授，忽视了学生的主观能动性，教师采用单一的讲授方式上课，与学生之间缺乏及时的交流沟通和反馈。这种被动接受知识的方式容易让学生逐渐丧失学习数学的兴趣，从而教师教得吃力，学生学得痛苦，直接影响了整体教学效果。这就要求教师必须不断改进教育教学方法，找准每个学生的兴趣点，激励他们不断地深入学习数学知识。

（二）应对策略

1. 认同专业自我，提升专业能力

教师专业自我是指教师个体对自我从事教育工作的感受、接纳和肯定并影响其教育行为和效果的心理倾向。中职数学教师只有认同专业自我，才能充分激发自身潜力，不断追求进步。中职数学教师只有认同自己的专业才能自我更新，规划自我。中职数学教师中，基本上都没有想过要主动制订专业发展规划，都是在行政手段“要求”后才进行专业发展规划。

2. 强抓“三化”，提升教师专业素养

（1）学生管理人性化。中职学生的文化基础较差，个体差异较大，有的初中都未读完，但是他们有聪明的头脑，要搞好数学教育教学还得深入学生，随时关心帮助他们，与他们沟通谈心，了解他们的内心世界，熟悉他们的性格特点，跟他们建立良好的师生关系，培养师生感情。

（2）教学要求层次化。针对中职学生数学基础参差不齐的特点，采用分层教学，让基础好一点的学生尽量多学，要求高一点；对于基础较差的学生，降低要求，只需他们把书本上的基础知识学到手就可以了，作业布置也要分别对待。

（3）数学能力养成化。教育的最终目的是为国家培养有道德、有素质、有能力的建设者和接班人。因此教学中必须注重教育成效，教育学生先成人，再成才，为社会培养有用人才，这也是社会和家长的期望。在数学课堂教育教学中，要不断培养、提高中职学生的学习数学的能力，这也是数学教学所体现的育人价值。还要让学生认识到数学的实际应用价值，我们的吃、穿、住、行样样都离不开数学知识，因此必须努力学好数学，具有一定的数学能力，比如基本的数据计算能力，分析问题、解决问题的能力等。学会运用数学知识解决生活、生产、工作中的问题。

3. 坚持教学反思

教学反思，是指教师对教育教学实践的再认识、再思考，并以此来总结经验教训，进一步提高教育教学水平，是教师专业发展的有效手段。反思教学内容、教学过程、教学策略等，把自己在教育教学实践过程中发现的有价值的问题、素材记下来，在总结经验中不断完善自我。经常对自己平时的教育教学加以反思梳理，沉淀、累积，日久天长，就会使你快速成长，成为一名卓尔不群的优秀教师。

4. 以教育科研促教师专业发展

教师不仅是知识的引导者，更是学生学习的组织者、指导者，所以需要教师进行教育科研。教师应自觉去研究、去实践、去体会、去探索、去创新，经过长期的坚持和积累，不断改进和提高，积累教学经验，形成自己独有的教育教学特色，提高自己的专业能力。教育科研可以提高教师运用教育理论分析问题和解决问题的能力，切实转变自身的教育教学观念，科学、规范地推进教育教学实践，使自己逐步从经验性教师转变为科研型教师。

学校应建设好数学教师沟通、交流的数学教研组，大家共享资源，互助学习。学校要请专家进来进行专题讲座，还要让教师走出去参与交流活动。

5. 提升中职数学教师教材分析与把握能力

教师对自己学科的知识要理解透彻，认真研读课程标准、教材，明确把握教材的要求以及每一节课所要达到的预期目标，培养学生学习数学的兴趣，增强学好数学的主动性和自信心，养成理性思维、敢于质疑、善于思考的科学精神和精益求精的工匠精神，加深对数学的科学价值、应用价值、文化价值和审美价值的认识。教师除了掌握中职数学的基本知识以外，还要结合学生所学专业摄取更多相关领域的知识，能结合学生所学专业将数学知识运用起来，排除学生心目中的数学无用论，体现数学知识来源于生活，应用于生活。

总之，要给学生一碗水，教师必须要做川流不息的水源头，一个教师的“造水”能力取决于专业能力、专业素养的高度。进入大数据时代，教师们都应充分利用各种线上、线下的学习途径，获取更多的新鲜“血液”，不断更新自己的教育教学理念，听取优秀教师的公开课，灵活驾驭课堂，主动参加各级各类培训，多学习专家、教授传递的最前沿的教育教学知识，掌握先进的信息化教学手段，与时俱进，充实自己的教学方法，积极参加各类教学活动和比赛，只有这样才能发现自己的不足，才会想办法去弥补，去改进，只有在不断的摸索、学习中，才能获得进步，也只有这样才能教育好每位学生，为祖国的建设培育更多更好的优秀人才。

基于以上的认真思考和研究，我参研课题《中职教育质量影响因素及提升路径研究——以达州市职业高级中学为例》获得达州市教育科研成果一等奖；参研课题《中等职业学校数学教师专业发展研究——以四川省达州市为例》获得达州市教育科研成果一等奖。

（三）教学实践

通过谯老师组织的新《课程标准》的学习，我逐步领会到“一切为了人的发展”的教学理念，树立了学生主体观，贯彻了民主教学的思想，构建了一种民主、和谐、平等的新型师生关系，尊重学生人格，尊重学生观点，承认学生个性差异，积极创造和提供满足不同学生学习成长的条件，将学生的发展作为教学活动的出发点和归宿，重视学生独立性、自主性的培养与发挥，收到了良好的效果，也为我后面参加赛课活动的课堂教学设计提供了很好的指引。

谯述忠老师在《通过实例分析，谈教学设计质量提升策略》的专题讲座中，首先以工作室成员的教学设计为例进行分析，强调大家首先要明白教学设计的组成部分应从多个方面考虑。

教学模式方面：以“三心二意”教学思想为引领，将教学内容进行结构化处理，采用“线上+线下”混合式教学模式，将整个教学过程分为“学、导、探、练、评、固”六个教学环节。

情景创设方面：制造认知冲突，提出待解决的问题、学习目标等；探究新知时，学生为主体，小组合作得出结论等；辨析新知时，包括如何认识、例题讲解、课堂练习等；测评目标时，强调目标的可测性，关注目标达成度。

教学反思方面：包括教学效果、亮点特色、诊断改进等。

谯述忠老师从中职数学教学设计实例分析、中职数学教学设计案例修改、中职数学教学设计质量提升途径三个层面向我们讲解了教学策略。他根据工作室成员的教学设计进行了深刻剖析，分别从知识层面、态度层面、情感层面进行阐述，让我们明白了该怎样进行教学设计。

根据谯老师专题讲座所学习的知识，我在设计《计数原理》教学时，从教材学情、教法学法、教学过程、教学反思四个方面来综合思考，构建了完整高效的教学环节。

1. 教学分析

A. 教材内容：选用的教材是高等教育出版社出版的中等职业教育课程改革国家规划教材《数学》拓展模块，全书共计三章。

B. 学情分析：本课教学对象为我校高二幼师1班学生，他们在高一阶段学习了概率初步，对两种计数原理有一定的认识；但从课前推送的微课视频和问卷来看，学生没有预习的习惯，综合素养有待提高，总体情况一般。

C. 教学目标

知识与技能：理解排列、排列数的定义，并简单应用排列数公式；用树形图写出所有排列。

过程与方法：通过具体实例的分析，亲身经历排列概念的形成过程；学会发现问题、思考问题、解决问题的方法。

情感态度与价值观：通过问题和任务驱动，利用数学知识解决专业实际问题，培养勇于探索、严谨求实的科学精神；通过观察、分析、推理，培育数学抽象、逻辑推理等核心素养，为终身学习奠定基础。

D. 重难点及评价

教学重点：排列数的计算。

突破重点采取的措施：小组共同找出排列数公式的特点，通过实战演练，加深对公式的理解及应用。

教学难点：根据本班学情，确定为排列数公式的推导、理解与应用。

突破难点采取的措施：通过实例分析，循循善诱，小组协作共同推导，实现知识的自我构建。

E. 教学策略

教法：情境引入、启发探究、讲练结合、数学建模等方法。

学法：观察分析、合作讨论、实践演示、学练结合等方法。

F. 教学辅助资源：电子白板，“雨课堂”“问卷星”等应用软件。

2. 教学模式

以谯老师的“三心二意”教学思想为引领，将教学内容进行结构化处理，采用“线上+线下”混合式教学模式。

3. 教学实施

A. 课前准备

课前让学生观看微课复习两种计数原理，并通过“问卷星”答题结果了解学生对该内容的掌握情况，及时调整教学内容及难点。

B. 课堂实施

请同学们拿出手机扫描交互式大屏上的二维码，进入“雨课堂”。

1）游戏引入

情景一：做游戏《比大小》。

情景二：观看视频《田忌赛马》。

设计意图：让学生主动参与游戏，使学生体会数学的乐趣，在思考问题和解决问题的过程中，初步了解元素和排列的概念。

2）新知讲解

（1）复习旧知：分类和分步计数原理的定义是什么？它们有什么区别？

设计意图：通过回顾复习，让学生快速进入学习状态，为本堂课的新内容学习奠定基础。

（2）探索新知

提出问题1：一名男同学、一名女同学和我一起站成一排照相，能有多少种站排方法？（提出问题1，请同学们小组讨论后得出答案，再请同学们进一步讨论问题2）

提出问题2：在4名同学中抽3名同学照相，能有多少种站排方法呢？

设计意图：两个问题环环相扣，通过教师循序诱导，讲清排列的概念，让学生初步体验排列数的计算方法。

第二个问题中站排的方法数较多，学生分析用时较多且六个小组答案不统一，需再进一步分析问题实质。

问题1：一名男同学、一名女同学和我一起站成一排照相，能有多少种站排方法？

分析：

站排	1号位	2号位	3号位
种数	?	?	?
	3	2	1

对于问题1，请同学们小组讨论后得出答案。

$3\times2\times1=6$

然后再请同学们进一步讨论问题2。

问题2：在4名同学中抽3名同学照相，能有多少种站排方法呢？

分析：

站排	1号位	2号位	3号位
种数	?	?	?
	4	3	2

$4\times3\times2=24$

给出排列及排列数的概念。

元素：问题中被抽取的对象。

排列：一般地，从 n 个不同元素中取出 m（$m\leqslant n$）个元素，按照一定的顺序排成一列，叫作从 n 个不同元素中取出 m 个元素的一个排列。

请学生思考：概念中有哪些关键点？

得到答案：n 个不同元素；按照一定的顺序。

（3）巩固练习

课堂练习 1

①从 10 名学生中抽 2 名学生开会。

②从 10 名学生中选 2 名做正、副组长。

③从 0—9 这 10 个数字中，任选 6 个数字（可重复）作为银行卡密码。

④将 20 本不同的书放在一个单层的书架上。

设计意图：进一步巩固学生对排列的概念的理解。

（4）继续探索新知

再次回到问题 1 和问题 2。

问题 1：一名男同学、一名女同学和我站成一排照相，能有多少种站排方法？

问题 2：在 4 名同学中抽 3 名同学照相，能有多少种站排方法？

提出问题：这是几个排列？

引出问题 3：在 n 名同学中抽 m 名同学照相，能有多少种站排方法？

分析：

站排	1 号位	2 号位	3 号位	…	m 号位
种数	?	?	?	…	?
	n	$n-1$	$n-2$	…	$n-(m-1)$

共有不同的排法种数：$n(n-1)(n-2)\cdot\cdots\cdot(n-m+1)$

设计意图：三个问题环环相扣，通过教师循序诱导，讲清排列数的概念，让学生体验排列数的计算方法。

得到排列数的概念。

排列数：从 n 个不同的元素中取出 m（$m\leqslant n$）个元素的所有排列的个数，叫作从

n 个不同的元素中取出 m 个元素的排列数。用符号 P_n^m 表示。

再次回到之前的问题：对于问题 1—3，用排列数我们应怎么表示？

设计意图：引入问题，并引导学生积极思考。通过先引入特殊问题，再推广到一般问题的方式，学生能够更好地接受。

问题 1 表示为：$P_3^3 = 3 \times 2 \times 1 = 6$，

问题 2 表示为：$P_4^3 = 4 \times 3 \times 2 = 24$，

问题 3 表示为：P_n^m =?

设计意图：教师引导学生总结出排列数公式。

（5）学以致用

例题 1　计算 P_4^2，P_4^3，P_4^4。

解：$P_4^2 = 4 \times 3 = 12$，

$P_4^3 = 4 \times 3 \times 2 = 24$，

$P_4^4 = 4 \times 3 \times 2 \times 1 = 24$。

例题 2　我们班竞选班委，同学们从选出来的候选人何柏华、龙艳萍、余绍龙三位同学中，选出两人分别担任班长和团支部书记，会有多少种选举结果呢？写出所有可能的选举结果。

课堂练习 2

①计算：P_8^2，P_6^6。

②从五本不同的书中，选 3 本分别送给 3 名同学，每人一本，有多少种不同的送法？

设计意图：通过网络提交解题过程，使每个学生的答卷都有展示出来的可能，同学们能够认真地对待每次练习。

C. 小结评价

你学到了什么？畅所欲言谈谈你的收获。

1）排列的概念。

2）排列数的概念。

3）排列数公式。

设计意图：鼓励同学们自由发言尝试小结，提高学生的总结能力和语言表达能力；

教师补充，帮助学生全面理解、掌握新知识。

D. 拓展练习

读书部分：阅读教材第 58 页 3. 1. 1。

书面作业：教材习题 3. 1. 1 第 1、2、3 题；《学习指导 3. 1. 1》。

实践调查：用本课所学知识解决生活中的实际问题。

设计意图：布置作业巩固学生所学知识，同时针对学生的解答情况及时弥补，调整教学。

4. 板书设计（略）

5. 教学反思

在教学过程中，我采用多媒体辅助教学，以游戏的形式引入新课，从而更好地激发学生的学习兴趣，调动了学生主动参与教学的积极性，从而提高了教学效率。在做游戏《比大小》时，我设计了第二次老师参与游戏，以小牌赢得大牌的结局，但在课堂教学中学生用集体的智慧选了小牌赢了我的大牌，课堂气氛非常活跃，同学们积极性很高。

同时融入多种信息化教学手段教学，充分准备了 PPT，通过“雨课堂”、微课视频、问卷等帮助学生学习，突出教学重点，突破教学难点，提高课堂教学效率。还进一步更新了教学评价，采取了课前组织问卷调查评价、课中采用“雨课堂”及时了解学生掌握知识情况实时评价、课后布置作业再次评价的递进式评价模式。

三、教学成果

教学工作是学校各项工作的中心，也是检验一个教师工作成败的关键。我于 2018 年 12 月加入了四川省谯述忠名师工作室，成了工作室的一名市级成员。我所在的团队是一支团结、务实、进取的团队，在团队中，我虚心向同事学习，积极参加各级各类教研活动和培训活动。在科研方面，充分发挥自己的专业特长和潜能优势，积极参与各项课题研究工作，认真完成上级教育行政部门布置的各项任务，积极参与各种培训、学习活动。在教学中，潜心研究教材、教法，注重培养学生的学习兴趣，不断提高自己的教学水平和教学能力。我紧紧抓住各种机会向谯述忠老师学习，并取得了可喜的成绩：

2018 年　被达州市妇女联合会授予“达州市巾帼建功先进个人”光荣称号；

2019 年 6 月　达州市中等职业学校教师教学能力大赛一等奖；

2019 年 7 月　四川省中等职业学校教师教学能力大赛一等奖；

2019 年 9 月　达州市中等职业教育优秀论文评比一等奖；

2019 年 11 月　全国中职学校数学课程教师信息化教学设计和说课比赛二等奖；

2019 年 12 月　达州市第八届中小学校园影视作品评选一等奖；

2019 年　（第九届）四川省中等职业教育优秀论文评选三等奖；

2019 年　达州市中小学教师教育技术论文大赛三等奖；

2020 年　被达州市教育局授予“达州市骨干教师”光荣称号；

2023 年　达州市中等职业学校教师教学能力大赛一等奖；

2023 年　四川省中等职业学校教师教学能力大赛二等奖。

在四川省谯述忠名师工作室这三年的学习中，我对如何提升中职课堂教学质量有了更清晰的认识，收获良多。这三年的学习更新了我的教育教学理念，让我深切地体会到：教师要有教育情怀，教师在课堂的精气神非常重要；教师要正言正行，年龄增但思想不老、情怀更深，爱生如子，真正落实因材施教；教师教学之余，要多花时间反思、研究问题，通过做课堂深度提升教师的育人能力。这三年的学习让我更清楚地认识到：适合学生的才是最好的，好高骛远的结果只能把学生推得更远；教学要充分考虑学生的基础、学习习惯、专业需求等；数学课堂要遵循“三心二意”“三先三后”，即以学生为中心、教材为中心、问题为中心，培养学生的创新意识和自主意识，做到先学生后教师、先做后讲、先学后做；作为当代数学教师，我们要做到“三个一”要求：设计得好一堂课、上得好一堂课、命得好一套题。教学相长是千古不变的遵循，同行间互学共鉴在新的时代尤显重要。在以后的工作中我要多向同行、向优秀名师学习请教，以更高的标准要求自己，为教育事业贡献自己的力量。

达州市职业高级中学　邓红

2023 年 11 月 17 日

第五章　耕耘

部分工作简报

导读

2019 年第 2 期

四川省谯述忠名师工作室川南片区工作研讨会暨泸州市中职学校高考备考工作研讨会在叙永县职业高级中学举行。

2019 年第 10 期

四川省谯述忠名师工作室在广安开展教师综合能力提升培训活动。

2019 年第 17 期

四川省谯述忠名师工作室领衔人谯述忠莅临攀枝花市经贸旅游学校指导教学工作。

2019 年第 24 期

四川省谯述忠名师工作室赴湖北武汉参加 2019 年全国中等职业学校数学课程教师信息化教学设计和说课交流活动。

2020 年第 5 期

四川省谯述忠名师工作室领衔人谯述忠指导工作室课题组进行课题《四川省农村地区中等职业学校数学教师专业发展调查研究》问卷调查表修改工作。

2020 年第 13 期

四川省谯述忠名师工作室组织省、市级成员参加数学课程标准培训，提升教育教学水平。

2020 年第 37 期

四川省谯述忠名师鼎兴工作室在遂宁举行四川省中等职业学校数学教师专业能力提升培训活动。

2020 年第 45 期

四川省名师名校长鼎兴工作室联合送教活动在阿坝藏族羌族自治州九寨沟县如期举行。

2020 年第 47 期

四川省谯述忠名师鼎兴工作室赴凉山彝族自治州盐源职业中学开展送教送培活动。

2021 年第 8 期

四川省谯述忠名师鼎兴工作室举行 2020 年工作总结暨 2021 年工作部署会议。

2021 年第 18 期

四川省中等职业教育名师名校长鼎兴工作室在成都市中和职业中学开展集中（数学）研讨活动。

2021 年第 34 期

四川省谯述忠名师鼎兴工作室举行四川省 2021 年暑期中职数学教师综合能力提升培训活动。

2021 年第 38 期

四川省谯述忠名师鼎兴工作室赴甘孜藏族自治州职业技术学校开展送教送培活动。

2021 年第 43 期

四川省谯述忠名师鼎兴工作室与达州市职业高级中学党员名师工作室举行名师交流研讨会。

2022 年第 1 期

四川省谯述忠名师鼎兴工作室在广安武胜召开工作室三年总结暨广安市职教名师工作室联合研讨会。

四川省谯述忠名师工作室
工作简报

2019 年第 2 期（总第 2 期）

名师引领　凝聚共识　助力发展

2019 年 3 月 10 日下午，四川省谯述忠名师工作室川南片区工作研讨会暨泸州市中职学校高考备考工作研讨会在叙永县职业高级中学举行。泸州市教科所职教室主任刘永辉、副主任邹伦富，叙永县教师进修校副校长赵友强及四川省谯述忠名师工作室成员共 20 余人踏着春天的脚步，共聚永宁河畔，建真言、谋发展。

此次研讨会为期两天，由四川省第一批省级名师名校长工作室领衔人、广安市教育科学研究所高中阶段数学教研员、副所长谯述忠主持，与会人员共同探讨川南片区教师培训计划和课题研究规划。

泸州市教科所刘永辉主任的专题讲座《泸州市中等职业学校数学教育现状及数学教师专业发展研究》让每位成员对职业教育有了新的认识，意识到应加强自身能力与素质的提升。

通过领衔人谯所长的专题讲座，每位成员深刻认识到科研的重要性，立志“在活动中锻造，在科研中卓越”，做双师型教师。

教师发展的落脚点是课堂教学能力的提升，为了提升教师的教学设计能力，提高课堂教学质量，特组织了两堂示范课，通过观摩和评议，教会大家如何评课，如何组织上课。

精彩记录

谯所长的《抓纲务本，精准备考》讲座，从“近年四川省中职对口高考情况”“吃透两纲，有的放矢”“科学评价，提升效率”等方面提出了 2019 年的复习备考策略，让高三老师清楚了复习的方向为“抓概念，抓基础，抓常规，抓落实”。

精彩课堂

穆举红老师展示了复习课《排列与组合》。

巫源森老师展示了新授课《空间两条直线所成的角》。

网络评课

领衔人 谯述忠

（一）针对复习课《排列与组合》的建议

目标定位要对，复习课重点是学生过关过手。过关是过知识关、能力关、思想方法关；过手是学生自己获得，要发挥好学生的主观能动性。具体到本节，《排列与组合》的目标要求都是理解与掌握，只有 2017 年考了特殊元素问题，这节内容出题的可能性很大，而且是概念性的试题，重点放在学生对概念的深刻理解上，放在学生获得的知识本身，不在于讲得怎样，在于学生思维过程展示得如何。

（二）针对新授课《空间两条直线所成的角》的建议

讲新课，注重的是知识的生成过程，要与学生一起经历知识的产生、概念的形成、公式的推导过程，教师不能代办。巫老师有普高的课改理念。具体到这节课，可先梳理初中的相关知识——平面内两条直线的位置关系：定性上，平行与相交，定量上，距离与角度，再与学生经历实验 1。一定要让学生经历直线平移的过程，先动手做实验，再抽学生说怎样做的，怎样想的，依据是什么，等等，让学生开口说话。可以不要实验 2，因为意义不大。接着过渡到异面直线，问学生如何刻画两条异面直线的位置关系，没学过，怎么办？让学生充分思考，抽学生说出自己的想法，不要怕时间不够，主要目的是引导学生用学过的知识来拓展新知识，经历异面直线所成角概念的形成过程。其实所有的学习、问题解决的思路都是运用已有的处理全新的。最后，与学生共同完成一个例题，再让学生独立完成 1~2 个题进行巩固。

自贡成员 李富明

（一）关于《排列与组合》

就本课教学过程的设计而言，先引入这几年的高考试题，引起学生的关注，再通过对排列、组合的简单复习，进入例题分析，直奔主题，这个过程简明扼要，突出了本节课的核心内容：排列、组合的应用。

1. 内容的选择上，有针对性，把排列、组合常见的类型整理出来，并总结出解题的思想方法，有实效性。

2. 教学环节上，采用讲练结合法，让学生学中练，练中学，学生有收获，教学有实际效果。若让教师与学生能产生互动，教师只作引导，体现以学生为主体的复习方法，可能效果更明显。

3. 建议：

（1）比较排列与组合时，增加一项“排列与组合的相同点”——所取元素均不能相同。

（2）应用可归纳为四大问题。①特殊元素的站位问题——先特殊，再一般；②混合问题；③相邻问题——捆绑法；④不相邻问题——插空法。

（3）10年对口高考试题的讲解中，对试题的分析提出了“正难则反”的解题思想，实际上就提出了两种方法：直接法和排除法，应该让学生明确这两种方法的适用条件。

（4）排列、组合的考法在变化，其中一种趋势是将排列、组合与概率联系起来，主要是与古典概型联系起来，可以就此出一个思考题，拓展学生的思维。

（二）关于《空间两条直线所成的角》

1. 教学过程的设计上，通过动手实验引出异面直线夹角的确定方法，值得肯定。如果能用实际生活中遇到的问题作为引例可能更能引起学生的兴趣，比如就地取材，利用教室里的线条。身边直接面对的问题更能激发学生的求知欲。

2. 对角的生成讲解透彻。如果能够建立模型，可能更好，求异面直线夹角要形成一种方法——平移法。

眉山成员 邓光强

（一）《排列与组合》建议

1. 关于排列、组合的复习，对定义只要强调够“选”和“排”两字，对公式重在学生在课堂上能写出即可。

2. 例题介绍的四种方法都是常用的方法，比较实用。在归纳应用上，还可注意以下两点。

①几个特殊值的计算，如 $C_n^n = 1$，$C_n^0 = 1$，$C_n^1 = n$；

②电话号码问题（数字是否重复问题）。

（二）《空间两条直线所成的角》建议

1. 在教学过程中结合我们身边的环境，例如利用教室的墙面（平面）、墙角线（直线）等来进行教学可能会比直接让学生在平面媒界中看立体几何相关几何元素要容易理解些。

2. 在异面直线如何成角的部分可以适当解释平移的概念，将复杂的空间几何作图知识转化为以前学过的同学们比较熟悉的平移过程。巫源森老师在课件中已用动画给出了平移的过程，在教案中也提到了平移，用到了平移相关知识，但没有给出平移相关的解释，用的是作已知直线的平行线的说法。

3. 例题可以设置成两道。第 1 道专门让学生找所成角。因为学生空间想象能力普遍欠佳，应让学生先会找，在找中掌握找的方法。选择的问题应包含棱与棱、棱与对角线以及对角线与对角线三种。第 2 道例题主要是书写，让学生会书写格式，并形成求所成角基本都是放在直角三角形中解决的思想。

达州成员　潘林

（一）《排列与组合》建议

1. 例 1 中，应让学生多思考，充分发挥学生的主动性，不应将思路及答案直接展示给学生。单位未打括号。

2. 课堂练习第 2 题中，“安排表（　）有种”应为“安排表有（　）种”。

3. 后面也有几个地方对单位的处理还需完善。

4. 总的情况还是不错的，比较全面。

（二）关于《空间两条直线所成的角》建议

1. “两条相交的直线所成的角中的最小正角，叫作两条直线的夹角 $0°<\theta\leqslant 90°$” 应为“两条相交的直线所成角中的最小正角叫作两条直线的夹角，两直线的夹角 θ 的取值范围为 $0°<\theta\leqslant 90°$”。

2. 在引入两条异面直线的定义时，第 2 条平移的直线没有过空间中描出的点，显得不够严谨。

3. 因为学生空间想象能力普遍欠佳，应充分让学生组成小组，相互讨论，教师适时加以引导，让学生学会利用平移的思路去找空间中两条直线的夹角的方法。

现场评课

现场多位老师分别进行了评课。

心得体会

内江片区　范智勇

2019 年 3 月 10 日至 11 日，我有幸参加了谯述忠名师工作室教学研修活动。在研修期间，我认真观摩了泸州叙永县职业高级中学穆举红老师、隆昌市城关职业学校巫源森老师的课堂教学示范课，并认真聆听了我们名师工作室谯述忠所长，泸州教科室刘永辉主任、邹伦富主任的讲座，也认识了名师工作室川南片区的其他成员。

这次研修活动，使我受益匪浅，不但丰富了自己的教学技巧，还提高了对专业课程的解读和落实能力。通过刘永辉主任的介绍，我了解到了泸州市职业学校的蓬勃发展及数学学科建设的现状，我也在反思我校的数学教学存在的问题。谯述忠所长作专题讲座，指出教师需要在活动中锻造自己，教会我们如何评课、如何研究课题，要求我们做研修型教师，并且作为职业高中教师需要把数学知识和专业知识有效融合，在备考方面，还让我们要在教学中注重学生对概念的理解、知识的生成，并引导学生认识数学，激发对数学学习的热情。我有普高教学的经历，在以前的教学中，我一直认为只要让学生认真听课，记住公式，学会例题，对知识点深化和补充，就能让学生取得好的成绩，但是在平时月考试成绩分析中发现，低分段的人数几乎占了一半，花了大力气但效果却不明显。通过这次的学习，我才发现我的路已越走越偏，没有立足于学生的根本，在今后的教学中我会改正。谯所长还指出要吃透两纲，我会学习落实的。

穆老师和巫老师的示范课让我收获良多。穆老师善于发现问题，通过反问，让学生对不懂的问题引发思考从而解决问题，整个课堂生动活泼，学生学习积极性高，有效地解决了学生的疑问；巫老师的整个教学过程，循循善诱，让学生从根本入手，获取知识，特别是几何画板的运用，让学生更直观地认识数学图形，感受数学的魅力。作为一名一线教师，几何画板的重要性不容置疑，我会尽快加强几何画板的学习，运用到日常的教学中去。最后各市代表和邹主任的教学评价也让我耳目一新，引发思考。

通过研修学习，让我进一步明白，要当一名优秀教师，既要具备扎实的专业功底、较高的理论素养，还要具备教学科研能力。只有这样才能真正从平庸走向卓越。真心希望谯所长多举办这样的活动，让我能多多聆听专家的指导，在学习中前进。

自贡片区 黎昌华

2019 年 3 月 10 日、11 日，我有幸参加了四川省谯述忠名师工作室川南片区工作研讨会，我感到非常的荣幸，也非常感谢学校给我的这个机会。

3 月 10 日谯述忠所长作《研讨川南片区培训计划与课题研究规划》讲座，让我们要不畏艰难，敢于担当，敢于挑战自己。他向我们提出“在活动中展示自己，才能锻造自己”。这个讲座让我觉得一个教师的发展一定是要有规划的、全面的，单纯地发展专业知识是远远不够的，还要有钻研能力、学术能力，才能让自己成长起来。

3 月 11 日听了两位老师的公开课，他们的课堂让我觉得，我的教师之路还任重而道远。穆老师的课让我知道了高三的复习课应该是怎么上的——复习一定要有针对性，要根据学生的实际情况来调整一节课的侧重点；巫老师的《空间两条直线所成的角》这一节概念课能够让部分就业班的学生将抽象空间想象的问题听懂是一件特别了不起的事，也为我在立体几何这一章的讲解上指明了道路。这两堂课下来，我真的是受益匪浅。

谯述忠所长在关于中职数学备考的专题讲座中强调，要让学生加深对“概念”的理解，并要引导让学生自己去理解，并且教师在复习中，着重对基础进行复习。这让我再次确认中职数学和普高数学的差别是很大的，中职数学要给学生们讲简单些，中职高考试题也比较简单，没有超纲的考题。

这两天的活动对我而言，是一次宝贵的学习机会，让我收获满满。

自贡片区　李富明

春回大地，万象更新，2019 年 3 月 10 日~3 月 11 日，四川省谯述忠名师工作室川南片区工作研讨会在泸州叙永县职业高级中学举行。我和自贡小组成员一行 6 人有幸参加了这次会议，10 日下午，倾听了泸州市教科所刘永辉主任介绍泸州市职业教育的情况，了解了泸州市职业教育的管理经验，深感泸州市职业教育的发展充满勃勃生机。稍后，工作室所有成员共同研讨了川南片区教师培训计划和课题研究规划，谯所长提出了要求和希望，我们深感压力和肩上的重任。

11 日上午 8 点，来自叙永县职业高级中学的穆举红老师和内江市的巫源森老师上了两节精彩的公开课，他们表现出了良好的教学品质，对学生循循善诱，重方法，抓基础，夯基石，体现以学生为主体、教师为主导的教学理念，给我们留下了深刻的印象。课后，泸州市教科所周主任，以及来自内江市的黄老师和来自自贡市的宋主任作了精彩的点评。通过听课，议课，我们受益匪浅。

上午 11 点，谯所长给我们作了一场高考复习的讲座。“抓考纲”“筑基石”，诙谐的语言，典型的案例，对高三复习作了全面的剖析，我们深受启发。

两天的会议让我们看到了职业教育发展的美好蓝图。职业教育是国家走向繁荣昌盛的一根顶梁柱，作为职教人，我们将不负众望，努力工作，让职业教育的明天更加美好。

自贡片区　罗华

作为一个才毕业两年的、非师范专业的年轻教师，能有机会进入名师工作室和各位有经验的老师们一起学习，我感到非常荣幸，也非常感谢学校给我的这个机会。

在来泸州市的路上，我还一直思考名师工作室到底是干什么的、都有哪些老师、我在里面又能干什么、其他职业学校又是怎样的等等问题，我带着问题听了泸州市教科所刘永辉主任介绍的泸州市职业教育的整体情况之后，我才发现原来中职教育是被政府大力扶持的并高度关注的。在对职业教育有了一个新认识之后，接下来就是谯述忠老师组织我们共同研讨川南片区教师培训计划和课题研究规划，这个研讨会议让我觉得一个教师一定要有目的、有追求地发展，单纯地发展专业知识是远远不够的，还要有钻研能力、学术能力，才能让自己成长起来。

第二天首先听了两位老师的公开课，从他们的课上，我感觉到我的教师之路还任重而道远。穆老师的课让我知道了高三的复习课应该怎么上——复习一定要有针对性，要根据学生的实际情况对一节课的侧重点进行调整；巫老师的《空间两条直线所成的角》这一节概念课让部分就业班的学生能够将抽象空间想象的问题听懂是一件特别了不起的事，也为我在立体几何这一章的讲解上指明了道路。这两堂课下来，我真的是受益匪浅。

之后是谯述忠所长的高考复习的讲座，这个讲座让我一个门外汉终于找到了如何上好一堂数学课的方法，让我在中职数学的这一条路上找到了发展方向，让我知道了如何找重难点。我相信只要自己心中有目标，有方向，绝对能把中职数学教学做好做强。

这两天的经历让我明白了多和优秀的老师们交流才能让自己进步，闭门造车是不可取的，希望以后还能多参加这样的会议，以此来提升自己。

自贡片区　宋志雄

3 月 10 日、11 日，四川省谯述忠名师工作室川南片区工作研讨会在叙永县职业高级中学举行。我很荣幸能以自贡片区工作室成员身份参加此次研讨会。3 月 10 日下午，泸州市教科所刘永辉主任介绍了泸州职业教育的整体情况，谯述忠所长组织我们共同研讨了川南片区教师培训计划和课题研究规划；3 月 11 日，我们先后听了穆老师，巫老师的公开课，课后谯述忠所长给我们作了关于高考复习的专题讲座。此次研讨会之行，我感想颇多，总结起来有以下几点。

1. 开阔了眼界。

来到叙永，叙永县职业高级中学先进的办学理念、优质的硬件设施、军事化的管理、庞大的招生规模，让我为之震撼。通过与其他老师的交流，了解了泸州、内江地区中职学校发展情况，开阔了眼界。在这次活动中，看到了很多优秀的教师，在他们的身上，我看到了自己前进的方向。专家的讲座，给了我指引。

2. 认识到了自己的很多不足。

参加这次研讨会之前，感觉自己在教学上还可以，没有什么问题。听了两位老师的公开课以及听了专家的讲座之后，发觉自己需要学习的东西还很多。如：考纲的分析，概念的讲解，如何上好复习课，如何培养学生能力等。

3. 数学教学要溯源固本。

在研讨会上，谯述忠所长一再给我们强调，数学的学习就是概念的学习，高考考的就是概念。起初，我还不能理解。我想，高考不就是考的一类一类的题型吗？我们把解每一类题型的方法教给学生不就行了吗？回来的路上慢慢体会谯述忠所长的话，越想越觉得意味深长。“万丈高楼平地起”“道生一，一生二，二生三，三生万物”说的不正是这个道理吗？

4. 教师不能仅仅教书，还要学会科研。

谯述忠所长给我们讲解后，我认识到了，教师要想提升自己，达到一个新的高度，必须参加教学科研。做课题研究主要是为了解决在教育、教学中发现的问题，遇到的困惑。这些问题包括自己教学实践的问题，学生行为习惯、道德表现的问题，学校教育及管理模式的问题，等等。做课题有助于养成严谨的工作作风。课题研究的严密性，促使教师的教育、教学工作更加科学化、系统化。做课题有助于形成科研教学意识。做课题少不了查询大量的文献资料，从中可以汲取营养，形成自己的教学理念，并用新的教育理念去审视自己的日常工作习惯，进行反思教学，自觉改进自己的教育手段和教学方法。

路漫漫其修远兮，吾将上下而求索。

内江片区　王瑾

3 月 10 日我很荣幸和同事去泸州参加了四川省谯述忠名师工作室研讨会。短短两天的会议紧张又忙碌，让我获益匪浅。

先是很有幸目睹了谯老师和很多领导老师的风采，感受到了他们认真敬业的精神，让我明白了要想在教学上取得成绩，就要抱着热情全身心地投入工作中。谯老师和领导老师全是“精英中的精英”，他们经验丰富。通过听刘主任的讲座，我耳目一新，认识到泸州在职业教育方面的发展走在了全省的前列，以后可以充分借鉴，将泸州市职业教育的发展方式运用到内江。印象最深刻的是听谯老师的讲座。他的讲座全面、细致，有对教材的精彩解读和分析，还有耐人寻味的经验之谈。他教给了我很多新的知识，比如从欣赏者、审视者、诊断者和研究者角度评课，职业教育的政策方向，从“教数学”到“玩数学”。倾听他对教材的理解，对教学大纲和考纲的分析，感受到他的思想方法。在听讲座过程中，我得到思想的升华、理念的提升。

接着听了穆老师和巫老师的两堂优秀的别开生面的公开课。穆老师讲解的是《排列与组合》复习课，着重复习了排列组合的几种常用方法：特殊位置或特殊元素优先考虑法、混合问题分解法、捆绑法和插空法。学案、流程非常清楚。选题由易到难，层次分明。巫老师讲解的是《空间两条直线所成的角》。他思维严谨，运用了启发教学，让学生自己动手作图、思考。他的教学把静态转化为动态，抽象转化为具体，空间转化为了平面。最精彩的是他对几何画板的使用非常熟练，做的课件非常生动有趣。

“玉不琢，不成器。人不学，不知义。”这就是学习的重要性。以前我对中职教学无所适从，这次深刻的学习犹如为我的教学方式打开了一扇门，拨云见日，使我对以前的困惑豁然开朗。

自贡片区 杨杰

首先，我很荣幸能够加入这个团体，能够得到这次宝贵的学习和锻炼的机会。

其次，通过这次研讨会，我明白了教师的成长需要用心、不畏惧，要在各种活动中锻造自己。教师自身要有定位，更要建立终身学习的理念，用理论知识丰富自己，特别是对于我们年轻教师，要积极争取多做事，积极参加各类科研。在教学上，对于概念课和复习课两种课型，我明白了复习课就是要厘清概念，概念课要注重学生对概念的形成，一定要让学生经历概念的形成过程。

再次，听了穆老师和巫老师的公开课，这两堂课有很多值得我学习的地方。

穆老师的复习课有两点很吸引我，第一是让学生收集在本节知识上的不足，这样可以让教师了解学情，第二是表扬学生的时候用到网络流行语“点赞”，这样能拉近与学生的距离，也能活跃课堂气氛。

巫老师的概念课，从空间直线的距离、角度转化到本课主题——空间直线形成的角，用几何画板演示实验，既直观又形象，让学生能够感受直线是怎样平移的、从哪里移到哪里，和学生一起经历了探索的过程，也培养了学生解题的规范性。

然后，谯所长的讲述，让我学到了评价一堂课需要从欣赏学习者、审视者、诊断者、研究者四个角色去评价，同时指引了我的中职数学教学发展方向，清晰了该如何把握中职数学重难点、如何复习备考等，使我更加坚定自己最初的选择。

最后，希望以后能多参加这样的活动，能够快速地成长起来。

内江片区 黄春燕

2019 年 3 月 10 日，我们川南的名师工作室成员迎着春风，踏着春天的脚步相聚在美丽的酒城泸州，在叙永县职业高级中学参加了四川省谯述忠名师工作室川南片区第一次工作研讨会。

这次研讨会让我获益匪浅而又深感责任重大。我在泸州市教科所刘主任的专题讲座中，明白了泸州市职教为什么走在了全省的前列，他们在课程的设置、教师队伍的整体建设、教学质量检测评价机制建设等方面都有合理的规划，这些都值得我们内江市学习。之后，工作室领衔人谯述忠所长带领我们工作室川南全体成员一起研讨了川南片区的培训计划与课题研究规划，教我们如何站在欣赏者、审视者、诊断者、研究者的角度来评课，教我们如何做课题，并提出每位老师不应该闭门造车，要有目标、有追求，应该在活动中锻造，在科研中卓越。

3 月 11 日，认真观摩了两位名师工作室老师精彩的示范课。两位老师无论是教学设计、教学过程都注入了新的教学理念，展现出深厚的教学功底。通过穆老师的课，我清楚了复习课的重点是在学生的过关过手，发挥好学生的主观能动性，让学生的解题思维得到提升；巫老师的新授课注重数学概念的形成，通过几何画板的使用，引领学生由已知的知识去发现、获得新知识。两位老师的课让我受益匪浅。然后认真聆听了谯述忠所长《抓纲务本，精准备考》的专题讲座，这就如一场及时雨，有针对性地指明了高三数学应如何备考，要吃透两纲，有的放矢，尤其要“抓概念、抓基础、抓常规、抓落实”。

通过两天的研修学习，深感要成为一名优秀的数学老师，不仅要有扎实的专业知识，专业的教学能力和水平，还要有教学科研的能力，只有这样才能得到更好的发展。希望以后能有更多这样的培训机会，并且学以致用，让自己快速成长。

内江片区　周盟

1. 会议感想

参加了很多次教研活动，这一次是跑得最远的，也是规格级别最高的一次，组织者在各方面准备得都很充分。我都在努力地想，如果下次是在我们学校举行，那么该怎么准备？从哪些方面去准备？

（1）增加了见识。

体验了不同的风土人情，地域文化特色。

（2）增长了知识。

了解了最新考纲，及新的教学目标。接下来要考虑的是怎么教，教学生什么。

（3）增强了教学手段。

传统的教学模式固然有可取的地方，更应结合时代发展的需要，把现代化的技术手段和设备放到教学中来，才能更新颖、清晰、完善地展现知识，让学生更容易记忆、理解、掌握和应用。

2. 公开课感想

总的来说，两节公开课的安排都比较合情合理，课程内容结构紧凑，思路清晰，两位老师的讲授各有亮点让我受益良多，但个人认为还有一些提升空间。

（1）对于《排列与组合》公开课

开场就强调“如何区分哪道题该用排列，哪道题该用组合”这个问题，中间只是技巧性地用了几道例题来总结，而到课最后也没有真正说明该怎么区分，也就是复习课要解决的问题没有解决。

试想，如果换成自己来上这节课，该怎么设计这场课？

我们应该思考排列组合问题考题的本质。在复习时，我们都不要忽略两个计数原理中提到的“完成一件事”这几个字，套用到每道题时，都能最好最快地帮我们判断是该排列还是该组合。那就是不停地问自己：如何才算完成这件事？分类还是分步？还有其他方法完成这件事吗？个人觉得这是解决排列组合问题的精华所在，也是教会学生区分并解题的依据之所在。

例如：由 1，2，3，4 可能组成多少个没有重复数字的三位数？

思考：如何才算完这件事？

答：任取三个数字出来，并按顺序排成一列数，就算完成这件事。如，取 2，3，4 出来，这个人可以排成 234，那个人可以排成 324，都算完成这件事。

因此，这道题可以分成两步：先取，后排，则用分步乘法计数原理，即 $C_4^3 \times A_3^3$。

答：也可以用“格子法”，画三个格子，代表百位、十位、个位，要把三个格子都填满了才算完成这件事，用分步乘法计数原理，即 $C_4^1 \times C_3^1 \times C_2^1$。

（2）对于《空间异面直线所成的角》公开课

课堂中仅用了一个正方体的例题来简单地找了一下平面角，同时也讲了求解方法。

异面直线所成的角是抽象定义，本节课精华之所在是要把异面直线所成的角转化为“平面角”，转化方法则是通过平移或作平行线的方式。这节课的重点在于如何寻找这个“平面角”。找不出何谈求解？

本节课侧重点就应该是“找”。我觉得应该增加学生的见识面，建议把三棱锥或一些组合体引出来作例题，让学生动手画，作出这个“平面角”，同时也开启学生对“辅助线”好处的体会，学会作辅助线，才是关键。

3. 感悟

国家正在提倡素质教育进课堂，我们是老师，我们在教学生知识，也在影响学生的思想行为和素质。那该怎么样做呢？传统观念都认为，一个负责任、方方面面都为学生考虑的老师才是好老师。但事实上，一个仅负责任的老师就是优秀的老师吗？我觉得，除了关爱学生和负责任，做到以下三点，才可能成为课堂中的优秀老师。

（1）引导学生思考，为首要。

（2）教给学生解决问题的能力和思考方式，为重要。

（3）培养学生的学习习惯和学习方式，最重要。

理由是：职中生的特点决定了，必须在教学中纠正或者重新培养学生的学习习惯和思考问题的方式。否则，学生就会学得很死板，一个钉子一个眼，换种表达换种说法，就不会做了。

内江片区　巫源森

三月，春暖花开，我来到了山清水秀、民风淳朴的边城叙永。在叙永县职业高级中学参加了谯述忠名师工作室川南片区工作研讨会。为期两天的学习，是一次难忘的充电机会，由衷感谢工作室为我们搭建了一个如此好的学习提高的平台。

在这次会议上，泸州市教科所刘永辉主任让我了解到了泸州职业教育情况，开阔了视野；工作室领衔人谯述忠所长谈了川南片区的培训计划与课题研究规划，在关于中职数学备考的专题中多次提到的“中职数学高考其实就是玩概念”的新颖观点让我豁然开朗，其丰富的知识内涵及精湛的理论阐述让我受益匪浅；穆举红老师的研究课展示了其超强的课堂驾驭能力，学生参与度极高，整个教学过程行云流水，太多好的地方值得我认真学习。

我在此次研讨会上也献了堂研究课，倍感荣幸。感触颇深的首先是“网络磨课”，工作室的老师们提出了许多中肯的意见和建议，使我不断修改教学设计，让设计思路逐渐清晰，也让我深深地体会到了“磨”字的深刻含义，这次磨课经历必将成为我今后教研活动中的宝贵财富。其次是我临场应变能力太欠缺，由于是借班上课，没能充分了解学生实际情况，在教学过程中发现学生启而不发时，不知该如何处理，按照原计划推行，结果适得其反。最后评课环节，各位老师的独到见解让我醍醐灌顶，深受启发，才从真正意义上理解了该如何上这堂课。对这次上课的感受是在教学活动中得到了锻炼，在评课活动中得到了成长。

我深感自己作为一名数学教师在教学过程中仍有不足，以后要从长远考虑来提高学生的思维能力。为了不断提高自身的教学水平，我将带着问题，带着思考，不忘初心，以数学核心素养为导向，回归本源，在学习的路上继续前行！

资中县水南高级职业中学　熊飞艳

2019 年 3 月 10 日，四川省谯述忠名师工作室川南片区工作研讨会在泸州市叙永县职业高级中学隆重举行。作为内江工作站成员，我满怀期待与澎湃的心情参加了此次研讨会。与会期间，泸州市教科所刘永辉主任向大家介绍了泸州职业教育的整体状况，着重强调了职高体系的建设和发展情况。随后，谯述忠所长主持会议，与会人员共同研讨了川南片区教师培训计划和课题研究规划。3 月 11 日，先后认真听取了职校穆老师、巫老师的公开课。课后谯述忠所长又给我们作了关于高考复习的专题讲座。

这次研修活动，短短两天时间，听讲座，参加研讨，观摩教学，收获满满，受益颇多。首先，认识了同行众多的专家与优秀的老师，大家相互交流学习教学方法。其次，深入了解了泸州、自贡等地区中职教育现状，开阔了眼界。尤其通过刘永辉主任的介绍，了解到了泸州职业教育的蓬勃发展，极大鼓舞了我们的士气。

谯述忠所长作专题讲座，着重指出教师应该在活动中锻造，经常参加各种学习交流活动，提高自身修养；教导职中教师着重从四个方面参与评课，分析如何研究课题，做研修型教师，学会如何把数学知识和专业知识有效地融合；在教学中，让教师注重学生对概念的理解，知识的形成。谯所长还强调要吃透两纲，做到有的放矢，重点是"抓概念、抓基础、抓常规、抓落实"。

穆老师和巫老师的示范课让我耳目一新。穆老师从学生提出的问题出发，帮助学生解决问题，再通过反问，让学生引发思考从而加深对知识的理解，整个课堂生动活泼，学生学习积极性高，有效地解答了学生的疑问。巫老师的整个教学过程，不急不缓，循循善诱，让学生从四基入手，经历知识的产生过程，从而获取知识，尤其是几何画板的使用十分巧妙，通过动画演示的形式，更好地实现数形结合，让学生能更直观地认识数学图形，感受数学的魅力，起到了良好的教学效果。几何画板的应用使数学几何教学事半功倍，巫老师的与时俱进令我深深敬佩！我会尽快加深几何画板的学习，并运用到日常的教学中去，提高自身教学水平。

他山之石，可以攻玉。泸州一行使我深深感到，必须与时俱进，不断提高自身修养，加强交流。注重学习各种科学的教学方法，借鉴其他优秀的教学方法和理念，更新丰富自己的知识储备，运用到实际教学之中，为内江地区职业教育贡献力量。

四川省泸县建筑职业中专学校　高宗伟

2019 年 3 月 10 日，我很荣幸地参加了四川省谯述忠名师工作室川南片区的职业高中数学教师培训学习。在倾听名师专家传授经验的同时，我与许多老师一起学习、交流。

作为一名一线的职业学校的数学教师，平时责任大、任务重、工作忙，极少关注自身的发展，教学中也遇到很多的困惑。专家们的发言，让我拓宽了思路，促使我站在更高层次上反思以前的工作，更严肃地思考现今面临的挑战与机遇，更认真地思考未来的路如何走。

在短短的培训活动中，通过专家引领，与同行交流切磋，课题组研究，我更加热爱党和人民的教育事业，坚定了课改方向，明晰了新时期教师专业成长的道路，在追逐人生梦想的道路上又迈出了坚实的步伐。

1. 在教育反思中升华

在培训期间，泸州市教科所的主任刘永辉、四川省职教数学名师谯述忠的交流发言，发人深思。谯老师强调了教师学习的重要性，分析了新课程背景下的职业中学数学课堂教学方式方法，讲解了数学教育心理学及其在高中数学教学中的应用等内容，让我们进一步理解了职业中学数学新课程改革的理念和要求。

我也不断地反思，自己作为一名一线的教育工作者，必须得重新认识我们的职业教育，学会低调做人，高调做事，学会尊重同行，学会善于合作，服务他人，学会包容我们的学生，热爱我们的学生，关注学生们的成长。这些才是作为一名优秀职教者应该具备的基本素质。

2. 学会在课题研究中成长

新课程改革赋予教师新的使命。教师不仅是一个职业，更是崇高的事业。教学不仅是一种技能，更是智能和智慧。教师即研究者，教师要把研究作为幸福的道路，成长的阶梯。教学与研究的有效结合是名师成长的必由之路。

2014 年 9 月，在充分酝酿的基础上，我们数学组的 6 名教师组成了一个课题组，大家在前期研究内容《农村职业学校职高生小组合作学习研究的探究》的基础上，经过理论学习、查阅资料、反思总结，形成了较为实用、科学的研究方案，完成了《农村职业学校职高生小组合作学习研究》课题申报，该课题经泸县教师进修校专家组指导，已于 2018 年 12 月顺利结题，并受到领导们的好评。

在这近四年来的研究过程中，我也深刻地体会到了开展课题研究的好处：有利于“智慧型”教师的塑造，有利于学术素养的提高，有利于严谨工作作风的养成。教育科研是中小学教师的权利和工作职责，具备突出的教育科研能力，实现从“经验型教师”向“专家型教师”转型，是名师必备的素质。

3. 在教育教学实践中成熟

作为一名职业教育教师，我在教学实践中，大胆开展课改探索，努力变革传统教学模式，尝试建构适合新课程标准的课堂教学模式，学生学习热情高涨，课堂效率提升，不再老是由老师牵着鼻子走。课堂上，我巧妙地运用问题，通过创造小组合作学习的情景，引导学生主动思考，将传统教学中学生被动接受老师传授的“单边活动”，变为老师引导学生主动学习的“双边活动”，让学生成为课堂主人，整个课堂变得妙趣横生。“一堂课不知不觉就过去了!”学生们表示，启发式地提问、分组合作学习的形式，让他们都主动参与到课堂中，在轻松有趣的氛围下，潜移默化地学到了知识。我任教的2016届建升3班是一个普通班，在三年级下学期的半期考试中，本科的入围率、优生双入围率在班级各学科中领先。

当前，我国的新课程改革任重而道远。我要珍惜荣誉，戒骄戒躁，自觉增强立德树人、教书育人的荣誉感和责任感，牢固树立终身学习理念，加强学习，拓宽视野，不断提高业务能力和教育教学质量，努力成为学生爱戴、家长放心的幸福的好老师。

古蔺县职业高级中学　黄明君

2019年3月11日参加了谯述忠名师工作室川南片区活动暨泸州教研联组活动，在紧张有序的活动中收获颇丰，从多个方面获得启示，丰富了知识，增长了见识，开阔了视野，为今后的教学教研工作提供了新的思路和方法。

1. 研究课给我们提供了交流和学习的平台。穆举红老师的复习课《排列与组合》设计科学合理，从考纲考点到呈现近三年的考题着手，厘清排列与组合定义上的区别与联系，最后在解决实际问题中介绍解题的方法和技巧，让学生们学有所得。巫源森老师的新授课《空间两条直线所成的角》讲解清楚，充分利用现代教育技术特别是几何画板的使用，形象直观地让学生感受知识的形成过程，很好地培养了学生的空间想象能力，为学生形成空间思维起了积极作用。老师和领导的评议，既充分肯定了二位老师精湛的教学技巧，又从不同的角度提供了新的教学观点，丰富了课堂教学的内涵，让与会人员受益匪浅。

2. 谯述忠老师关于中职高考的讲座给我们的教学带来新的启示。谯老师从近几年四川中职对口升学情况阐述了中职升学的态势，表明了省里将更加重视中职升学教育，各地区和学校也将更重视中职教学质量，今后学校抓好对口升学教学是趋势也是一项重要任务。谯老师讲述了中职高考命题的背景，考虑了学生实际、学校实际和高校要求，体现了以人为本的思想和教育服务人民的理念；对现行中职数学教学大纲的讲解告诉老师教什么，学生学什么；对考试大纲的阐释指明了中职高考考什么，怎么考，要达到的预期目标。谯老师指出了数学中概念教学的重要性，让学生明白弄懂数学概念是学好数学的基础和关键，很多数学问题是多个数学概念的组合，同时强调了教学要结合学生实际，才能行之有效。谯老师以自己为例，说明教师积极参与教学科研的重要性和必要性，在教学科研中丰富自己、发展自己、提升自己对学校和整个教育都有重要意义。

3. 市教科所邹伦富老师对2016级高三“一诊”考试的数学成绩做了客观全面的分析，指出了命题的基本设想，充分肯定了试题科学性和合理性，对学生在答题中存在的问题进行了梳理归类，从各方面总结了学生在学习中需要解决的知识问题，并提出了后期教学建议，为各学校的考前复习提供了线索和依据，给了一把提升学生数学成绩的钥匙。

一天的学习时间很短暂，但让我深受鼓舞，一定能为我往后的教学教研工作提供很多的帮助。

泸州职业技术学校　郑莉

2019年3月10日到3月11日，四川省谯述忠名师工作室川南片区工作研讨会暨泸州市中职学校高考备考工作研讨会在叙永县职业高级中学召开。谯述忠名师工作室川南片区成员齐聚一堂，聆听专家们的高水平讲话。

3月10日下午，泸州市教育科学研究所刘永辉主任为工作室成员作专题讲座，主要介绍了泸州的教育情况、泸州中职教育的情况以及泸州为加强数学教学所做的一些思考，这些内容为我们工作室的课题研究提供了宝贵的素材。接下来，工作室成员听了谯述忠所长的发言，谈笑风生中，他教给我们全新的评课方法，引导我们做科研型的教育者。

3月11日上午，穆举红老师和巫源森老师为我们精彩献课，分别给我们展示了复习课和新授课的两种不同的教学方式。接下来，谯所长以“抓纲务本，精准备考”为题，精准地为我们分析了作为一名高三教师，如何成为学生心中的一名优秀的师者。

两天的会议很快就结束了，但谯所长讲的如何评课、如何成长等内容却让我一直印象深刻。

1. 如何评课

曾经，我们评课一般是从大纲和考纲出发，分析该课是否符合教学规律，教学环节是否齐备，是否突出了重点、突破了难点，从而肯定其优点、指出其不足，这便是从欣赏者、审视者及诊断者的角度进行评课，而谯所长告诉我们，还可以站在更高的角度，那就是站在“研究者”的角度去评课，因为站在研究者的角度去评课，既能引领他人，也能成长自己。作为教育者，教书仅是手段，而育人才是目的。我们只有让课堂更加优化，才能真正打造质量型的课堂，才能真正达到育人的目的。

2. 如何成长

作为高素质技术技能型人才的培育者的我们，有必要对自己提出更高的要求，我们只有不断发展，不断进步，才能为祖国的建设培养出需要的人才。谯所长要求我们建立QQ群，经常交流，经常活动，经常练笔，因为我们应该在活动中锻造，在科研中成长。谯所长告诉我们，科研并非很高深的事情，它来源于课堂，来源于教学，今后我们若能做到以下几点，便是向科研迈出了第一步。

（1）不懂就问；

（2）收集课堂上的素材，动脑思考；

（3）教学中注意数学与专业的结合；

（4）课堂上不让学生打瞌睡；

（5）注意学法的研究。

总之，研讨会让我收获颇丰，我定会在科研的道路上砥砺前行，努力成长为一名科研型教育者。

叙永县职业高级中学　廖凤琼

我很荣幸在穆主任的推荐下成为谯述忠名师工作室的一员，参加了 2019 年 3 月 10 日至 11 日在我校召开的四川省谯述忠名师工作室川南片区工作研讨会。终于见到了穆主任口中经常念叨的“谯所”——谯述忠所长，也领略了来自其他市县领导、老师的风采。短短两天的会议很忙碌，还带有些许紧张，却又让我感到很充实，学到了很多东西，受益匪浅。

3 月 10 日下午泸州市教科所刘永辉主任为大家介绍了泸州职业教育的整体状况。随后，谯述忠所长主持会议，与会人员共同研讨了川南片区教师培训计划和课题研究规划。会议让我深切地感受到作为教师要想让自己快速成长离不开科研课题的研究，必须将自己在教学中引起思考和困惑的东西融入课题里进行研究和探讨，在科研活动中锻造自己，让自己在科研过程中快速成长，而且经常参加各种学习交流活动，还可以开阔眼界，找到自信。在课堂教学中，把握落实好“基本的数学经历、基本方法、基础知识和基本技能”四基是教师首先要考虑的问题，同时也是比较困难的事，特别是对于概念课的教学更是如此。专家的讲座让我知道概念课的重点是“抓概念形成”，在“玩”概念的过程中抓落实，给我及听讲的教师指引了以后课堂教学的方向。

3 月 11 日上午，叙永县职业高级中学穆老师、隆昌市城关职业中学巫老师分别为我们献上了高三《排列与组合》复习示范课和高二《空间两条直线所成的角》概念示范课。两节课准备得都很充分，师生的互动效果好，都相当精彩。课后泸州市教科所邹伦富副主任组织说课评课活动。通过这样的活动，我对高三后期如何上好复习课和概念课有了全新的认识：无论是复习课还是概念课，都要控制题量和速度，让学生先行再师生共研，做好反思与评价，始终抓住复习课和概念课中的概念的本质，精选例题和练习，注重目标的达成。巫老师几何画板的使用非常自如，动画的演示更好地实现了数形结合，让学生非常直观地认识了空间两条直线所成的角的形成过程，达到了非常好的教学效果。我以前也自学过一段时间的几何画板，但平时也没怎么用，又忘记了。巫老师对几何画板的使用，让我再次感受到几何画板的强大魅力，提醒我有必要抓紧对几何画板继续学习，并能迅速运用到日常的学科教学中，从而起到增加课堂容量、丰富课堂内容、提高课堂效率的作用。

活动虽然结束了，但这次活动带给我的思考却永未止步。我意识到，作为学科教师，必须加倍努力，不断提高自身修养，积极参加教科研训等活动，学习和借鉴其他优秀的教学方法和先进的教学理念，丰富自己的知识储备，提高自己的专业素养和理论水平，并把这些先进的教育思想和理念运用到平时的教育教学中，切实提高自己的教学水平，为叙永中职教育的发展尽自己的绵薄之力。

（●撰稿　穆举红　●审定　谯述忠）

四川省谯述忠名师工作室
工作简报

2019 年第 10 期（总第 10 期）

研训合一 提升综合能力

季夏时节，风光旖旎。四川省谯述忠名师工作室省、市级成员近 40 人，利用暑假时间，于 2019 年 7 月 13 日至 17 日齐聚伟人故里——广安，开展教师综合能力提升培训活动。

7 月 14 日 8:30，四川省谯述忠名师工作室 2019 年暑期教师综合能力提升培训活动开幕式在广安市金梅国际大酒店会议厅隆重举行。四川省教育科学研究院院长刘涛，广安市委教育工委副书记、广安市教育和体育局党组成员刘中平，广安市教育科学研究所所长任思惠，四川省谯述忠名师工作室领衔人谯述忠出席开幕式。

仪式上，刘中平对培训活动顺利举行表示热烈祝贺，感谢四川省教育厅、教育科学研究院对谯述忠名师工作室的高度重视、关心和支持，并对省教科院与《四川教育》杂志社对本次培训活动提供培训专家团队表示衷心谢意！同时希望参培教师运用科学的方法认真学习，使此次培训达到事半功倍的效果。开幕式由任思惠主持，专题讲座由谯述忠、王三刚、张文彬、黄春燕主持，谯述忠名师工作室全体成员及广安市各职业院校教师共 140 余人参加活动。

高屋建瓴 指引方向

开幕式结束后，四川省教育科学研究院院长、正高级教师刘涛以“进一步深化中等职业教育改革”为主题，作了精彩讲座。

刘院长从“未来中国教育梦想，国家对职业教育发展的定位、办学体制、近期目标要求，职业教育发展的中长期发展目标，把握好正确的改革方向”四个方面讲解了职教改革发展的趋势；指明各职业学校要进一步深化职业教育招生制度改革、深化职业教育人才培育制度的改革、推动校企深度合作、积极关注《中国制造 2025》，要在坚定理想信念上、厚植爱国主义情怀上、加强品德修养上、增长知识见识上、培养奋斗精神上、增强综合素质上下功夫；鼓励老师们勤奋学习、敢于为先，努力从青涩老师逐渐成长为合格、骨干、卓越、教育家型教师；分享了“走向未来的教育改革是一项理论与实践相结合的、艰苦的、渐进的动态过程，充满着矛盾和困惑，充满着不同观点的争议，充满着传统观念和习惯势力的阻挡，需要改革的担当和勇气，需要改革的决心和智慧”等深刻认识，希望老师们成为职业教育改革发展中的弄潮儿！

搞好科研　提高素养

7 月 14 日下午，四川省教育科学规划办副主任、四川省教育科学研究院科研管理所所长王真东从教师发展视角、课题视角、课堂视角等方面阐明了教师搞好科研的方法，以及教师如何在科研中成长、反思与进步，提高课堂效率。

讲座中，王所长指出教师的核心素养就是要有必备的品格、关键的能力和正确的价值观，要从“学科教学”转向“学科教育”。教师要在学科知识三种表达、学科教育三个层面上不断升华，从“双基层”走向“问题解决层”，直到“学科思维层”；要理解本能与学习、成熟与学习、学习与成绩、学习与行为四对学习关系；要明确教师科研价值和典型教学流程，并时刻反思自己的课堂教学，让课堂充满生命力，最终成长为卓越教师。

理解政策　拥有情怀

7 月 15 日上午，四川省教育科学研究院职业教育与成人教育研究所所长廖大凯从“学习‘职教二十条’，做有情怀的职教人”出发，强调出台“职教二十条”是落实习近平总书记关于教育的重要论述和全国教育大会精神的具体举措，是服务现代化经济体系建设的战略举措，是深化教育领域综合改革的有力举措。他指出落实“职教二十条”就是要完善现代职业教育体系，完善职业教育国家制度标准，促进产教融合、校企“双元”育人，建设多元办学格局，完善技术技能人才激励保障政策，加强职业教育办学质量督导评价，做好改革组织实施工作。他认为四川职业教育现阶段的基础能力有待提高，教育教学质量仍需增强，专业布点有待优化，区域间中职教育发展的不平衡有待调控，促进中职教育发展的社会环境仍需改善。面对这些困难与问题，教师要不畏艰险，披荆斩棘，一路前行，争做“四有好老师”，做有情怀的职教人。

重视写作　讲究方法

为提高教育教学质量，提炼教育教学成果，提升教师撰写论文的水平，《四川教育》杂志副主编、副编审王建强，《四川教育》杂志记者、理论版责任编辑陈敬两位专家为大家带来一场关于写作技巧的盛宴。首先，王主编就学术论文的方向选择，从定好向——明晰写作的方向、拟好题——确立写作的思路、选好材——精心捕捉写作题材三个方面进行详细阐述，要求教师科学表达学术论文时一定要做到格式规范、结构严密、语言精练、材料恰当。陈敬老师讲解论文写作五步法：明确问题、整理文献、选定方法、建构框架、规范表达。她提出论文修改要讲究三种方式："趁热打铁"式、"搁置"式、"另起炉灶"式，并从编辑的角度，现场举例讲解论文的修改和审定方法。

领悟道理　提升能力

7 月 16 日下午，广安市委教育工委副书记刘中平就教师专业成长及其途径，从自身成长经历出发，开展专题讲座。他指出教师成功的道路是由目标铺成的，要无限相信书籍的力量，在工作中紧紧抓住灵感，通过十种途径促进专业成长。十种途径，十个故事，每个故事都蕴含人生哲理。

他认为成功教师就是一个六面体，前面——认同自己，培养高尚的德行；后面——有成功的婚姻、一定的经济基础；上面——与校长沟通，懂得被领导的艺术；下面——教师的阅读和研究；左面——教师的协调能力和协作能力；右面——教师丰富的业余生活。教师在专业成长之路上，要充分领悟六个面上的道理，不断提升自己的综合能力。

分享成果　增进友谊

培训期间，名师工作室成员邓红、蒋美分享了今年参加省级赛课获得一等奖的课堂实录和教学设计。领衔人谯述忠老师阐明了本次培训活动的定位——为促进教师专业成长而开展的教育科研能力与论文撰写能力提升等综合能力培训。他组织成员规划了工作室下半年工作开展的详细计划，讲解了教学设计的撰写规范；要求工作室成员时刻反思，并形成记录；鼓励工作室成员努力突破自我，多写论文，加强科研，争取早日成为卓越教师。培训中开展了"不忘初心，铭记师恩，砥砺奋进"数学趣味知识主题活动，每个片区的老师大显身手，节目精彩纷呈，那悠扬的歌声和婀娜的舞姿将活动推向高潮。聚是一团火，散是满天星，成员们相互学习、相互祝愿，希望共同进步、友谊长存，期待下次再相聚！

"雄关漫道真如铁，而今迈步从头越。"在今后的工作中，成员们要努力钻研，按照教师专业成长轨迹，奋勇争先，砥砺前行，努力走向卓越，做有情怀的职教人。今天我们因名师工作室而骄傲，明天名师工作室以我们而自豪！

（●撰稿　王三刚　●修订　杨丽君　●审定　谯述忠）

四川省谯述忠名师工作室
工作简报

2019 年第 17 期（总第 17 期）

翻山越岭传真知　名师引领促提升

2019 年 10 月 21 日至 22 日，四川省谯述忠名师工作室领衔人谯述忠莅临攀枝花市经贸旅游学校指导教学工作，旨在提升工作室成员的教育教学水平，并与成员所在学校数学教师共同探讨中职学校数学课堂教学效益问题。

四川省谯述忠名师工作室领衔人谯述忠、攀枝花市教育科学研究所职教室主任肖敏、攀枝花市经贸旅游学校教务科副科长焦民权、攀枝花市经贸旅游学校数学组组长方万仙、工作室 5 名市级成员以及经贸旅游学校数学教师深入课堂听了工作室成员张文彬老师的公开课《已知三角函数值求指定范围内的角》。

公开课后，大家举行了评课、议课研讨会。肖敏主任、方万仙组长出席研讨会并作重要讲话。与会人员积极发言，各抒己见，一致认为，张老师的公开课教学设计思路清晰、内容仔细，课题引入新颖，学生参与度较高，课堂气氛融洽，值得大家学习，同时也指出了课堂上存在的问题，并提出了修改意见。

谯老师综合大家的发言，对张文彬老师的公开课给出了点评和建议：

1. 本堂课的教学设计较好，课题引入非常新颖，激发了学生的学习兴趣。课堂上张老师语言清晰、思路明确，本堂课很有数学味儿！

2. 复习五指法（手指法）时，注意问答技巧，提问后恰当地选择学生作集体回答还是个人回答。

3. 课堂上要给学生充足的时间来谈论问题，然后才能抽学生回答，要大胆放手让学生做，同时要使用“云课堂”“雨课堂”等现代化信息化手段提高学生的参与度，充分展示学生的思维过程。

4. 处理好陈述性知识与策略性知识的关系，处理好课程目标与教学目标的关系，处理好教学任务与教学内容的关系，处理好教学设计与课堂生成资源的关系。

谯老师还组织学校数学教师与工作室成员就如何提高数学课堂教学效益展开讨论。中职学校的学生学业水平相对较差的情况下，我们应该如何进行教学？还是普教那样行吗？我们中职教师应做怎样的改变呢？中职数学课堂教学效益的指标有哪些？就这些问题，与会教师结合各自学校实际与各自教学实际深入开展讨论，并一致认为“中职数学课堂是否有效主要看中职学生思维是否得到了发展”。谯老师指出中职数学教师要提高课堂教学效益，必须在备课时认真研读《中等职业学校数学教学大纲》，了解所教授的内容的要求是了解、理解、掌握三个层次的哪一层，可以培养学生什么技能和能力，把握大纲对每个知识点的要求，结合自己学生的实际，开展好教学设计，达成教学目标。他还指出教师要做好“三先三后”——“先学后教”“先做后说”“先学生后老师”，在学生学习习惯较差的情况下，课堂上，可以先让学生看书后，教师再讲；在给出试题要学生谈思路时，先让学生做题，再抽学生说；课堂中，学生才是主体，教师要大胆放手留充足的时间给学生，要参与到学生的探究讨论中，要调动学生，让学生动起来，才能达到“动脑、动手、动口”的目的。

通过观摩、评课活动，老师们受益匪浅。特别是谯所长的精彩发言，为大家今后的数学教学指明了方向，让大家明白了一堂课最重要的是学生思维的展示，也为提高教师的整体素质和数学教学水平起到了积极作用。

（●撰稿　唐兴兰　●审核　张文彬　●审定　谯述忠）

四川省谯述忠名师工作室
工作简报

2019 年第 24 期（总第 24 期）

群雄逐鹿竞杏坛　课堂创新正当时

——记四川省谯述忠名师工作室赴湖北武汉参加 2019 年全国中等职业学校数学课程教师信息化教学设计和说课交流活动

为贯彻落实《国家职业教育改革实施方案》，以立德树人为根本任务，落实德技并修、工学结合的育人机制，推动三教（教师、教材、教法）改革，探索中等职业学校教学内容和教学模式的改革创新，提高教师基本教学能力和教育技术应用水平，促进信息技术在教育教学中的广泛应用，中国职业技术教育学会教学工作委员会在湖北武汉主办了 2019 年中等职业学校教师信息化教学设计和说课交流活动。

杏坛赛课群星闪耀　武汉深冬菊花灿烂

2019 年 11 月 22 日至 25 日，来自全国 24 个省、直辖市和计划单列市的代表队共 97 人参加了第 11 届全国中等职业学校数学课程教师信息化教学设计和说课交流活动（原第十一届创新杯）。会议由中国职业技术教育学会教学工作委员会主办，高等教育出版社承办，湖北省第四届数学教研中心组协办。

2019 年 11 月 23 日，参赛选手分 6 个小组进行了全国说课交流活动，每人说课总时间不超过 15 分钟。在本次活动中，参赛选手们展示的课件风格、形式多样，并合理运用多媒体，充分结合图片、视频、音频进行教学，全方位刺激学生的感官，使教学效果更加理想化。除此之外，参赛教师还运用雨课堂、智慧课堂、几何画板、GGB 教学软件等现代信息化教育技术上课，让数学课更生动、更直观、更有趣。本次比赛新增了评委现场提问环节，评委现场提问，教师现场答辩。在本次说课比赛中，评出了一等奖 24 人，二等奖 31 人，三等奖 22 人。2019 年 11 月 24 日上午，参与本次活动的教师代表队团队进行了“新形势下数学教师现代教育技术应用能力交流展示”比赛，并评出了一等奖 6 个，二等奖 8 个，三等奖 6 个。

四川省谯述忠名师工作室组织成员参加了本次活动，主办方聘请了领衔人谯述忠为评委，工作室 3 名成员参加了教学设计说课比赛，工作室另有 8 位老师前去学习观摩。

导师引领同伴互助　成员说课大显身手

工作室将全国比赛文件传在群里，要求有意愿的成员提前做好准备。通过层层选拔，四川省教科院确定 5 位选手参加全国评比，其中，有四川省谯述忠名师工作室成员四川省青神职业学校邓光强、达州市职业高级中学邓红、攀枝花市建筑工程学校杜婧参加本次活动。3 位成员通过钻研教学大纲、课本教材，吃透文件精神，在工作室群开展网络研讨，精心设计课堂实录、撰写说课稿件。3 位成员在本次全国中等职业学校数学课程教师信息化教学设计和说课交流活动中沉着应战，赛出了风格，赛出了成绩。邓红、杜婧均荣获全国二等奖，邓光强荣获全国三等奖。

专家引领巧支妙招　信息技术提质增效

教育部新课程标准课题组组长秦静教授作了以“中职数学课程标准”为题的专题报告，上海市教委教研室沈翔教授作了以“信息化助力教育现代化——关于 GGB 课件的一点思考”为题的专题报告。

教育部新课程标准课题组专家陈士芹教授以“信息化背景下数学课程教与学方式的转变”为题对此次活动作了总结发言。

一是基本情况：参赛形式多样，活动丰富，综合性强。今年大赛的活动主旨立足于立德树人，以信息技术为抓手，强调落实国家教学标准，对教学目标提出明确具体的要求：1. 注重参赛教师的教学目标与课程教学目标、专业人才培养目标的关联性；2. 注重教师的教学课程实施与学生能力的形成、教学目标达成度的关联性；3. 强调数学教学内容与时代发展和社会生活的联系，融会贯通专业课程和职业能力。在整个活动中，参赛教师、观摩教师进行了全面广泛的交流，专家的点评深入浅出、培训内容有的放矢，现场的研讨活动热烈精彩、掌声不断。活动主题鲜明，组织严密，服务周全。活动组委会以信息技术为突破口，突出信息技术下的教学设计，并进行说课交流活动。主办方对参赛教师合理分组，对课件匿名展示，评委标准统一，尺度把握精准，评判公平公正。协办方服务周全，受到与会人员的一致好评。活动层次高，人员水平高。“创新杯”是展示全国中职学校教学水平的国家级平台，历来受到教育主管部门、学校、教师的高度关注。参赛选手历经层层选拔，一路闯关，代表了所在地区教学、教研的观念、实力、水平，受到与会人员的一致认同；比赛评委有各省市教研员、数学专家组成，基本上来自教学第一线，他们的评判对教育教学有一个很好的导向。

二是特色与创新：对教师能力的考察更加全面。新形势下，数学教师交流展示的现代教育技术应用能力为本次活动注入了新鲜血液。信息化背景下数学课程教与学方式更为优化。教师在数学教学中运用信息化教学模式能够将数学教学过程中枯燥的书面语言变为生动的图像语言，改变学生对数学的印象。通过介绍数学在一些实际问题中的建模运用过程，使得学生明白数学是一门很实用的学科，学好数学能够锻炼学生理性思考的能力。通过信息化教学，学生可以从课堂参与到教学过程中来，让学生能够从中发现问题、解决问题，感受到学习数学的乐趣。教学平台促进学生自主化学习，凸显学生的主体地位；教学评价的多元化、及时性和有效性明显提高；教学课件的综合水平提升，更能够体现课件的技术性、实用性、推广性和观赏性。数学的实用价值体现得更加充分。

教师应该在生活中寻找丰富的素材应用到课堂中，挖掘数学与学生专业的联系，体现职教特色。基于中职学生数学基础薄弱和信息化基础不足，教师首先要让学生意识到信息化在数学教学过程中的重要性，然后教师才可能采用一些生动的教学方法提升学生的学习兴趣。

本次中等职业学校教师信息化教学设计和说课系列交流活动以立德树人为宗旨，积极倡导教师运用信息化手段进行授课，并同时关注教学分析、教学策略、教学过程、教学反思等方面，将数学与学生的专业特色进行完美结合。

本次活动让教师之间进行了专业的学术交流，碰撞出了思想的火花，提高了教师基本教学能力和教育技术应用水平，促进了对信息技术在教育教学中的广泛应用的理解，对于全国中等职业学校教师而言，是一个非常好的学习交流平台。

（●撰稿　李燕　●修订　张建军　●审定　谯述忠）

四川省谯述忠名师工作室
工作简报

2020 年第 5 期（总第 32 期）

网络研讨问卷，落实调查细则

2020 年 2 月 27 日晚上 7 点半，四川省谯述忠名师工作室课题组成员准时上线，利用 QQ 群开展网络研讨活动。本次活动由领衔人谯述忠老师主持，工作室课题组 4 位省级成员积极参与研讨，力争为课题研究的真实性服务。

本次研讨主要是谯述忠老师就工作室的立项课题《四川省农村地区中等职业学校数学教师专业发展调查研究》问卷调查表的修改工作进行指导。

课题立项明确方向后，就要为调研对象与调研内容设计调查表来收集资料。大家就表的结构，问题设计的严谨性、可行性和有效性进行分类逐个讨论。

课题组成员在谯述忠老师的主持下首先讨论调查表的结构。侯雷老师认为调查表的思路应根据基本情况、内因、外因、补充说明四个环节来考虑。张文彬老师认为重心应放在教师这一方面，符合主题，便于后期统计数据，提炼结果。邓光强老师则认为将调查表分成三类：学校、学生和教师，从不同角度直接或间接了解四川省农村中等职业学校教学现状与数学教师专业发展现状。黄春燕老师认为教师专业发展的调查就从《中等职业学校教师专业标准（试行）》的三个维度（专业理念与师德、专业知识、专业能力）去设计问题。

接下来，课题组成员对每一类每一个问题展开讨论。谯述忠老师指出调查问题可以是开放性问题、封闭式问题和半封闭式问题；问题的设计要科学、合理，不设计无效的问题；还应注意问题选择的几大原则：相关、简洁、礼貌、方便、定量准确、选择穷尽、拒绝术语、适合身份、非导向，有些问题的设计还要通过选项去判断被调查人对理论知识的掌握情况。最后，课题组分别确定了针对学校和学生的调查问卷表。

谯述忠老师根据大家的讨论总结发言：为了更真实掌握教师专业发展现状，教师的问卷将由工作室成员分工合作、共同完成，力求在课题研究上出成果。他鼓励所有成员加强理论学习，提升教研水平，努力成长为区域或者学校的教学骨干。

（●撰稿　黄春燕　●修订　杨丽君　●审定　谯述忠）

四川省谯述忠名师工作室
工作简报

2020 年第 13 期（总第 40 期）

加强课标专题培训　提升教育教学水平

2020 年 3 月 30 日至 31 日，四川省谯述忠名师工作室领衔人谯述忠老师组织工作室省、市级成员参加数学课程标准培训，提升教育教学水平。

2020 年 3 月 30 日上午 9 时，四川省谯述忠名师工作室省、市级成员通过网络视频直播形式参加开班仪式。

教育部教材局巡视员申继亮对思想政治、历史和语文三科课标的贯彻落实进行详细阐述。他指出：思想政治、历史和语文三门课程标准的修订，要作为“立德树人”的重要举措，以此加强思想道德教育。思想政治、历史和语文都有独特的育人功能，要把握好每一门学科的核心素养，以“立德树人”为落脚点，做好学科间的融合，促进学生“德、智、体、美、劳”全面发展。

教育部职业技术教育中心研究所所长王扬南从“职业教育改革发展基本形式”和“如何把握 10 门课标”两方面介绍了职业教育改革发展的目标和具体实施细则。

一、职业教育发展基本形式包括：国家政策、完成三个转变、健全国家教育制度、深化产教融合、激励企业参与、全面加强党对职业教育的管理和投入。

二、如何把握 10 门课标：公共基础课标是落实“立德树人”的根本保障；思想政治、历史和语文三门课程决定人才培养的社会主义方向；结合学科特点发挥特殊的育人功能，渗透思政元素，专业课程关注职业技术、工匠精神培养；做好“三教改革”，是深化教育教学改革的重要抓手。

教育部职业技术教育中心研究所副所长曾天山作《基于课程标准，提升育人职能》专题讲座，分别从六个方面进行讲解：要形成高水平人才培养体系，培养社会主义建设者和接班人，将中职教育作为重要教育阶段，重视“核心素养”的培养；了解我国学生发展核心素养主要表现在文化基础、自主发展、社会参与三个方面；了解中职文化基础课标的研制过程分三批，第一批是2020年1月制订的语文、思想政治、历史课标，第二批是数学、信息技术、体育与健康、物理、化学课标，第三批是英语和艺术课标；理解中职课标基本要义，从教学大纲到课程标准的细化；以学科核心素养为主轴系统设计课程目标及课程内容要求；把握中职课标显著特点，体现新时代职业教育质量发展的新精神和新要求，聚焦学科核心素养，明确学业质量要求，彰显职业教育特色。

2020年3月31日14:00，四川省谯述忠名师工作室省、市级成员通过网络直播形式参加数学课程标准培训。

山东大学秦静教授作《中职数学课程标准解读》专题讲座，分别从核心素养、教学大纲与课程标准、中职数学课程标准解读等方面进行详细解读。她指出核心素养的意义是“立德树人”，是学生应具备的能够适应终身发展和社会发展需要的必备品格和关键能力；中国学生发展核心素养应从文化基础、自主发展、社会参与三个方面进行培养；中职数学课程具有基础性、发展性、应用性、职业性等特点，数学课程实施要从教学要求、学业水平评价、教材编写要求、课程资源开发与利用、对地方与学校实施本课程的要求这五个方面展开。

教育部中等职业技术教育中心、陕西省教育科学研究院郭为教授作《中职数学学科核心素养下的课堂教学改革》专题讲座。他分别从背景、中等职业学校公共基础课程方案、中等职业学校数学学科核心素养、教学改革与实施四个方面进行讲解：

一、背景：教育强国战略促使发展现代职业教育；完善职业教育体系的三个方面，包括职教特色、提高质量、服务能力；职业教育需要解决两个问题，包括职业教育的定位和职业教育现代化；职业教育是类型教育，主要改革举措包括修订《职业教育法》、职业院校实施1+X证书制度、产教融合、中职高职衔接、扩招100万和技能培训。

二、中等职业学校公共基础课程方案：主要解决三个问题，即“培养什么人、怎样培养人、为谁培养人”，这是落实立德树人根本任务、深化教育改革的依据，是制订中等职业学校公共基础课程标准的依据；课程方案的使用包括学时、课程内容与学分、评价三个方面。

三、中等职业学校数学学科核心素养：数学学科目标的变化由“四基、四能、三会”，到培养学生学科核心素养，以学习习惯养成教育为主线，强化学生主体意识的培养和自主学习能力的提高，培养学科综合能力。

四、教学改革：回归教育本身的育人功能，关键在教学（教师、教法、教材），教学目标由“教会、会教”转向“想学、享学”，按照“四有”和“六要”的要求，多措并举打造“双师型”教师队伍，做好教学设计方案的9个基本环节，提升教师信息技术应用能力，充分体现教学改革的4个要点“教师、教学设计、职教特色、信息化”。

本次培训在四川省谯述忠名师工作室领衔人谯述忠老师的精心组织下，工作室全体成员对“职业教育改革发展基本形式和现阶段职业教育的重要性”有了更加深入的理解，进一步明确了中职数学课程标准的主要内容和基本要义，为开展好数学教育教学工作奠定了坚实基础。在今后的教育教学过程中，我们要结合学科特点发挥特殊的育人功能，落实“立德树人”根本思想，在数学课堂教学中渗透思政元素，切实把握数学课程标准，以培养数学学科核心素养为核心设计课程目标及课程内容要求，并与专业课程有机结合，做好“三教改革”，提高数学教育教学质量，为祖国发展培养合格的社会主义建设者和接班人。

四川省谯述忠名师工作室省级成员学习心得体会

四川省青神职业学校副校长　邓光强

通过对《中职数学课程标准》和《中职数学学科核心素养下的课堂教学改革》的学习，我觉得最主要的改变是改变自己！《大纲》的作用是指导编写教科书和指导教师进行教学，《课标》的作用是指导编写教科书和指导教师如何教、学生如何学。一定要让自己从《大纲》走出来，走进《课标》。《课标》的制订不仅仅是文本的变化，还应该是思维的变化，并引领行动的变革。本次教学改革是由主导学习转向协助学习、由教科书转向教学资源、由有限时空向无限时空、由数学应用转向学习应用的改革，要让学生主体意识得到培养、自主学习能力得到提高，让中职数学课堂“活”起来，让培育中职数学核心素养的任务能落实。

内江市高级技工学校教务处主任　黄春燕

总的感受是“新课标、新要求、新高度”，落实在行动上，有以下两方面的体会。

1. 做“学习型”教师

新课标的落实关键在教学，改革的成败关键是教师。这就要求教师要不断学习先进的、与新课标相适应的、符合中等职业教育特点的教育理念，成为一个终身“学习型”的教师。

首先要认真学习新的《中等职业学校数学课程标准》。理解新课程性质与任务、学科核心素养与课程目标、课程结构、课程内容、学业质量、课程实施，把握新课标的精髓。弄清楚新课标与旧大纲的区别。新课标打破了教学大纲以学科知识体系为主的传统方式，以促进学生学科核心素养的形成为导向，增加学业水平评价，满足学生继续学习与个性发展需要，加强了与专业课教学的衔接与配合。

其次要认真钻研教材，落实数学学科核心素养。新课标一个重要的特点就是强化核心素养的观念。每位教师应弄清教材与新课程标准、数学学科核心素养之间的内在联系，教材设计的意图和落脚点，教法上有了哪些变化等，从而改进教学设计，让数学学科的核心素养与课程内容更好地融合。通过钻研教材，掌握每一阶段的教学目标，将数学学科的核心素养落实到每一章，有效地实施数学教学。

最后要学习现代教学手段进行辅助教学，利用媒体资源丰富教学内容，提高教学效率。加强现代教育技术手段的运用已经是现代教学的一个趋势。在新课标中，教学材料由教科书转向成了教学资源，这给职业教育的教师提出了更高的要求。教师不仅要掌握扎实的专业知识，还要学习现代教育技术手段的运用以及教育研究等方面的知识，构建多元化知识结构，充分利用媒体丰富的资源，高效、生动、直观地呈现教学内容，帮助学生理解数学知识。要利用当代职教生喜欢上网的特点，引导学生在网络中学习，利用网络平台开展师生之间的合作学习，学生的自主学习，提高教学效率。

2. 教师成为学生的协助者

教师要把“立德树人”放在第一位。在数学教学中，将社会主义核心价值观贯穿于发展学生数学核心素养的过程中，培养学生正确的价值观和人生观，让他们成为有担当的时代新人。要深刻理解六大数学核心素养的内涵、育人价值、表现形式和层次水平，将课程目标、教学内容、教学形式、教学方法和教学手段都聚焦于培养和发展学生的数学学科核心素养上。

以学生为主导，做一个成功的引路人。学生才是学习的主人，新课改的学习目标已经由“教会、会教”转向了“想学、享学”。数学教师应转变教学观点，根据中职生的特点，多采用启发式、探究式、合作式、参与式等多种教学方式，以学生为中心，以激发他们的学习兴趣为重心，降低起点，分层次、小梯度教学，尊重学生的个体差异，鼓励学生选择适合自己的学习方式，敢于发表自己个性化的见解，形成宽松、和谐、愉悦的学习环境，教师只是学习活动的组织者和引导者，这样才能真正激发中职生学习数学的信心。

广安市邻水县职业中学数学名师　张建军

2020 年 3 月 31 日，教育部中职数学课程标准研制课题组长秦静为中职教师作了《中职数学课程标准解读》专题讲座。她分析了中职数学教学的现状，阐释了学科核心素养的内涵，详细指出了教学大纲与课程标准的区别，表达了中职教育教学改革的观点。

1. 学科核心素养如何在课堂中体现

学科核心素养的培养要求在教学中设计有体验感的活动，并让学生在此活动中获得成就感。我们每一位教师应做教学中的有心人，在教育教学的一言一行中，用自己积极的乐观向上的正能量去感染学生，用自己的爱心去感化学生。在课堂教学设计中，多以活动为载体，让学生学会思考，学会表达，在活动中学会数学并体验数学所带来的快乐。

2. 从教学大纲到课程标准

教学大纲关注的是教学内容，以教师、教材、教室为中心。课程标准关注的是学生，以学生的发展、学生的学习、学习的效果为中心。从教学大纲到课程标准的变化，实质上就是从知识到人，从对学生评价到为学生的发展评价的变化。课程标准的基本理念：注重学生发展，改变学科本位，从生活走向数学，从数学走向社会，注重教学活动体验，提倡学习方式多样化，关注学生学习的过程、方法、情感、态度及价值观。

3. 教育的真谛

教育的真谛，第一在于唤醒，第二在于传递正能量。德国著名教育家第斯多惠说："教学的艺术不在于传授的本质，而在于唤醒和鼓舞。"求知和思辨是人的天性，教师只有关注学生并且从学生个体特点和需求去启发、鼓励和在方法上引导，学会倾听，用爱心去浇灌，才能让学生的"学"成为一种自觉、主动和独立的行为。老师的正能量能够让学生变得自信、乐观、向上。

成都市中和职业中学数学名师　侯雷

2020 年 3 月 31 日下午两点参加了中职数学课程标准培训，通过两位专家对课程标准的解读，更加理解了制订课程标准的重要性，以及如何落实到课堂教学中。首先秦静专家对中职数学课程标准进行了解读，核心是对素养的诠释。素养是指一个人的修养，我们对学生教育的时候同样也是对其修养的培养，而核心素养是指学生应该具备的、能够适应终身发展和社会发展需要的必备品格和关键能力。全面发展人的核心素养就需要文化基础、社会参与以及自主发展三方面的配合。同时需要注意，指向核心素养的教学设计在课程实施时要帮助学生认识自我、建立自信，遵循职业教育的规律特点。最后根据课程标准进行教学改革时，还要以学生成才为中心，多应用现代化教学手段来提高自身的教学能力。

攀枝花市经贸旅游学校数学名师　张文彬

2020 年 3 月 31 日，我有幸参加了《中等职业学校数学课程标准》的培训。通过山东大学秦静教授对新课标的解读，首先我对核心素养有了更深层次的认识，基于数学学科特点，教学设计中应该包含有"体验感"的活动，并让学生在此活动中获得切实的"成就感”。其次，我明白了新课标与以前的教学大纲的联系和区别，最大的改变是总体降低要求，个别内容进行调整，教学的关键还是要落脚到学生上，从对学生评价转变为为学生的发展评价。最后，秦教授留下的几个问题值得我们去深思，也为我们的科研提供了很好的方向。教书育人在细微处，我要在以后具体的教学中，提高自身的道德品质，争做“四有”好老师，争取尽早将新课标落实，唤醒学生学习兴趣和自信心，传递正能量，促进学生的成长。

遂宁市职业技术学校数学名师　蒋美

通过这次学习，我意识到数学核心素养在课堂教学中的渗透很重要。而基于学科核心素养的教学设计应当注意什么？专家指出，要包含有“体验感”的活动，并让学生在此活动中获得切实的“成就感”，并举出了例子。我一直在思考，数学活动课应怎样设计，我狭隘的理解就是场外活动，课堂游戏之类的。听了这次专家授课，我茅塞顿开。

在新的课程标准中必修部分减掉了平面向量和数列，简化了立体几何，降低难度，强调基础。所以让我反思平时授课是否讲得太难，更应注重学生运算能力、数据分析、思维等方面的培养，落实核心素养。

达州市开江县职业中学教务处副主任　杨丽君

通过本次数学课程标准的培训学习，我更加深入地理解培养学生数学核心素养的重要性。要做好数学教育教学工作，一定要把握数学课程标准的特点：立足数学本源、体现全面“立德树人”思想、强化“核心素养”观念、体现“工匠精神”、突出中职数学特色、积淀数学文化。培养学生的数学核心素养，可从数学思维（直观想象、数学抽象）、数学方法（数学运算、逻辑推理）、数学工具（数据分析、数学建模）三个方面入手。进行中职教学改革，要做好教学设计方案的基本环节：确定课程的一般信息（课程名称、课程类型、教学对象、教具准备、教学环境）、学情分析、教学目标设计、教学重难点处理、教学媒体资源选择、课堂教学创新点设计、教学过程设计、课件或板书设计、教学效果评价。明确了中职数学教学改革的要点：以学生成长为中心（坚持初心），核心素养贯穿课程全过程（更新观念），应用信息化教学手段（与时俱进）。

（●撰稿　杨丽君　●修订　魏敬爱　●审定　谯述忠）

四川省谯述忠名师鼎兴工作室[*]工作简报

2020 年第 37 期（总第 64 期）

践行教育鼎兴之路 提升教师专业能力

为践行助力四川教育走上“鼎兴”之路，2020 年 9 月 25 日至 27 日，四川省谯述忠名师鼎兴工作室在遂宁举行了四川省中等职业学校数学教师专业能力提升培训活动。四川省教育科学研究院副院长曾宁波、遂宁市教育体育局副局长严君昌、四川省教育科学研究院职教所所长廖大凯、遂宁市教育体育局职成科科长林世友、遂宁市职业技术学校校长薛永哲及部分市教科所职教室主任和教师代表近 100 人出席了本次活动。

四川省教育科学研究院副院长曾宁波、遂宁市教育体育局副局长严君昌、遂宁市职业技术学校校长薛永哲、四川省谯述忠名师鼎兴工作室领衔人谯述忠、遂宁市教育体育局职成科科长林世友及部分市州教科所职教室主任和教师代表出席了开幕式。开幕式由泸州市教科所职教室主任刘永辉主持。

首先，严君昌副局长对莅临本次活动的领导和参与活动的全体教师表示热烈欢迎，感谢四川省谯述忠名师鼎兴工作室能够选择遂宁作为省内学习交流平台。他介绍了遂宁职业教育的发展历程，讲述了遂宁市职业技术学校的概况，希望四川省谯述忠名师鼎兴工作室能够多举办类似活动，不断提升职业教师的专业能力，提高职业教育教学质量，为职业教育的发展作出更多贡献。其次，领衔人谯述忠对本次活动给予大力支持的遂宁市教育体育局和提供交流平台的遂宁市职业技术学校表示衷心的感谢！向一直对工作室给予帮助、指导和认可的四川省教育科学研究院表示崇高的敬意！并就工作室近两年来开展的活动和取

---

* 注：为寄托以名师名校长工作室为契机，铸就更多“川派”名师，加快教育现代化、建设教育强省，以实际行动助力四川教育走上“鼎兴之路”的美好愿望，自川教函〔2020〕464 号文件发布以后，四川省教师培训项目办公室公布的第一批中小学省级名师名校长工作室均冠以“鼎兴”之名，之后成立的省级名师名校长工作室亦如此。

得的成效向与会的领导作了汇报。

开幕式后，四川省教育科学研究院曾宁波副院长作了《如何增强校本教研的有效性》专题讲座。曾院长分别从“怎样认识教师的教育研究”“校本教研对教师的专业成长有何作用”“基于校本教研有效性的教师教研状态分析”三方面，分析了不同教师对开展教育研究的看法和中职教师参加教育科研的动机，强调校本教研对教师专业成长的作用巨大，指出开展有效校本教研的具体思路和基本方法。

曾院长的讲座结合实例，将高深的科研理念变得生动有趣，使老师们容易理解。讲座结束后，老师们积极提问，曾院长耐心解答、细心指导，交流讨论的氛围非常热烈。通过聆听讲座，老师们对校本教研有了新的认识，纷纷表示一定要坚持参与学校的教研活动，努力提升自己的专业能力水平。

四川省教科院职业教育研究所廖大凯所长作了《新时代职教老师的使命与担当》专题讲座。本环节由达县职业高级中学潘林老师主持。

廖所长从“为什么担当：新时代更高要求”“担当什么：标准引领”“怎样担当：教师专业成长的基本取向”三方面进行解读。他指出，强国必先强师，要深刻认识加强教师队伍建设的战略背景、定位、布局和重点，了解中共四川省委、省政府《关于全面深化新时代教师队伍建设改革的实施意见》的主要内容和20项改革任务；加强学习领会习近平总书记讲话精神，做“四有好老师”和“四个引路人”，认真学习《中等职业学校教师专业标准（试行）》；明确教师专业成长的基本取向：树立科学的教育理念、注重学生关键能力培养、强化教学的教育性、提升自身能力素养、做好学生职业楷模。

廖所长的亲身经历为老师们树立了学习的榜样。讲座结束后，廖所长与参会教师交流讨论，气氛热烈。与会教师纷纷表示，要认真学习领会廖所长专题讲座的精髓，认真学习《关于全面深化新时代教师队伍建设改革的实施意见》和《中等职业学校教师专业标准（试行）》，不断提升自己的专业能力，努力成为“四有好老师”和“四个引路人”。

四川省谯述忠名师鼎兴工作室领衔人谯述忠分别作了《教学设计质量提升策略》与《新形势新标准，新高考新策略》专题讲座。在《教学设计质量提升策略》专题讲座中，谯老师分别从“中职数学教学设计现状”“教学设计概念”“教学设计原理”“教学设计质量评估”“教学设计质量提升策略”五个方面进行解读。他分析了学校调研情况和省教学能力比赛情况，详细讲解了教学设计的概念、历史、设计原理组成部分，指出教学设计质量提升策略，并进行教学设计的分析研究，为数学教师的教学设计质量提升指明了方向。在《新形势新标准，新高考新策略》专题讲座中，他就“中职办学‘转向’下的数学教学”“新课程标准对中职数学教学影响”“研究‘两题’，提升复习效益”“基于核心素养的应试策略”四个方面展开说明。他就目前我省中职教育“转向”对招生工作和教育教学的影响进行了分析，并结合新的课程标准对中职数学教育教学的影响，研究近几年我省单招试题与对口升学试题的命题策略，提出了中职高三后期复习策略、高三数学课教学策略，为成员及更多的中职数学教师提升全省中职数学教育教学质量献计献策。

本次培训活动还开展了成员上示范课、公开课、研究课和作专题讲座的活动，并由成员王三刚、张建军、潘林主持，以培训提升成员的专业能力和学术水平。

9 月 25 日上午，四川省谯述忠名师鼎兴工作室省、市级成员在遂宁市职业技术学校智慧教室进行示范课展示。本环节由广安市邻水县职中张建军老师主持。

遂宁市职业技术学校老师、2019 年省教学能力比赛一等奖获得者蒋美老师进行《直线的倾斜角和斜率》公开课展示；

四川省开江县职业中学老师、“创新杯”全国比赛一等奖获得者杨丽君老师进行《集合的运算》复习研究课展示；

攀枝花市建筑工程学校老师、2020 年省教师教学能力比赛一等奖获得者杜婧老师进行《直线与平面平行（一）》公开课展示；

内江市高级技工校黄春燕老师进行《排列》复习研究课展示。

四位老师在谯述忠老师的指导下，按照“三教改革”的具体要求，结合学生学情及专业特征，有机融入“课程思政”元素，应用信息化教学手段进行教学设计，采用任务驱动法，有效引导学生进行自主学习、组内互助、组间竞赛，培养学生数形结合、分类讨论、转化等数学思想，提高学生分析问题、解决问题的能力和逻辑推理能力，为学生的终身发展奠定坚实基础。四位老师精彩的课堂教学展示，获得了省、市级专家们的高度赞扬，得到了全省各中等职业学校老师们的一致好评，受到学生们的认可和喜爱！

26 日下午，与会成员对 4 节课进行了评课议课。大家踊跃发言，讨论氛围激烈。

省级成员、攀枝花市经贸旅游学校老师、“创新杯”全国比赛一等奖获得者张文彬老师指出：蒋美老师的课内容太多，可以删减一部分，讲完公式就举例；楼梯的坡度是否可以引入斜率；选择题用到正弦函数图像是否合适。杨丽君老师的课可以跟实际结合，将练习题 2 的不等式加绝对值符号，或变成一元二次不等式。杜婧老师的课例 2 中求证时可以在三角形中画一条中位线让学生来证明。

市级成员、船山职业技术学校唐玲老师发言：蒋美老师的课中，讲定义时可否让学生认识一下倾斜角怎么找；后面给出 4 种图形，可否给出倾斜角的范围，在黑板上呈现。杨丽君老师的课上应给学生指出书写格式问题，后面求两个集合的交集等于空集是难点，应强调注意界点的取值。黄春燕老师的课容量太大，习题变式训练可否放到排列定义讲解之后。

市级成员、双流建设职业技术学校叶志琴老师发言：蒋美老师的课，倾斜角的引入讲得太多，耽搁时间，学生上传作业有问题。杨丽君老师的课内容多，容量大。杜婧老师的课适合建筑专业的学生，不太适合幼师专业的学生。

市级成员、内江市第二职业中学校范智勇老师发言：教师上课不要过多依赖多媒体，要注意板书知识要点，学生参与练习。蒋美老师的课，倾斜角最特殊的是直角，让学生加强记忆；讲完倾斜角后要马上强化训练，让学生不易出错；坡度引入，可以直接引入。杨丽君老师的课，题型应针对专业进行设计，幼师专业的学生基础差，难度应降低；变式训练 2 分类讨论思想的应用，不应该舍去，应适当简化，配合子集的题型，纳入训练。杜婧老师的课，在知识的用语上应该严谨、多样，可以用图形表示，培养学生空间想象能力，线面位置关系可以直观表示出来，易于学生理解。

市级成员、富顺职业技术学校老师、2020 年教师教学能力大赛省二等奖获得者谢莉老师指出：蒋美老师的课前引入，可以用动画片切入，激发学生学习兴趣，但注意时间不能太长；用语要表述清楚，让学生知道本课要研究什么知识；练习环节有 4 个判断题，学生做了后只呈现了对错百分比，学生不知道自己到底做对还是做错。杨丽君老师的课中，求交点的例题讲解后，应追问学生为什么要列方程组。

最后，谯述忠老师作总体点评：评课要从学生学习角度去评，看学生动起来没有。时间把控很重要，教学设计与实际课堂教学要结合，以实际教学为主，教学行为可以临时改变。杨丽君老师的课，最后一题可以删去不要。杜婧老师讲概念时不能拔高，刚建立概念，让学生理解所有的、无穷的比较困难，只要讲好概念就可以了。蒋美老师的课可以用 GGB 动画制作，让学生观察动画，探索当图形转动时角度变化没有，过程中要展示学生的思维，让学生来说，特别要关注没有做对的学生的学习情况。数学教师教学要做到“三心”（即以思维、问题、学生为中心）、“二意”（即培养学生的自主意识、创新意识）。

四川省谯述忠名师鼎兴工作室省级成员、广安市邻水县职中张建军老师作《新课标下高考解读》专题讲座。他从 2014 版考试大纲再解读、认识新课程标准、新课程标准下的高考三方面进行阐述，理清了考纲、课标、教学和考题之间的相互联系，指出只有把握好考纲和课标，才能有效开展中职数学教育教学。

通过张老师的解读，老师们进一步明确了研读考纲、课标的重要性，一致表示回到学校后组织老师们进行学习研读，开展有效的数学课堂教学，提高教育教学质量。

省级成员、富顺职业技术学校李富明老师作专题讲座《如何命好一套中职数学试题》。他讲述了自己在谯老师的指导下走上命题之路整个历程的酸甜苦辣。“作为省级名师工作室成员，命好一套试题是基本要求”，领衔人如是说。如何命出一套高质量试题？李老师结合今年高考前自己参与命题组命制的四套对口升学模拟试题，并发到全省中职数学群得到好评的亲身体会，指出：要吃透考纲，研究考题，根据中职学生实际情况设计好双向细目表，严格按照双向细目表进行题目编写和筛选，把控好题的难易度，才能编写出一套高质量的试题。

省级成员、四川省青神职业学校邓光强副校长作专题讲座《中职数学教师专业发展的现实困境与突破策略》。邓校长从自己的实际情况出发，分别从“中职数学教师专业发展的困境分析”“中职数学教师专业发展面临的三组矛盾”“推动中职数学教师专业发展的策略”三方面进行解读。他认为现在的中职数学教师专业程度较低、教师高级职称比例较小、教师学习更新较慢，存在工作压力大和课时不足、学习愿望强和教研不力、发展形势迫和机制缺位的矛盾，因此要“明确使命，巩固教师专业认同；激发自觉，引导教师专业成长；素养导向，强化专业能力培训；政校合力，完善专业发展平台”。邓校长对现状提出突破的有效方法及策略，让参会老师们收获颇多。

接下来，谯述忠老师安排落实工作室今后的工作任务：编写单招复习试题，为全省中职学校检测高三复习质量提供15套模拟试题；再次修改审核《基于核心素养的中职数学教学设计》，为中职数学教师规范教学、科学开展教学设计提供参考资料；各省级成员带领各自团队积极开展活动、加强课题研究，真正起到“带动一批、辐射一片”的作用。

最后，谯述忠老师为展示示范课和开展讲座的省、市级成员颁发荣誉证书，为新增加的省市级成员颁发证书。

通过本次培训活动，老师们聆听和学习了专家讲座，对中职数学教育理念有了更加深入的理解；通过观摩4堂示范课，极大地提高了课堂教学实践方面的专业素质；通过与专家交流、听课评课议课，极大地促进了专业综合能力的提升。

（●撰稿　杨丽君　●修订　谯述忠　●审定　谯述忠）

四川省谯述忠名师鼎兴工作室
工作简报

2020 年第 45 期（总第 72 期）

名师联合搞教研　阿坝送教促发展

2020 年 10 月 22 日上午，四川省名师名校长鼎兴工作室联合送教活动在阿坝藏族羌族自治州（以下简称“阿坝州”）九寨沟县如期举行。阿坝州教育局副局长苏建松、阿坝州教科所副所长甘康平、阿坝州教育局职成科科长何秀芬、四川省黄宗良名校长鼎兴工作室领衔人黄宗良、四川省谯述忠名师鼎兴工作室领衔人谯述忠、四川省尹福泉名师鼎兴工作室领衔人尹福泉、四川省欧光琳名师鼎兴工作室领衔人欧光琳、阿坝州中等职业技术学校校长王树全出席了本次活动。四川省职教名师名校长工作室成员，阿坝州全体中等职业学校校长、骨干教师约 160 余人参加了活动。会议由欧光琳老师主持。

首先，阿坝州中职学校校长王树全致辞。他对到来的嘉宾表示热烈的欢迎和诚挚的感谢，介绍了阿坝州中职学校的办学理念、办学模式以及学校的发展历史，希望通过本次活动，能够逐步提升学校教师的教育教学能力，促进学校快速发展。

成都市中和职业中学校长黄宗良校长代表送教老师们感谢阿坝州教育局、阿坝州中职学校对送教活动的大力支持。他认为阿坝州的老师们爱岗敬业、诲人不倦，阿坝州中职学校能够孕育出更多优秀人才。名师工作室是骨干教师的孵化器、推进器，借此机会让来自各工作室的教师能够有机会学习成长，希望在以后的教育教学工作中，发挥教研教改优势，为中职教育发展贡献自己的力量。

阿坝州教科所副所长甘康平欢迎各位嘉宾到达物华天宝、人杰地灵的九寨沟。名师工作室发挥三个课堂和四个平台的作用，为阿坝州职业教育带来宝贵经验。针对阿坝州中职教育的困境，希望送教活动能够切实为阿坝州中职教育的发展解决问题，不断促进中职教育的健康、快速发展，促进资源共享。

阿坝州教育局副局长苏建松对参加“送教送培活动”的各位老师表示感谢。他介绍了阿坝州的现状，希望送教送培活动能够促进阿坝州中职教育快速发展，进一步引导职业教育教师改革课堂教学模式，提升教育教学能力，提高教学效果；希望名师工作室积极开展高质量的学术研究，开发教学资源、教学成果，起到辐射引领作用，成为专业教师成长的加速器，成为骨干教师成长的孵化器，使阿坝州的教师成为师德高尚、业务精湛的优秀教师，提升他们的教学能力和科研水平，为阿坝州职业教育发展作出应有的贡献。

四川省尹福泉名师鼎兴工作室领衔人尹福泉作《永葆教育情怀，争做卓越教师》专题讲座。他从“成语中的教育智慧”“教育中的 10 个效应”“怎样成为卓越教师”三方面，讲解了 10 种教育智慧：有教无类、因材施教、博采众长、厚积薄发、深入浅出、长善救失、潜移默化、循序渐进、学以致用、教学相长；阐述了 10 个效应：门槛效应、反馈效应、羊群效应、鲶鱼效应、詹森效应、边际效应、超限效应、霍桑效应、共生效应、木碗效应；指出了成为卓越教师的途径：拥有三种理念、具备七种品质、做到“四有好老师”标准。尹老师的讲座让大家受益匪浅，为教师专业发展明确了方向和目标，在今后的工作中，要把工作当事业，把教育当艺术，把学生当家人。

四川省谯述忠名师鼎兴工作室领衔人、广安市教科所副所长谯述忠作《中等职业学校如何开展课题研究》专题讲座，分别从“四川省中职课题研究情况”“中等职业学校为什么要开展课题研究”“什么是课题研究”“怎么开展课题研究”四个方面，分析了四川省中职课题研究的发展历程，阐述了中职课题研究是“科研兴教、科研兴校、科研兴师”的重要途径，指出了开展课题研究的范围、内容和问题层次，详细讲解了课题研究选题立项、撰写开题报告、研究过程要点、撰写中期报告、进行成果鉴定和结题验收、成果申奖等具体过程的实施方法。谯所长的讲座深入浅出，为中职教师们开展课题研究指明了方向，获得了现场专家和老师们的阵阵掌声。

2020 年 10 月 22 日下午，四川省谯述忠名师鼎兴工作室成员谢莉老师在高二计算机专业班级上示范课《函数的概念》。她从“创设情境，兴趣导入”“动脑思考，探索新知”“巩固知识，典型例题”“应用知识，强化训练”“归纳小结，强化思想”“继续探索，作业探究”六个环节进行课堂教学，利用视频和微课等多媒体信息技术，充分激发学生的学习兴趣，积极引导学生自主探索、独立思考，逐步理解函数的概念，并结合计算机专业知识进行任务驱动，让学生学会运用新知解决函数相关问题，培养数学思维，提高分析问题和解决问题的能力。谢莉老师的精彩课例展示，得到了专家们的高度赞扬，受到老师们的一致好评。

示范课结束后，谯述忠老师组织老师们进行评课议课。大家踊跃发言，积极交流，讨论的气氛非常热烈。

熊丽老师认为谢莉老师的课体现了三心：用心、细心、爱心，能贴合专业特色进行导学，融入了“课程思政”元素，从“追星”“节约”等方面，渗透“课程思政”；与学生交流沟通时非常耐心，不断鼓励学生回答问题，让学生充满对学习的兴趣和信心。熊丽老师建议讲函数概念时要贴近学生生活实际，那样效果会更好。

李富民老师指出：谢莉老师的课在讲函数概念时，可以从表格、图像、式子等不同角度让学生了解、理解关系的含义，从活动中理解函数的概念，并强调自变量对应唯一的因变量，还应该结合传统教学手段，进行板书。

潘林老师很欣赏谢莉老师的课堂教学，觉得自己收获很大，谢莉老师信息化技术应用熟练，实现了教学相长。他建议根据学生的实际情况进行教学设计，可以调整教学进度，注重学生学习效果。

梁维燕老师认为讲函数概念时，可以贴近学生生活引入，再播放视频，然后列举简单例子，得出概念，并且可以适当板书；导入初中函数知识时，可以用学生打篮球的实例，更能激发学生学习兴趣，便于学生理解抽象的函数概念。

邓光强老师认为谢莉老师的教学设计合理，符合学生实际，有机融入了思政元素，总体思路是让学生眼见为实，教学效果可评可测可看。他建议让学生多思考、多总结得出函数的概念，老师不能包办。

杨丽君老师认为本课对函数的概念讲解透彻，信息化教学手段丰富，充分激发了学生的学习兴趣，教师引导学生积极思考，归纳函数的概念，但学生基础薄弱，理解起来还有一定难度。

邓睿竹老师建议视频放完后，可以及时总结，加深学生记忆；投票环节，结果可否不呈现，让学生先思考，不能有从众心理；概念讲解有难度，老师可以列举实例，让学生容易理解。

李云璐老师建议复习函数概念时，可以先复习正比例函数、一次函数等等，找出对应关系再引入，效果会更好。

最后，谯述忠老师作总结点评：谢莉老师的示范课从“组、复、新、巩、布”五个环节组织教学，根据当前“光盘行动”等时事热点导入新课，设计新颖有创意，有机融入“课程思政”元素，将“显性教育”与“隐性教育”有机结合；课堂以“教师为主导、学生为主体”，体现了“师生互动、生生互动”，并将教学评价贯穿整个教学过程，对学生的学习情况进行实时监测，提高了课堂教学效果；但本课教学容量太大，如果减少部分练习题，教学效果会更好。谯述忠老师希望数学老师们要深入学习新《数学课程标准》，明确培养学生的“四基四能”（“四基”即数学的基础知识、基本技能、基本思想、基本活动经验，“四能”即发现问题的能力、提出问题的能力、分析问题的能力、解决问题的能力）和“三用”（即用数学的眼光去观察世界、思考世界、表达世界），为学生的终身发展奠定坚实基础。

2020 年 10 月 22 日下午，四川省谯述忠名师鼎兴工作室成员邓光强作《基于核心素养的中职教师专业发展探析》专题讲座。他详细解读了《中等职业学校教师专业标准》，从“先天不足”“专业劣势”“学习滞后”三方面分析了中职数学教师专业发展面临的困境，指出了中职数学教师专业发展面临的“工作压力大和课时不足”“学习愿望强和教研不力”“发展形势迫和机制缺位”三大矛盾，根据困境和矛盾制订了推动数学中职教师专业发展的策略：明确使命，巩固教师专业认同；激发自觉，引导教师专业成长；素养导向，强化专业能力培训；政校合力，完善专业发展平台。邓老师的讲座结合自身实际，为中职教师专业发展提供了成长之路，受到与会专家和老师们的高度赞扬。

2020 年 10 月 23 日上午，四川省谯述忠名师鼎兴工作室成员杨丽君老师作《中职数学课程思政教育实施策略》专题讲座。她围绕教育的根本问题“培养什么人、如何培养人、为谁培养人”等问题，基于真正落实“立德树人”根本任务，分别从“认识中职数学课程思政的重要性”“理解中职数学课程思政的基本内涵”“厘清中职数学课程思政的逻辑思路”“明确中职数学课程思政的教师要求”“开展中职数学课程思政的方法措施”“了解中职数学课程思政的教学案例”六个方面，详细阐述了中职数学课程思政教育的实施策略，为中职数学教师将“课程思政”有机融入课堂教学指明方向。杨丽君老师的精彩讲座，受到专家和老师们的一致好评。

2020 年 10 月 23 日下午，四川省谯述忠名师鼎兴工作室成员潘林作《中职数学课程标准的领悟与运用》专题讲座，分别从“新课标主要呈现的五方面特点”“新课标的主要内容”“教学大纲与课程标准的区别”“落实立德树人，聚焦核心素养”“突出主体地位，改进教学方式”五方面深入解读《中职数学课程标准》，通过分析教学大纲与课程标准的区别，进一步明确了课程结构和教学内容，强调数学教学要落实“立德树人”，聚焦“核心素养”，确立学生在教学中的“主体地位”是根本保证。教师要转变教学观念，创新教学形式，实施以学生为中心的教学模式。潘老师激情洋溢的讲座迎来了阵阵掌声，让在座的老师们对课程标准和教学大纲有了更加深入的理解，明确了今后数学课堂教学的重点是落实“立德树人”，聚焦“核心素养”。

2020 年 10 月 24 日上午，四川省谯述忠名师鼎兴工作室成员李富明作《中等职业教育数学命题策略》专题讲座。他从自己的实际命题经历出发，归纳总结出中等职业教育数学命题的五个策略：正确界定三种类型题；把握命题的基本原则；制定双向细目表；突出选择题、填空题在整套试题中的稳定作用；正确认识和处理三种命题题型。通过列举典型事例，李老师详细解读了如何具体实施命题的五个策略，从而命制一套高质量高水平的测试题。李老师的讲座以实例为载体，生动形象，受到大家的一致好评。同时，也让老师们明白：命题是老师的职责，命好题体现老师的劳动智慧，更体现老师在教学中的价值。

通过本次送教培训活动，老师们聆听和学习了专家讲座，对中职数学教育理念有了更加深入的理解；通过观摩示范课，老师们极大提高了课堂教学实践方面的专业素质；与专家交流、听课评课议课等活动对老师们专业综合能力的提升起到巨大促进作用。

（●撰稿　杨丽君　●修订　谯述忠　●审定　谯述忠）

四川省谯述忠名师鼎兴工作室
工作简报

2020 年第 47 期（总第 74 期）

送教送培——示范、引领、辐射

初冬时节，享有“高原明珠”之称的盐源，天高云淡、苹果飘香。11 月 4 日~11 月 7 日，四川省谯述忠名师鼎兴工作室一行 9 人走进盐源县职业技术中学校，开展“送教送培”活动，该活动与“盐源县职业技术中学校、德昌县职业高级中学教师技能大比武”活动同时举行，在冬日的暖阳里，二者相辅相成，相辉相映。凉山彝族自治州教科所职教室主任徐建国，盐源县教科体局副局长罗爱华、职成股长王仕萍，盐源县教研室主任郭茂清，盐源县职业技术中学校校长康光海、副校长沈鹏程，四川省谯述忠名师鼎兴工作室领衔人谯述忠出席了本次活动启动仪式，四川省谯述忠名师鼎兴工作室 8 名成员及凉山州部分中职学校数学教师、盐源县职业技术中学校全体教师共计 170 余人参加了本次活动。罗爱华副局长致辞，工作室领衔人谯述忠讲话。启动仪式由盐源县职业技术中学校康光海校长主持。

罗爱华副局长对活动顺利举行表示热烈祝贺，她强调“扶人先扶智，扶智靠教育”，工作室的送教送培活动对盐源县职业教育是“久旱逢甘霖，雪中送热炭”，同时指出“送教送培”只是一场雨，希望大家共同携手，在盐源县职业技术中学校播撒教育的种子。

工作室领衔人谯述忠首先对凉山州教科所、盐源县教科体局、盐源职中对本次送教送培活动给予的大力支持表示感谢！其次，对工作室近两年来开展的活动与取得的成果作了简要汇报，并说明了本次送教送培活动的目的与意义。

名师展风采　送教促提升

送教环节中，第一堂课是由工作室成员、2020 年全省中职教师教学能力大赛一等奖获得者——攀枝花市建筑工程学校教师郭怡琳老师上的示范课《直线与平面垂直的判定》。郭老师运用 GGB 教学软件动态展示直线与平面垂直，在其精心讲解下，学生从生活实例猜测定理，用折纸小实验自主探索直线与平面垂直的判定定理，真切体会到了数学的趣味。

第二堂课是由工作室成员、四川省档案学校刘玉香老师带来的《任意角的概念》。刘老师带领 18 级机械 1 班的同学们遨游在数学的海洋，用“程菲跳”“菜鸟开车”“拧螺母”等生动实例讲解角的推广，让学生切实体味数学来源于生活又服务于生活的本质。

第三堂课由盐源职业技术中学校周国英老师展示示范课《直线与平面的位置关系》。周老师以游戏贯穿整个教学环节，让同学们动手从直线的公共点个数及关系探究线面位置关系，同时她利用身边的纸和笔等工具帮助同学们解决立体几何问题。同学们被丰富有趣的课堂深深吸引，收获颇多。

第四堂课是由工作室成员、2020 年全省中职教师教学能力大赛三等奖获得者——德昌县职业高级中学唐雅琦老师带来的《椭圆的离心率及其应用》示范课。唐老师以时下流行的“吃鸡”短片切入，将数学课堂变得丰富有趣味，她在教学中用“刮刮卡”及时奖励做得好的同学，每一个奖品都会附上对应的勉励，以期落实立德树人的根本任务。

最后一堂课是由工作室成员、2020 年全省中职教师教学能力大赛三等奖获得者——德昌县职业高级中学陈世碧老师为我们展示的复习课《多项式表示的向量的内积》。陈老师端庄的教态、得体的数学语言充分展示了她深厚的教学功底，用“开火车”的方式抽学生回答问题，充分反馈学生们知识的掌握情况。教学中分类举例、归纳总结，使得学生易理解并掌握，针对学生实际情况设计例题，层层深入，示范性强。

课后，名师工作室领衔人谯述忠主持了评课议课活动。工作室 8 名成员以及凉山彝族自治州部分中职学校数学老师、盐源县职业技术中学校全体数学教师参加了评课活动。大家各抒己见，对 5 位教师的授课给予高度评价，并提出了宝贵的意见与建议。最后，谯老师总结发言：任何一堂课都有缺陷美。教师要善于总结与反思，不断改进教学方法，提高学生的学习兴趣。教师的功夫要下在课外，要多看理论方面的书籍，注重人文素养的沉淀。最后告知大家数学课堂应该做到“三心二意”，三心即以学生为中心、以思维为中心、以问题为中心，二意即培养学生的自主意识、培养学生的创新意识。该活动对授课教师业务水平、教学质量的提高有较大的帮助，也对全体数学教师的教案设计、媒体应用、教学态度、课堂组织等各教学环节进行了规范，从而可有效提升中职学校数学的教育教学水平。

名师助成长　送培促发展

送培环节中，工作室聘请了凉山彝族自治州教科所职教室主任、数学正高级教师徐建国作《有效教学的实践与反思》专题讲座，他从自身成长经历出发，从教师自身素质及课堂教学两个方面开展专题讲座。他提出教师要有信度：理念、视野、专业水平。教师要坚信“我努力了，我一定会成为受学生欢迎的好老师，一定会成为一名优秀教师，我无愧我的学生，我无愧我对人生的信心”。教师要不断学习，学习可以找到差距，学习可以转变观念，学习可以提升素质。教师是立教之本，兴教之源，教师应该做到潜心问道与关注社会相统一，言传与身教相统一。他在讲座中提到，教育要坚持立德树人，五育并举，培养社会主义事业的建设者和接班人。教学中要以教师为主导，以学生为主体，以训练为主线，教学容量和难度的适切性不足是导致课堂效率低下的主要原因。最后告诫大家，在教育中最可怕的是视而不见，最不可原谅的是见而不管，最可悲的是管而不教。

为提升工作室成员及盐源县职业技术中学校教师们的科研能力，四川省谯述忠名师鼎兴工作室领衔人谯述忠作题为《中职学校课题研究策略》的专题讲座，分别从四川省中职课题研究情况、中等职业学校为什么要开展课题研究、什么是课题研究、怎么开展课题研究四个方面展开。他从科研兴教、科研兴校、科研兴师阐明了科研课题研究的意义，课题研究是中职教育教学发展的需要，是中等职业学校发展的需要，是教师自身成长的需要。教育课题研究是一种源于教育教学实践的反思性研究，选题上应该遵循价值性、创新性、可行性、科学性的原则，为老师们在以后的课题研究上指明了方向，规范了流程，为有力提升教师们的科研能力提供了思路。

工作室成员、攀枝花市经贸旅游学校张文彬老师作《课题开题报告中文献综述的撰写》主题讲座，讲座从概述、搜索途径、整理办法、撰写格式四个方面展开。“综”即收集百家之言，“述”即结合作者观点和实践经验，对文献的观点、结论进行深入的、客观的叙述和评论，此二字的解释让大家对文献综述有了更清晰的认识。搜索文献的途径可以分为：（1）生活资料；（2）教材；（3）专著；（4）论文期刊等。张老师以自己实际研究的课题《四川省农村地区中等职业学校数学教师专业发展调查》为例，清晰明了地呈现了检索文件中常见的问题及解决办法，还给大家提供了文献阅读以及整理的方法，最后规范了撰写文件综述的格式。她指出，在做文件综述时头脑要时刻清醒：我要解决什么问题？人家是怎样解决问题的？

《数学课堂，思政飘香》是由工作室成员、四川省档案学校王三刚老师为我们带来的主题讲座。该讲座基于新课标进行数学课堂融入思政元素的探究，围绕“课程思政”的理解、目标、原则、策略、方法展开。他指出“课程思政”不是一门或一类特定的课程，而是一种教育教学理念，是一种思维方式。老师们要遵循以人为本、寓教于乐、持之以恒、贴近生活的原则，具体实施过程中，要遵循灌输与渗透相结合、理论与实际相结合、历史与现实相结合、显性教育与隐性教育相结合、共性与个性相结合、正面教育与纪律约束相结合的策略。在讲到方法时，他指出大家要掌握三大内容，抓好三大平台，实现三级联动。王老师用自己丰富的教学实例，搭配幽默风趣的语言将“课程思政”讲述得形象生动，让老师们在具体课堂实施中有“例”可循，有“法”可依。

名师示范课、专题讲座、主题研讨等形式充分发挥了工作室引领、辐射、带动的作用，促进少数民族地区数学教师的专业成长及提升课堂教学效益，提升了工作室成员的教学技能，达到了互相促进，共同提升的效果。

（●撰稿　郭怡琳　●修订　张文彬　杨丽君　●审定　谯述忠）

四川省谯述忠名师鼎兴工作室
工作简报

2021 年第 8 期（总第 88 期）

迎接新征程　谱写新篇章

阳春布德泽，万物生光辉。为了总结经验，改进工作方法，提升工作效率，增强工作室在省内的示范辐射引领作用，2021 年 3 月 19 日 ~21 日，四川省谯述忠名师鼎兴工作室在成都组织召开四川省谯述忠名师鼎兴工作室 2020 年工作总结会暨 2021 年工作部署会。四川省教育科学研究院科研管理所杨贤科副所长、四川省中等职业教育名校长鼎兴工作室领衔人黄宗良校长、新华文轩职业教育服务拓展中心总监张柯女士、工作室省市级成员共 23 人参加了本次活动。

为提高工作室成员的教育科研写作水平，做好四月份工作室省级课题顺利结题的准备工作，2021 年 3 月 20 日上午，四川省教育科学研究院杨贤科副所长作专题讲座《教育科研课题的成果提炼与结题》。他首先提出三个问题：一是课题研究是一种怎样的社会活动？二是课题研究结题的依据形式有哪些？三是课题成果的本质属性是什么？根据这三个问题，他详细讲解了课题研究报告的基本内容（问题提出、核心概念界定、研究综述、研究目标和内容、研究方法、研究措施和活动、研究成果、研究效果、问题分析与讨论、参考文献），阐述了研究报告各部分之间的关系（问题提出与研究目标、内容的一致性，课题名称与概念界定、研究综述的一致性，研究方法与措施和活动、阶段的一致性，研究成果与研究目标、内容的一致性，研究效果与问题提出的一致性），分析了研究成果与效果的主要内容（认识成果、操作成果、研究成果），并提炼了调查研究成果的具体方法。他强调：要将国家对职教的相关文件放在课题最前面，调查问卷设计要分维度，数据要反映实际情况。杨所长的讲座深入浅出，列举的实例生动形象，让大家茅塞顿开，明确了课题研究的具体方法和需要注意的问题。大家一致感慨不虚此行。

为提高职业教育教辅资料优化程度，3 月 20 日下午，新华文轩职业教育服务拓展中心总监张柯从六个方面与工作室成员进行交流：如何提高中职教育教学水平、职业教材选用的合规性、《高等职业学校单独招生考试模拟测试卷》使用情况、《中等职业学校升学考试复习指导　数学》一书编写出版使用情况、准备设立职高高考课题组搞教研、《基于核心素养的中职数学教学设计》编写情况。她强调了教辅使用合规化的重要性，并提出要提高中职教育教学水平，可以按照职业教材的合规性先从语数外开始做高品质资料，为广大职业教师提供参考资料。大家相互交流，积极讨论，提出了自己的建议。

接下来，新华文轩赵航老师讲解了学而思“课堂派”集体备课软件的使用方法，用新方法带领新课堂教学，让老师轻松教学，轻松备课。赵老师的讲解让与会人员明白了使用现代化教学手段既可以提高教学效果，还可以将老师从繁重的机械劳动中解放出来。

四川省中等职业教育名校长鼎兴工作室领衔人、成都市中和职中黄宗良校长从百忙中抽出时间与工作室成员进行交流。黄校长强调：职高学生学习的难点在数学和英语，如果突破了这两门学科，就解决了升学问题；职业教育已经从“就业为主”转变为“升学为主”，因此文化课与专业课同等重要；现在本科指标越来越少，而专升本比例越来越高，此举一是为了避免职业教育普高化，二是因为本科无应用型知识体系；职高学生应主要训练数学思维，懂得数学基础知识，会使用数学工具，现行教材有点偏难；职高应进行分层教育，要正确引导家长让孩子选择适合就读的学校。他以德国的职业教育为例进行分析，提倡要正确引导家长让孩子选择适合就读的学校。黄校长的雷厉风行、敢作敢当让我们钦佩，他是一位有魄力、有魅力的当代职业教育先行者，值得大家敬仰和学习。

为了了解大家在去年所做的具体工作，促进互相间的学习沟通，2021 年 3 月 20 下午及晚上，工作室省级成员进行总结汇报。

四川省开江县职业中学教务处副主任杨丽君进行总结：2020 年主要负责撰写工作室大型活动简报及修审工作，积极承担工作室安排的其他工作。2020 年荣获四川省第 15 届校园影视教育成果二等奖；在四川省中等职业学校数学教师专业能力提升培训中讲数学示范课；荣获达州市中等职业学校教师优秀论文评选一等奖；荣获达州市中等职业学校教帅优秀录像课评选一等奖；指导开江职中数学组老师获四川省中职教师教学能力大赛三等奖，指导语文组教师获四川省中职教师教学能力大赛二等奖；被评为开江职中“优秀共产党员”；被评为开江职中“优秀教育工作者”。

四川省达县职业高级中学专业部长潘林进行总结：2020 年主要协助落实 3 月 30 日至 31 日四川省谯述忠名师工作室领衔人谯述忠老师组织工作室省、市级成员参加数学课程标准培训，提升教育教学水平；组织市级成员于 10 月 5 日到四川宣汉职业中专学校开展课题调研工作；组织市级成员于 10 月 6 日到四川宣汉职业中专学校开展数学联合教研活动；参加 10 月中旬到阿坝藏族羌族自治州九寨沟县举行的四川省名师名校长鼎兴工作室联合送教活动。2020 年成果成效：市级课题《四川省达州市中等职业学校数学教师专业发展研究》完成中期报告的相关工作，论文《核心素养在中职数学教学中的渗透策略》荣获国家级一等奖，论文《在数学教育教学中实施思政教育》获市级一等奖；市级成员、四川宣汉职业中专学校胡开泽老师撰写的论文《论小组合作学习在中职数学教学中的应用》获国家级一等奖；四川省达县职业高级中学潘林、王君强两位老师获“达州市骨干教师”称号；在 2020 年达州市职业院校教师教学能力大赛活动中，潘林老师的《指数函数与对数函数》荣获公共基础课程组二等奖，王君强老师的《三角函数》荣获公共基础课程组一等奖，渠县职业中专学校罗素珍老师的《三角函数 5. 1 ~ 5. 5》荣获公共基础课程组三等奖。

攀枝花市经贸旅游学校张文彬进行总结：2020 年参加了遂宁市职业技术学校和盐源县职业技术中学校的公开课活动，同时担任四川省教学技能比赛网评评委。2020 年 6 月，组织市级成员参加四川省教学技能比赛，攀枝花市建筑工程学校杜婧和郭怡琳两位老师荣获一等奖，攀枝花市经贸旅游学校唐兴兰和刘聪两位老师荣获三等奖；2020 年 12 月，撰写的论文《中等职业学校数学教师的专业发展策略》于今年 4 月在《语言文字报》上发表。

四川省青神中等职业学校副校长邓光强进行总结：以工作室常规工作为主线、以子课题研究为重点。在 2020 年工作室举行的线上研讨和线下活动中，做到了“0”缺席；眉山工作站常规工作共 13 次，并多次关于子课题研究开展线上线下研讨；主动向专家学习教育教学理论和教育科研知识，组内成员相互交流学习，取长补短；子课题于 2020 年 12 月 27 日已经向专家组提交所有报告，形成《眉山市中等职业学校学生数学学习现状调查报告》和《眉山市中等职业学校数学教师教学现状调查报告》。邓光强列举了工作站取得的部分成绩。

四川省邻水县职业中学教研组长张建军进行总结：积极参加广安市联合教研组活动，负责中职文化课三统一工作——统一教材、统一进度、统一考试；组织广安市中职教学研讨会，市级成员奉献了一堂示范课和一个专题讲座；参加在成都市中和职中举行的中职校长论坛培训会，以及广安市中职高一、高二年级 2020 秋季期末试题命制与网上阅卷工作，并撰写高一、高二、高三年级数学学科质量分析报告；指导邻水县职业中学四位青年教师参加数学教师教学能力大赛荣获市级一等奖；参加《西部教育》主办的职业生涯教育论坛讲座培训学习；参与工作室数学教学设计的编写和教学复习资料校订。

四川省成都市中和职业中学数学组长侯雷进行总结：2020 年参与编写校本数学讲义《数学乐园》，2020 年担任成都市中和职业中学数学学习小组组长，2020 年 3 月开始线上授课，2020 年 5 月 20 日在《四川教育》刊物上发表论文《让学生在“听说读写”中发现数学的美》；四川省天府新区职业学校冯晓娟老师带领团队获得四川省教师教学能力大赛一等奖，2020 年获得省教科所论文一等奖，2020 年获得天府新区青年优秀教师；四川省双流建设职业技术学校叶志琴老师 2020 年参与编写了校本教材《中职数学同步单元测试卷》，被聘为成都市中等职业教育教学学科中心组成员。

内江市高级技工学校黄春燕进行总结：以课程标准为依据，立足课堂；以教育为先导，研究课题；以平台研修为载体，探讨交流；以学习提高为根本，共同进步。2020 年参与了四川省中等职业学校 2020 届学生诊断考试数学试卷命题工作；组织各市级成员合作完成工作室课堂教学设计；市级课题已经立项，正积极研讨实践；巫源森老师参与编写的校本德育读本《阳光城关》已付印；有 2 位老师获得市级表彰，1 位获得学校表彰，有 2 位老师由中级教师升为高级教师。

绵阳职业技术学校数学教研组组长魏敬爱进行汇报：3 月与工作室四名市级成员进行网络资源共享，并就如何增加网课的有效性进行激烈讨论；参加绵阳市职教系统教学视导活动，杨小红老师献课《充要条件》，雷敏老师献课《正弦函数》；罗燕老师指导绵阳职业技术学校教师上《圆的标准方程》复习课，魏敬爱老师总结点评。5 月魏敬爱老师在市教科所近三年对口高职真题分析会上作首席发言；组织 2 次新课标网络学习，对教学设计进行反复讨论和修订；参与高三本科实验班管理工作；带 2 位绵阳师院实习生，促进青年教师进步。

泸州市叙永县职业高级中学校教务主任穆举红汇报 2020 开展的主要工作及取得的成果。泸州市工作站成员在 2020 年一共发表论文 5 篇；课题成果获 2 个省级二等奖，一个县级三等奖；教学能力比赛 5 人获市级二等奖，2 名成员指导其他教学团队获 2 个市级二等奖，2 名成员指导其他教学团队获 2 个省级二等奖；疫情期间，高宗伟老师在全省上高三网络研讨复习示范课，并获得专家和老师们的一致好评，穆举红老师在线点评获得同行认可；4 名成员在全市各上一节示范课，获得好评；5 名优秀成员获得 2020 年学校表彰。

泸州市教育科学研究所职教室主任刘永辉进行总结：泸州名师工作站在谯述忠老师带

领下，取得了很大成绩。希望工作室多开展教育教学科研活动，教科所一定给予大力支持，在以后的四川省教师教学能力大赛中，用教育科研助成长，提高文化基础学科的竞争力。

四川省档案学校教务科长王三刚进行总结：育人成果进步明显，助力雅安中职教研起步。教研活动：2020 年参与工作室线上、线下教研活动 15 次，组织雅安学员开展教研活动 8 次，组织校内各教研组开展教研活动 36 次。科研课题：按照课题研究的分工，张文彬、蒋美、王三刚共同撰写《四川省农村地区中等职业学校数学教师专业发展调查报告》，在市级重点课题《雅安市中等职业学校数学教学现状调查研究》中担任主持人。取得的成绩：王三刚从办公室主任调整为教务科长，并兼任招生就业办主任，在省级示范学校中期验收中负责的两个项目分获第一、二名，学校整体建设获得全省 A 等；工作室 5 位成员都参加了雅安市教师教学能力大赛，分别获得一、二等奖，3 位成员在市级教研活动中承担公开课教学，2 位成员入选雅安市中职教学专业人才库，4 位成员承担雅安市中职数学统考命题工作。

富顺职业技术学校李富明进行总结：走出去，开阔眼界，抓住学习、提升平台！带进来，提高教学、教研能力，服务职校教育！带领小组成员认真学习，探讨教育教学理论。2020 年积极开展网络教研：2020 年 4 月命题组为高三学生对口高考命制模拟试题；2020 年 10 月参加工作室针对全省单招对口升学考试模拟试卷的编制和 2021 年对口升学考试模拟试卷命题工作；9 月在遂宁市作专讲座，受到专家和老师们的一致好评。获得的成绩：两个突破，一是敢于学习，二是敢于总结、交流。工作站成员参加 2020 年自贡市教学技能大赛获得了多项奖项。每位老师都非常认真地分析自己的不足，也非常期待来年取得更好的成绩。

2020 年 3 月 21 日上午，四川省谯述忠名师鼎兴工作室领衔人谯述忠老师对工作室在 2020 年的工作进行总结点评。

一、积极开展网络教学。所有老师在疫情来临时，都临危受命，承担了上网课的重任，摸索、探究，取得了一定效果。

二、对待工作尽职尽责。工作室每个小组对自己的工作内容和工作职责，都做到了全心全意，尽职尽责地完成了分内的事情，大家在活动中锻造自己，在科研中让自己卓越。

三、注重学习，提高信息技术应用能力。大家利用业余时间，都完成了新信息技术的学习，并在工作中进行了大量运用，提高课堂效果。

四、积极开展线上线下研讨。本年度就工作研究、课题研讨、教学设计编写等工作开展线上网络研讨活动 40 多次，线下四次。

五、多次举办教育教学科研活动。在广安、遂宁等地多次举办教师专业能力提升活动和教研活动，推动了职称评审方案的改革及实施。

六、积极组织送教下乡活动。工作室组织成员到九寨沟县、盐源县送教下乡，为中职教育发展贡献力量。

接下来，谯述忠老师提出 2020 年还需要商榷和改进的问题：一是课题研究还要拓宽调查方式，例如通过网络调查，走访学校调查（采用现场提问、填写问卷、访谈）等。二是研讨会提前准备不够，重视程度不够。三是各市开展的活动较少，没有发挥名师工作室的引领作用。四是教学教研沉淀太少，大家发表论文不多。五是极个别小组成员任务没有完成，要在 2021 年弥补。他强调大型活动尽量不请假，很多困难都可以克服，要有集体意识。

最后，谯述忠老师提出 2021 年必须按考核文件完成各项任务，积极开展活动。他认为教学设计还要进行修改，要从“自主意识、创新意识”等方面着手，以“学生、问题、思维”为中心，以“课程标准、核心素养”为准则，让教学设计具备通适性和引领性。他指出，复习资料的撰写还未完成，广安、眉山、成都团队要补充习题和答案，单招对口升学试卷要收集使用后的反馈情况；课题组四月底结题，各地市州的子课题要先结题，无子课题的要参与协助写报告；尽快制作 PPT 和录像课，争取五月底之前完成。

谯述忠老师的分析精准，总结非常具体到位，给全体成员提出了新的目标和要求，希望大家反思改进，努力提升自己的理论水平和科研能力，在 2021 年有一个圆满的收官。

经四川省谯述忠名师鼎兴工作室严格评审，王三刚、邓光强、李富明、黄春燕、张文彬、侯雷、杨丽君 7 位省级成员被评为“2020 年度先进个人”。邓光强、李富明、黄春燕、杨丽君 4 位省级成员被考核为“2020 年度优秀个人”。

迎接新征程，谱写新篇章，人生的成功就是一个一个目标的达成。在 2020 年的工作中，涌现出一批优秀的工作者，他们完美地诠释了自己及团队的 2020，谱写了一曲华丽的篇章。其他成员及团队也不甘落后，将自己的工作做得一丝不苟。但成绩只属于过去，我们要放眼未来。希望在新的一年里，大家团结协作，全力以赴，未来可期，为职业教育的发展作出自己应有的贡献。

（●撰稿　魏敬爱　●修订　杨丽君　●审定　谯述忠）

四川省谯述忠名师鼎兴工作室
工作简报

2021 年第 18 期（总第 98 期）

名师齐聚共研讨　专家引领促提升

为了提高名师名校长工作室成员的教育理论水平、教育教学研究能力和综合素养，2021 年 5 月 4 日~7 日，四川省黄宗良名校长鼎兴工作室和谯述忠名师鼎兴工作室在成都市中和职业中学联合开展集中（数学）研讨活动。来自全省各地市州的名校长、名师工作室成员约 150 人参加了本次活动。

活动于 5 月 5 日 8:30 正式开始，泸州市教科所职教室刘永辉主任主持活动开幕式。他代表在场全体成员感谢两位工作室领衔人给大家搭建宝贵的学习平台，感谢黄宗良校长及中和职业中学给予大力支持。他希望大家珍惜这次机会，认真学习，融会贯通，学有所获，在中职教育中起示范引领作用。

首先，四川省黄宗良名校长鼎兴工作室领衔人、成都市中和职业中学黄宗良校长作《中职学校的任务》专题讲座。

黄宗良校长首先解读了“职教 20 条”及全国职教大会精神，他认为职教迎来了大发展、大空间、大机遇、大挑战。他详细介绍了中和职业中学的建校历史。学校现有学生 4000 余人，设有三系三部（三系：信息工程系、交通制造系、现代服务系，三部：大专部、升学部、国际部），学校每年有 100 名左右的毕业生赴日留学。

他强调要办好中职教育首先要研究了解学生的特点，并列举了中职学生的诸多特点，涉及心理、行为习惯、人生观念等方面。他认为中职学校的主要任务是：增强学生的自尊心、自信心；培养学生良好的行为习惯；使学生有强健的身体；帮助学生做好职业生涯规划。作为中职生，应达到的终极目标应是：做合格的社会主义公民；成为有技术、有技能的高素质劳动者。所以中职生的培养路径应为：改观念、改教材、改教法、改评价，根据学生的不同目标与方向，设置不同的课程标准，让每一个学生都能在课堂上听懂课，有所获，真正拥有作为学生的幸福感。

黄校长的精彩讲座让我们认识到职教改革的重要性，并且为中职改革提找到了方向。相信在名校长工作室领衔人的带领下，我们的中职教育会迈上一个新台阶。

接下来，四川省谯述忠名师鼎兴工作室领衔人、广安市教科所谯述忠副所长作《通过实例分析，谈〈教学设计〉质量提升策略》专题讲座。

谯述忠老师首先以工作室成员的教学设计为例进行分析，强调大家首先要明白教学设计的组成部分可分为以下几个方面：

一、教学分析

1. 教学内容：地位与作用等。

2. 学情分析：基础知识、认知能力、学习特点等（前情）。

3. 教学目标：三维目标与核心素养问题。

4. 教学重难点。

5. 教学策略：教法与学法。

6. 教学辅助资源：教具、多媒体、软件、人工智能等。

二、教学模式

1. 自己独特的教学模式。

2. 不同的内容采用不同的教学模式。

3. 教学模式与完成教学任务的关联性。

以“三心二意”教学思想为引领，将教学内容进行结构化处理，采用“线上+线下”混合式教学模式，将整个教学过程分为“学、导、探、练、评、固”六个教学环节。

三、教学实施

1. 课前准备：相关性知识与技能，注重趣味性。

2. 课堂实施

情景创设：产生认知冲突，提出解决的问题、学习目标等。

探究新知：学生为主体，小组合作，学生得出结论等。

辨析新知：知识该如何认识，例题讲解、课堂练习等。

测评目标：目标达成度如何（目标的可测性）。

更正补测：纠正完善，查漏补缺。

小结评价：知识形成过程回顾，能力提升情况，教育目标实现等。

拓展练习：布置课后作业，分层要求等。

四、板书设计

五、教学反思

教学后完成，包括教学效果、亮点特色、诊断改进等。

然后，谯述忠老师分三个层面讲解教学策略：中职数学教学设计实例分析、中职数学教学设计案例修改、中职数学教学设计质量提升策略。他对工作室成员的教学设计认真研读，并进行了深刻剖析，分别从知识层面、态度层面、情感层面进行阐述，让大家明白该怎样进行教学设计。

通过谯述忠老师的详细讲解，我们茅塞顿开，纷纷表示一定以谯老师为榜样，尽心做好教育教研工作，并且按时保质地完成教学设计的修改工作。

四川天府新区职业学校冯晓娟老师作专题讲座《教学设计构建系统反思感悟成就课堂》。她以 2020 年参加全国中职教师教学能力大赛的宝贵经验，从三个方面进行分享。

一、析作品。有封皮设计、目录结构、标题命名、页眉页码，要有单元教案，还要有单次教案。单次教案里要有教学分析、教学设计、教学实施、教学反思。几点建议：文字正确，语句通顺，不能出现知识性错误；案例选取一脉相承；活动多维互动；课例实上，留存数据。

二、思作品。对自己作品的几点反思，缺乏对思政资源的分析，导致思政融入不深入；国家宏观层面热点实事结合不多；教学目标设计时未单独提及思政，应为设计硬伤；部分课时容量偏大，含金量存疑；考核量化表的设定，略显空大；没有在每节课严格进行量化考核，没有做到真正的可评可测。

冯老师对实际案例的分析，让大家对即将到来的四川省教师教学能力大赛又有了许多新的想法和思路，为教学设计提供了很好的借鉴经验。

成都市中和职业中学侯雷老师作《问卷调查设计的策略》专题讲座。

侯雷老师作为名师工作室省级课题研究中问卷调查表的主要设计者，从三个方面给大家讲解了问卷调查在课题中的作用及设计方法。他认为首先要明白为什么研究课题。作为一名教师，教而不研则浅，研而不教则空，因此研究课题非常重要，通过教研，教师可提升自己的专业水平，提高教育研究工作的水平，有助于增强职业认同感、幸福感。其次要理解研究课题的四个基本过程：第一步是问题的发现与界定（问题范围和性质）；第二步是分析问题的成因或症结；第三步是问题的解决（方案及其实施效果）；第四步，总结反思。最后要掌握问卷调查设计的策略，包括问卷调查表的设计（设计原则、设计程序、结构内容、设计技巧、评价标准、参考文件）。工作室问卷调查表分为学生问卷和教师问卷。

侯老师认为要追求最大程度切合实际，就要反复作问卷调查。问卷调查最终要做到深入调查，才能得到想要的真实结果。侯老师的精彩讲座受到与会老师们的一致好评。

5 月 5 日下午，内江市高级技工学校黄春燕老师作《开题报告的撰写》专题讲座。

黄春燕通过自己对开题报告的反复撰写与修改，得出了一整套方法及理论。她认为课题研究能够提升教师的理论水平，提高教学质量，促进教师的专业发展。她阐述了开题报告的主要内容包括：问题提出和核心概念界定、研究综述和研究意义、研究目标和内容、研究措施和活动、预期成果和效果、研究的保障条件。她强调开题报告的撰写建议要准确、规范、简洁，并且针对问题提出、核心概念、研究综述、研究的价值意义、研究目标与内容、研究过程、研究方法、预期成果、预期效益、保障条件等方面的具体撰写提出了宝贵的写作建议。

黄春燕老师的讲座娓娓道来，让大家如沐春风，深入理解了课题报告撰写的具体方法和步骤，为今后科研教研奠定基础。

四川省青神中等职业学校邓光强副校长作《科研“小白”，“草根”践行》专题讲座。

邓校长用通俗诙谐的演讲形式给大家讲解了自己的科研成长经历。他认为科研的形式有专题讲座、教学设计、上课、写论文等，工作中的每一件事情都可以是科研。科研就是享受学习、享受课堂、享受教研。他指出做科研要理顺思路、细化分工、简报佐证、反复打磨，一步步向着成功的道路前进。要做好科研，应以读书为要、模仿为学、随笔为心，总结提炼，做‘三雅’教师、育‘三心’学生、达‘三人’目标，形成“五字”学习模式：学、做、承、研、超。

通过聆听邓校长的专题讲座，大家重新认识了科研，并要以邓校长的科研精神为榜样，坚定“爱一行，干一行；干一行，爱一行”的决心，以研促教。

5 月 6 日上午四川教育出版社基础教育分社赵文老师作《高质量发展时代背景下职业教育教材教辅出版思考》专题讲座。

赵老师作为出版社的编辑，首先从四个方面介绍了出版社的作用及编辑与作者密不可分的关系。一是出版流程和出版社发挥的作用，包括出版流程：调查、选题、论证、约稿；出版社职能：审核职能、质量把关职能、导向把关职能。二是作者和编辑的关系：相互依存、共同前行的一对伙伴；合作、互惠的商业关系；终极目的——创造双赢、多赢、共赢关系。三是四川教育出版社基础教育分社定位于服务基础教育，主要出版学前、小学到高中学段全学科资质的教材教辅，教育理论读物及其他教育类图书。四是职业教育出版现状和新机遇：巨大的市场规模、教师专业化提升、政策利好，对教材教辅市场规范化和产品质量提升的呼声越来越高。五是职教出版的“守正”和“创新”。创新：选题开发思路创新；作者队伍建设思路创新；教材教辅配套建设思路创新；经营意识思路创新。守正：图书质量的严格要求；社会效益优先；打造四川地域特色的职教拳头产品。

罗老师作为编辑，从编辑视野对老师们的教学设计提出了撰写策略。他指出教学设计要齐、清、定，体例统一（教学设计初稿有两节格式迥异），板块完整（教学设计有板块缺失、重复的情况），字词语法规范。同时提出了改进意见，逻辑混乱、答案错误、答案格式不统一、题序不当、符号不规范、题目重复等方面的问题需注意更正。

通过两个编辑的详细讲解，老师们对教学设计有了更清晰的改进方案，对图书出版有了更深层次的理解，对以后的投稿有了更完善的规划。

5 月 6 日下午，谯述忠名师工作室各个团队立即组织成员针对教学设计进行讨论、修改。大家认真研究，相互交流，齐心协力做好教学设计。内江团队、自贡团队、成都广安片区、泸州工作站、达州工作组根据研讨情况，分别撰写了工作简报，为四川职业教育数学教研树立榜样。

本次活动内容丰富，形式多元，为全省中职教育研讨提供了宝贵的学习平台，受到与会领导和老师们的一致好评。两个鼎兴工作室的联合研讨活动让大家看到了职业教育团结的力量，也看到了职业教育辉煌的未来。职业教育的发展任重而道远，还有许多需要大家去完善和探索的领域。职教的春天已经到来，职教人将勇往直前，为祖国的教育事业作出自己应有的贡献，为民族复兴培育更多高素质技术技能型人才。

（●撰稿　魏敬爱　●修订　杨丽君　●审定　谯述忠）

四川省谯述忠名师鼎兴工作室
工作简报

2021 年第 34 期（总第 114 期）

弃假期冒酷暑齐聚广安　听讲座共探讨提升能力

为提升中职数学教师的教育科研能力和教学水平，7 月 25 日至 29 日，四川省谯述忠名师鼎兴工作室在广安举行四川省 2021 年暑假中职数学教师综合能力提升培训活动。

四川省教科院副研究员、特级教师、四川省学术和技术带头人刘建国，四川省教科院教育监测评估研究所所长、省教育监测办主任、四川省督学赖长春，四川省教科院职教研究所副所长尹毅，四川师范大学数学科学学院副教授周思波，《教学科学论坛》副主编张文龙，四川省谯述忠名师鼎兴工作室领衔人谯述忠等专家出席了本次活动。四川省谯述忠名师鼎兴工作室省、市级成员约 50 人参加了本次培训。

7 月 25 日上午，四川省谯述忠名师鼎兴工作室省级成员、四川省档案学校教务主任王三刚主持培训活动。

四川师范大学数学科学学院副教授周思波作《提高命题水平促进专业发展》专题讲座。他分别从试卷质量四个指标、试卷选题十点要求、试题布局五个要点三方面进行讲解，详细阐述了命题工作流程、考试类型、考试基本教育功能、高考命题六大要求与十项原则、高考命题理念与评价体系，并结合近几年高考试题进行实例分析，让参培老师们受益匪浅，提升了命题能力。

7 月 25 日下午，四川省谯述忠名师鼎兴工作室省级成员、内江市高级技工学校黄春燕主持培训活动。

四川省教科院教育监测评估研究院赖长春作《质量监测视角下的学业诊断与教育改进》专题讲座。他首先阐述了教师的专业标准，然后分别从学业诊断要做什么、学业诊断的数据从哪里来、学业诊断的方法与技术三个方面进行讲解，并结合实例分析，为学校的学业诊断与教育改进指明了方向，拓宽了参培老师们的知识面，提升了老师们的教学质量诊改能力。

7 月 26 日上午，四川省谯述忠名师鼎兴工作室省级成员、成都市中和职业中学侯雷主持培训活动。

四川省教科院职教研究所副所长尹毅作《四川省中职教师教学能力大赛中存在的问题与对策探究》专题讲座。他首先指出 2021 年省赛方案的关注重点，然后进行大赛述评，着重强调了参赛文件中的 11 个关键点，详细解读了参加比赛的资料准备和基本流程，并以问题为导向，结合参赛作品进行测评分析，让参培老师们更加深入理解中职教师教学能力大赛的应对策略，提升了参赛综合能力。

7 月 26 日下午，四川省谯述忠名师鼎兴工作室省级成员、青神中等职业学校副校长邓光强主持培训活动。

四川省教科院副研究员刘建国作《优秀教师的高阶修炼》专题讲座。他分别从当代中小学教师必须开展教育科研、中小学教育科研的含义、中小学教育科研的价值、支持进行教育科研修炼、教育科研成果的评价五个方面，讲述成为优秀教师必须经历的高阶修炼方法，使参培教师明确了成为优秀教师应该努力的方向与具体做法。

7 月 27 日上午，四川省谯述忠名师鼎兴工作室省级成员、攀枝花市经贸旅游学校张文彬主持培训活动。

《教学科学论坛》副主编张文龙作《为何与何为——中职教科研论文选题和写作》专题讲座。他首先介绍了《教育科学论坛》的基本情况，然后分别从为何科研、科研何为、为何写作、写作何为、关于投稿五个方面，详细讲解教育科研的价值和论文写作的具体方法，使参培教师进一步明确了科研的重要性，了解论文写作的具体要求，逐步提升了老师们的科研能力和论文写作能力。

7 月 27 日下午，四川省谯述忠名师鼎兴工作室省级成员、达县职业高级中学专业部长潘林主持培训活动。

广安市教科所理论室主任何学军作《以问题为导向做好课堂研究》专题讲座。她分别从课题研究重要性、如何选题、研究程序、课题研究四个方面，讲解课题研究的重要性和研究的具体方法，为参培老师们指明了成长为名师的方法和路径。

四川省谯述忠名师鼎兴工作室省级成员、青神中等职业学校副校长邓光强作《非遗传承——竹编特色专业创建策略》成果推广。他主要从建设逻辑追寻、理清建设思路、特色理念先行、建构创建策略、创构课程体系、课程开发原则、资源遴选标准、课程开发模式、特色育人模式、形成专业特色十个方面进行成果推广，受到与会老师们的高度赞扬。

四川省资助金重点课题《区（县）域预防校园欺凌的策略研究》课题组成员何学军、郭丹对课题成果进行推广。他们从选题背景、研究成果、成果的教育教学改革效益及社会影响等方面，概括介绍了课题的总体情况，课题研究方法及成果值得大家学习借鉴。

7 月 28 日上午，四川省谯述忠名师鼎兴工作室省级成员、德昌县职业高级中学何昌全主持培训活动。

四川省谯述忠名师鼎兴工作室省级成员、富顺职业技术学校李富明作《基于核心素养对中职数学命题的认识与探讨》专题讲座。他分别从命题的检测功能、命题的两大特性、命题的分类及评价功能、研究考题—发掘专题—服务命题四个方面，详细阐述数学命题的基本方法与注意事项，受到与会老师们的一致好评，提升了参培教师的命题能力。

四川省谯述忠名师鼎兴工作室省级成员、叙永县职业高级中学教务处主任穆举红作《不同层次中职数学命题策略》专题讲座。他分别从不同层次的理解、分值分配、三类题型、原创题的注意事项、命题的步骤、案例、个人建议、个人命题经历八个方面，详细阐述了中职数学命题应采取的有效策略，受到与会老师们的一致好评，提升了参培教师们的命题水平。

广安市岳池县教研员迟作伦作《基于数学核心素养的课堂教学》专题讲座。他分别从课程改革的进程、数学学科核心素养、基于数学核心素养的课堂教学三个方面进行讲解，使参培老师更加深入地理解和掌握在课堂教学中培养学生数学核心素养的方法、不断提升学生的综合能力的策略。

7 月 28 日下午，由四川省谯述忠名师鼎兴工作室市级成员、船山职业技术学校唐玲主持培训活动。

广安市教科所办公室主任颜琳作《课题研究报告的撰写策略》专题讲座。她从研究报告的结构、研究报告的撰写、研究报告写作规范三个方面，详细讲解了课题研究报告的撰写策略，使参培老师们收获颇多，大家纷纷表示一定积极参加课题研究，不断提升理论研究水平。

广安市教科所肖春红作《撰写高质量调查报告的策略》专题讲座。她阐述了教育调查研究的类型和调查研究的一般程序，讲解了调研报告的基本知识和调研报告如何选题，强调应着力写好调研提纲，指出了高质量调研报告的基本要素、调研报告写作中存在的主要问题和写作要点，为参培老师们提供了撰写高质量调查报告可供学习借鉴的具体策略。

7 月 29 日上午，由四川省谯述忠名师鼎兴工作室市级成员、金堂县职业高级中学刘红主持培训活动。

四川省谯述忠名师鼎兴工作室领衔人、广安市教科所副所长谯述忠作《提升中职数学教师教学能力大赛成绩策略》专题讲座。谯老师详细解读了 2021 年全国职业院校技能大赛教学能力比赛方案，并以 2020 年比赛为例进行深度剖析，指出了选手在大赛中存在的问题，根据实例归纳总结教学能力大赛成绩提升的具体策略，让参培老师们在以后的教学能力比赛中能够做到有的放矢，以赛促教，不断提升中职数学教育教学质量。

通过为期 5 天的暑假集中培训，工作室成员认真聆听专家讲座，深入学习理解培训内容，与专家交流互动，和学员合作探究，逐步提高教师教学能力大赛参赛水平、数学命题水平、教育科研能力和论文写作水平，从而可以不断改进课堂教学模式，发展学生核心素养，提升教育教学质量。

参培老师们都觉得本次培训十分接地气，收获很大，意犹未尽。大家纷纷感谢工作室为老师们提供了宝贵的学习成长平台，并希望工作室多开展类似学习交流活动，不断提高教师的综合能力，助力中职教育发展。

（●撰稿　杨丽君　●修订　谯述忠　●审定　谯述忠）

四川省谯述忠名师鼎兴工作室
工作简报

2021 第 38 期（总第 118 期）

献课送培展风采　示范引领共成长

一年好景君须记，最是橙黄橘绿时，名师引领进甘孜，数学教师展才艺。为促进民族地区数学教师的专业成长及提升民族地区数学教师课堂教学效益，四川省谯述忠名师鼎兴工作室于 2021 年 11 月 3 日至 5 日在甘孜藏族自治州职业技术学校开展送教送培系列研讨活动。开幕式由工作室省级成员邓光强主持，学校党委委员副校长王刚、教务处主任王凡明、教务处副主任宋扬、数学教研组全体教师全程参与系列活动，甘孜州教科所副所长陈常杰到会指导。

11 月 4 日上午 8 时 30 分，在教研大楼 804 会议室举行了活动开幕式。州职校副校长王刚向与会者介绍了学校基本情况，对工作室来校开展送教送培表示欢迎、感谢，对学校数学组教师提出具体要求。州教科所副所长陈常杰在致辞中希望中职数学名师工作室进一步关注州职校数学教学工作，促进质量提升，同时对参会的数学教师提出殷切期望，要求数学教师要主动向名师学习，改进教学方法契合新课标思想，与名师多沟通，相互磨合，最好能融合到名师团队中去，达到融会贯通的效果。最后，工作室领衔人、广安市教科所副所长谯述忠介绍了工作室的基本情况，并就此次活动目的作了简要说明，同时向州教科所、州职校为此次活动提供平台和热情接待表示衷心感谢。

11 月 4 日上午，在教学楼多功能教室 507 开展了献课送教活动。首先，由州职校教师、四川省教师教学能力比赛省级二等奖获得者李银娇老师上《等差数列》概念课。李老师从复习旧知、导入新课、新课学习、知识归纳等环节，给大家展示了深厚的教学基本功，特别注重对学生的思政教育，体现了中职数学课程核心素养与思政融合的理念。

紧接着由工作室省级成员、四川省教学能力比赛一等奖获得者（今年代表四川省参加国赛）、四川省档案学校王三刚副校长上《一元二次不等式》复习课。王老师非常注重以学生为中心，课堂氛围活跃，学生积极参与，王老师密切关注学生实际，及时调整教学进度，充分彰显了扎实的基本功。

四川省教学能力比赛一等奖获得者、遂宁市职业技术学校蒋美老师上《一元二次不等式的解法》新授示范课。蒋老师按照工作室提出的“三心二意”新理念，以“学、导、探、练、评、固”课堂新模式，全程“高能”关注学生，以学生为主，以培养学生的自主意识和创新意识为引领，为大家奉献了一堂精彩的示范课。

11 月 4 日下午，在学校教学楼多功能教室 507 召开交流研讨会。在评课环节，三位授课教师分别就自己的教学设计、设计意图等进行说明，随后工作室领衔人谯述忠就授课进行点评。评课指出：三堂课都达到了课程标准要求，是成功的示范课，但是在课堂上要注意贯彻“以学生为中心、为问题为中心、以思维为中心”，培养学生“自主意识和创新意识”新理念，以学生为主体，注意培养学生的思维，要让学生在课堂上“活”起来、“动”起来。

接下来，由工作室省级成员、四川省中职数学教指委成员、内江市高级技工学校黄春燕老师作《中职教师课题研究策略》专题讲座。黄老师以“教育科学研究是教育事业的重要组成部分，对教育改革发展具有重要的支撑、驱动和引领作用”引入，从课题研究的意义、课题的来源、课题的分类、课题的基本流程、做课题的几点建议等方面，系统、有序、完备地进行梳理和讲解，让与会老师都感觉受益匪浅。

11 月 5 日上午，在学校教学楼多功能教室 507 继续进行送培活动。首先，由工作室省级成员、四川省青神中等职业学校邓光强副校长作《提升中职数学课堂教学效益的策略》专题讲座。邓老师从练好“基本功”、争取“开门红”、避免“一言堂”、借鉴“新思维”四个方面和老师们进行交流，希望大家做“精通一行，不是只懂此行”“精通数学，不是只懂数学”的新时代数学教师，他在提高中职数学课堂效益方面提出了“五字”诀：“转变教学模式——新；改进教学方法——动；巧用语言艺术——乐；注重联系生活——实；营造课堂氛围——活”。

最后，工作室领衔人、四川省特级教师、正高级教师、广安市教科所副所长谯述忠老师为与会人员作《活动中锻造，科研中卓越——名师工作室建设策略与路径》专题讲座。谯所长教导参会人员要懂得“人在事上练，刀在石上磨”的道理，向大家讲解了“名师称号，职责定位”“活动研究，走向名师”“成果转化，卓越教师”的名师角色定位和实现路径，鼓励大家从普通教师快速成长为骨干教师，坚守从教初心成长为优秀教师，通过努力发展成知名教师，希望有机会成为著名教师。

活动结束后，与会教师都认为本次送教送培活动开展得扎实有效，非常贴近教学实际，切合教师发展需要，让老师们懂得研究课题的方法和提升课堂效益的策略，增强了今后积极参加科研活动和教学活动的动力，促进了教育教学成果的转化。大家纷纷表示，一定要将今天的学习内容落实到行动中，争取早日成为一名优秀的教师。

（●撰稿 邓光强 ●修订 杨丽君 ●审定 谯述忠）

四川省谯述忠名师鼎兴工作室
工作简报

2021 年第 43 期（总第 123 期）

互学互鉴　名师共鸣

为践行四川教育“鼎兴”之路，2021 年 11 月 28 日四川省谯述忠名师鼎兴工作室的部分成员来到达州市职业高级中学，与该校党员名师工作室全体成员面对面，就如何提升中职课堂教学质量开展了一次深度交流研讨活动。

达州市职业高级中学党委书记、校长向轩代表学校对谯述忠名师鼎兴工作室成员来到学校并对党员名师工作室工作开展研讨活动表示热烈欢迎和感谢，同时就学校发展历史沿革、取得的成绩、学校现状及未来发展规划、学校发展的制约因素、“1355”发展思路、学生的基本情况、教育教学主要成功做法等做了精简介绍，并希望借助专家的指导，让学校的教育教学及学校工作室再上新台阶。

四川省谯述忠名师鼎兴工作室领衔人、广安市教科所副所长谯述忠名师对学校高度重视党建引领、以双培养为特色的“123”党员名师工作室工作法及党员名师工作室取得的突出成绩表示充分肯定，认为学校的办学思路清晰、落实立德树人等工作扎实，希望学校就调研数据深入开展跟踪、针对施策，多出职教领域的科研课题成果，办具有自身特色的中职教育。

围绕“如何提升中职课堂教学质量”，谯述忠名师提议由两方工作室成员自由发言交流，互学互鉴。

谯述忠名师鼎兴工作室川东片区负责人潘林说，教师要甘于把自己奉献给教育事业，紧跟学生。在中职生整体素质绝对偏低的情况下，探索如何提高学生学习兴趣至关重要。此外，培养学生之间形成互学互助氛围，相互监督，对于增强学生自我管控能力意义重大。

达州市职业高级中学党员名师工作室吴秀琼认为，教师要有教育情怀、教师的课堂精气神非常重要。教师要正言正行，年龄增但思想不老、情怀更深，爱生如子，真正落实因材施教。

谯述忠名师鼎兴工作室黄春燕说，教师教学之余，要多花时间反思、研究问题，通过做课题，将深度提升教师的育人能力。

达州市职业高级中学党员名师工作室牟玉琴认为，适合学生的才是最好的。教学要充分考虑学生的基础、学习习惯、专业需求等。

谯述忠名师鼎兴工作室李富明就教学检测、命题等与大家进行交流，他认为命题既要看课标，又要看学生实际，好高骛远的结果只能把学生推得离目标更远。

最后，谯述忠名师表示，很高兴能当面亲切细致地聆听与交流，受益匪浅。当下的数学教师要充分思考并注意几个问题，简单地说就是“三心二意”和“三先三后”，即以学生为中心、以教材为中心、以问题为中心，培养学生的创新意识和自主意识，做到先学生后教师、先做后讲、先学后做。我对工作室成员提出“三个一”要求：设计得好一堂课、上得好一堂课、命得好一套题。实际的效果很不错。

达州市职业高级中学党委专职副书记、活动主持人胡勇最后说，教学相长是千古不变的准则，同行间互学共鉴在新的时代尤显重要。这次两工作室面对面毫无保留的交流活动，给他们学校党员名师工作室成员提供了难得的向同行优秀名师学习的机会，对如何提升中职课堂教学质量有了更清晰的认识，受益匪浅，收获良多。相信本次活动必将推动他们的教育教学走向深入，进一步发挥了党员名师工作室的引领、辐射作用，进一步凸显名师工作室的社会效益。

（●撰稿　邓红　●修订　潘林　杨丽君　●审定　谯述忠）

四川省谯述忠名师鼎兴工作室
工作简报

2022 年第 1 期（总第 128 期）

名师领衔结硕果　三载奋进展风采

2022 年 8 月 17 日至 20 日，四川省谯述忠名师工作室在广安武胜召开工作室三年总结暨广安市职教名师工作室联合研讨会。四川省教育科学研究院职教所所长廖大凯，广安市教育科学研究所所长周永宏，武胜县人民政府副县长殷云，广安市教育和体育局人事科科长周文敏，武胜县教育科技和体育局党委书记、局长雷燕飞，四川省谯述忠名师鼎兴工作室领衔人谯述忠，武胜万善职业中学党总支书记、校长、广安市职教名师工作室领衔人高攀出席了本次会议。来自四川省各地市州的工作室省市级成员，以及武胜万善职业中学的领导和教师们共 80 余人参加了活动。本次活动得到了广安市教育和体育局、武胜县人民政府、广安市教育科学研究所、武胜县教育科技和体育局、广安市职教名师工作室、武胜万善职业中学的大力支持。

18 日上午，广安市教育和体育局人事科周文敏科长主持开幕式。

四川省谯述忠名师工作室领衔人谯述忠老师进行会议致辞。他对给予本次活动大力支持的广安市教育和体育局、武胜县人民政府、广安市教育科学研究所、武胜县教育科技和体育局、武胜万善职业中学表示衷心感谢！并就工作室三年来开展的活动与取得的成果、成员的成长情况作了汇报与交流，同时对工作室成员提出要求与期望。

武胜县人民政府殷云副县长致会议欢迎辞。

广安市教育科学研究所周永宏所长介绍广安市教育高质量发展历程，以及近年来取得的众多学术成果和实践成果。

四川省教育科学研究院职教所廖大凯所长宣布四川省谯述忠名师工作室三年总结暨广安市职教名师工作室联合研讨会正式开幕。

接下来，开江县职业中学教务处副主任杨丽君主持专家讲座。

四川省教育科学研究院职教所廖大凯所长作专题讲座《职业教育高质量发展：内涵、

问题与建议》。

廖所长结合职教改革背景，站在职业教育高质量发展的高度，分别从职业教育高质量发展的提出背景、职业教育高质量发展的内涵、职业教育高质量发展基础与主要问题、中职学校高质量发展的建议四个方面，梳理了中华人民共和国成立以来职业教育的发展和改革历程，对四川省职业教育的成就和面临的问题做了全面分析解读，并就中职学校坚持高质量发展的有效路径进行深入剖析，具有非常重要的现实意义和指导意义。

廖所长的讲座深入浅出，精彩纷呈，使参会教师对职业教育高职量发展有了更加深入的理解，在教育科研和综合素质提升方面收获满满，大家纷纷表示通过本次学习，会不断将理念应用于教育教学工作中，为促进学校高质量发展助力。

18 日下午，四川省谯述忠名师工作室领衔人谯述忠老师主持专家讲座。

民盟中央教委副主任、省政府参事、省教厅咨询专家团成员、享受国务院政府特殊津贴专家田继万老师作专题讲座《个人成长与专业发展漫谈》。

田老师分两部分进行讲解。第一部分“关于个人成长”，分别从认识职教数学名师工作室成员性质、定位、职能、使命，职教数学名师工作室成员的越己成长，悦己的内容量化测评与追求三个方面，阐述和明确了中职数学名师工作室成员的性质定位和职能使命，提出了职教名师工作室成员越己成长的方向、目标、阶梯、形态、要素、条件、前提和路径，阐述了悦己的内涵、意义、方式，以及影响定性定量评价与追求的因素；第二部分“教师专业发展”，分别从职教教师专业发展方向、目标、阶梯、战略、布局、路径，深刻认识教研科研教师专业发展的功能作用、认识把握中等职业教育教学研究目的的原则，发挥教研科研的功能作用和推动教师专业发展四个方面，指出职教名师工作室成员专业发展的方向、目标、阶梯，专业发展的功能作用，把握中等职业教育教学研究的目的原则，发挥教研科研的功能作用，推动教师专业发展的意义。

田老师为工作室成员量身定制的专题讲座，让老师们不仅开阔了视野，打开了格局，而且增强了成长为名师的自信心，明确了今后的奋斗目标和实施路径，使大家受益匪浅。谯述忠老师希望与会成员通过聆听田老师的讲座，读懂自己、超越自己、成就自己，他相信责任、担当、诚信的种子一定会在成员中开花结果。作为职教人，一定要为职业教育的美好明天作出自己应有的贡献。

讲座结束，出席会议的领导和老师们参观工作室三年建设成果。

18 日晚，内江市高级技工学校黄春燕主持专题讲座。

青神中等职业学校副校长邓光强作专题讲座《中职数学学科核心素养与思政元素融合的策略》。他分别从关键词语、融合意义、融合创新、融合理念、融合原则、融合路径六个方面，深入剖析了“三四三二”理念，阐述了融合的四个原则，提出了融合“六融、六合、六化”路径，为数学学科核心素养融入思政元素提供了有效策略。

广安华蓥市教研室主任周小俊作专题讲座《数学运算学科核心素养的培育与评价建议》。他从内涵与表现、价值体现、培育策略、评价建议四个方面，详细解读了数学运算学科核心素养的培育方法与评价方式，为数学课堂教学落实核心素养提供了参考。

江阳职业高级中学教务处主任匡本富作专题讲座《新课标背景下中职数学“三教改革”的思考》。他从背景、中职数学新课标的新要求、“三教改革”教材改什么、“三教改革”教师改什么、“三教改革”教法改什么五个方面，梳理了三教改革的提出背景，解读了中职数学新课标的四个新要求，阐述了三教改革中教材、教师、教法改革的具体内容，为中职数学学科认真落实三教改革明确了具体目标和努力方向。

攀枝花市经贸旅游学校教研组长张文彬作专题讲座《中职数学课程思政教学设计的要点》，她以四个问题为导向，分别从课程思政的内涵、教学设计原理、课程思政教学设计要素、课程思政融入的方法四个方面，详细阐述了课程思政的内涵、目标、原则，剖析了教学设计的原理和教学逻辑，讲解了课程思政教学设计的六个具体步骤，指出了课程思政融入的四种方法，为中职数学课程思政教学设计提供了价值参考。

达县职业高级中学专业部长潘林作专题讲座《浅谈中职数学有效教学措施》。潘部长从感知知识、体验知识、接受知识三个方面，讲解了感知、体验、接受的具体内涵，提出中职数学课堂有效教学应采取的措施方法是提高学生的学习兴趣，让学生能够在自己感兴趣的课堂上不断利用数学思维方法解答问题，从而提高数学成绩。

开江县职业中学教务处副主任杨丽君作专题讲座《中职数学课堂教学落实核心素养实施策略》。她从理解数学核心素养的确定依据、掌握数学核心素养教学设计、分析数学核心素养课堂教学案例、落实数学核心素养课堂教学反思四个方面，阐述了进行核心素养教学设计的方法、实施效果及反思建议，为中职数学课堂教学落实核心素养的培育提供了有效实施策略。

四川省德昌县职业中学校何昌全作专题讲座《中职数学质量监测试卷命制策略》。

19 日上午，青神中等职业学校副校长邓光强主持专家讲座。

四川邮电职业技术学院孟川杰副院长作专题讲座《职业教育贯通培养背景下教师教学创新团队的建设》。

孟院长分别从职业教育的类型特点、职业教育体系与贯通培养、教师教学创新团队建设任务、教师教学创新团队建设实践四个方面，详细分析了职业教育的三种类型特点，讲解了三种职业教育体系与贯通培养的方式，阐述了教师教学创新团队建设的内涵和具体任务，以及开展教师教学创新团队建设的具体实施办法。孟院长的讲座结合当前职业教育发展趋势，为教师教学创新团队建设指明了方向。

19 日上午，开江县职业中学教务处副主任杨丽君主持专家讲座。

武胜万善职业中学党总支书记、校长、广安市职教名师工作室领衔人高攀校长作专题讲座《核心素养下的课程思政策略》。

高校长分别从对核心素养的再理解、对课程思政的再体会、教师育德意识与育德能力提升策略三个方面，由文章《我希望》引入，深入解读了核心素养的内涵，阐述了课程思政的核心价值，提出了教师育德意识与德育能力提升的具体策略，并以自己的成长经历为例，为参会老师们指明了前进的方向——在活动中锻造，在科研中卓越。高校长的讲座生动有趣，非常接地气，让参培教师收获满满。

19 日下午，四川省档案学校副校长王三刚主持工作室工作站三年建设情况总结汇报活动。

四川省谯述忠名师鼎兴工作室自贡工作站负责人、富顺职业技术学校教研组长李富明作三年总结汇报发言。

四川省谯述忠名师鼎兴工作室凉山工作站负责人、德昌县职业高级中学教研组长何昌全作三年总结汇报发言。

四川省谯述忠名师鼎兴工作室泸州工作站负责人、叙永职高教务处主任穆举红作三年总结汇报发言。

四川省谯述忠名师鼎兴工作室达州工作站负责人、达县职业高级中学专业部长潘林作三年总结汇报发言。

四川省谯述忠名师鼎兴工作室广安工作站负责人、邻水县职业中学教研组长张建军作三年总结汇报发言。

四川省谯述忠名师鼎兴工作室眉山工作站负责人、青神中等职业学校副校长邓光强作三年总结汇报发言。

四川省谯述忠名师鼎兴工作室内江工作站负责人、内江市高级技工学校黄春燕作三年总结汇报发言。

四川省谯述忠名师鼎兴工作室雅安工作站负责人、四川省档案学校副校长王三刚作三年总结汇报发言。

四川省谯述忠名师鼎兴工作室攀枝花工作站负责人、攀枝花市经贸旅游学校教研组长张文彬作三年总结汇报发言。

广安市教育科学研究所副所长、四川省谯述忠名师工作室领衔人谯述忠老师以《为你们骄傲，为你们喝彩》为题作总结发言。

谯老师首先讲述了自己成为中职数学名师工作室领衔人的初心，然后阐述了职教与普教名师工作室开展工作的异同，总结了工作室三年开展的具体活动，以及成员们的成长故事，最后通过“五个猴子”“火车轨道的启示”的教育故事，鼓励大家勇于创新，奋勇向前，努力成长为职教名师，担起职业教育发展重任。

接下来，谯述忠名师鼎兴工作室举行“谢师恩”才艺汇报表演。

自贡工作站选送节目：独唱《听闻远方有你》

表演者：李富明

眉山工作站选送节目：诗朗诵《同修情》

表演者：邓光强

泸州工作站选送节目：诗朗诵《永远跟党走》

表演者：黄世英、穆举红、郑莉、匡本富、廖凤琼

泸州工作站选送节目：诗朗诵《随感》

表演者：匡本富

内江工作站选送节目：《书法表演》

表演者：巫源森

广安工作站选送节目：合唱《朋友》

表演者：郭丹、王莉萍、周小俊、彭冬梅、张建军、李燕

达州工作站、凉山工作站选送节目：合唱《自由飞翔》

表演者：邓红、杨丽君、潘林、何昌全、王君强、罗素珍、余建秀、李小兰、陈敏

雅安工作站、攀枝花工作站选送节目：合唱《这世界那么多人》

表演者：张文彬、王三刚等

19 日下午，内江市高级技工学校黄春燕主持示范课展示活动。

凉山州会理市第一职业中学陈敏上示范课《区间》。

凉山州教育科学研究所余建秀上示范课《随机事件与概率》。

19 日晚，内江市威远县职业技术学校周盟上示范课《同角三角函数的基本关系式的运用》。

眉山东坡中等职业技术学校何娅梅上示范课《指数函数》。

泸州市叙永县职业高级中学穆举红上示范课《指数函数的图像和性质》。

武胜万善职业中学张琳艳上示范课《高三数学集合专题复习研讨》。

20 日上午，泸州市纳溪区江南职业中学黄世英上示范课《两点间的距离与线段中点

的坐标》。

武胜万善职业中学杨惟云上示范课《椭圆及其标准方程》。

泸州市叙永县职业高级中学廖凤琼上示范课《运用点差法巧解椭圆的中点弦问题》。

泸州市职业技术学校郑莉上示范课《任意角的概念》。

接下来，广安华蓥市教研室主任周小俊主持评课、议课活动。

首先由上课老师阐述其教学设计思路，然后由工作室成员进行评课议课。示范课展示中，十位老师的课堂教学思路清晰，课堂结构安排合理，课堂教学方法和手段多样，课堂教学效果好，基本功扎实，使用了现代信息技术辅助教学。通过评课议课，大家相互交流，积极发言，上课教师及听课教师都收获颇丰。

四川省谯述忠名师工作室领衔人谯述忠老师对示范课展示和评课议课活动进行总结点评。

谯老师认为本次示范课展示和评课议课活动，充分体现了老师们在数学课堂教学中坚持落实工作室提出的“三心二意”“三先三后”教学理念与策略，在教学中不同程度体现以学生为中心、以思维为中心、以问题为中心，培养学生的自主意识和创新意识，在课堂教学中老师们时刻落实“先学生后老师，先做后讲，先学后教”教学策略，真正做到了把课堂还给学生。他希望老师们要学会运用 GGB 软件进行辅助教学，在课堂中要做智慧型的“懒”老师，要多花时间研究教学设计，有机融入思政元素，落实立德树人根本任务；课前要研究学生学情，要根据课堂中学生的反应随时调整教学策略，不断改革创新，通过实践形成自己独特的教学风格，走在职教改革的前列。谯老师的谆谆教诲，让所有与会老师们铭记于心，受益匪浅。

最后，谯述忠老师分别为工作室三年建设先进团体、先进个人，以及本次活动中开展专题讲座、展示示范课的老师们颁发荣誉证书。

赓续百年初心，担当育人使命。四川省谯述忠名师鼎兴工作室为职教理念的传递搭建了专业平台，为广大青年教师的成长提供了有力支撑。通过三年建设，工作室在教育教学、教研科研、论文写作、比赛竞技等方面取得了丰硕成果。虽然三年建设已经圆满结束，但学习永不止步。在今后的教育教学工作中，我们将继续秉承、坚持落实“三心二意”“三先三后”教学理念与策略，以学生为中心、以思维为中心、以问题为中心，培养学生的自主意识和创新意识，真正做到把课堂还给学生，努力做一个智慧的“懒”老师。

（●撰稿 杨丽君 ●修订 谯述忠 ●审定 谯述忠）

第六章　回首

四川省谯述忠名师工作室三年工作总结

四川省谯述忠名师工作室自 2019 年揭牌成立以来，在省教育厅、教师发展中心的指导下，在各市州教育局的支持下，以习近平新时代中国特色社会主义思想为指导，根据《国家职业教育改革实施方案》《四川省职业教育改革实施方案》《四川省中小学省级名师名校长工作室建设实施办法》等文件要求开展工作，全面贯彻党的教育方针，严格落实“立德树人”根本任务的要求，不断促进“三教”改革。三年来，在领衔人谯述忠老师的带领下，立足全省中职数学教学实际，以推动“三教”改革为着力点，以构建高效数学课堂为切入点，以课堂教学改革为支撑点，以实现资源共享、全员提升为落脚点，工作室全体成员团结一心，砥砺奋进，开展了一系列扎实有效的工作，取得了一定的成绩。现将工作室三年建设工作总结如下。

一、团队建设

三年来，工作室全体成员秉持“在活动中锻造，在科研中卓越”的建设路径，认真学习理论基础知识，积极参加教学能力大赛和各项教研活动，主动申报科研课题，在活动中提升综合能力，在科研中走向卓越，成为名师。

工作室坚持“培养一个、带动一批、辐射一片”的目标理念，按照“1+10+5”（1 名领衔人带 10 名省级成员，1 名省级成员带 5 名市级成员）的培养思路，通过各市州教育局层层推荐，领衔人遴选组成了工作室，再由省级成员组建市州工作站。在活动开展过程中，根据市州教育行政部门与学校强烈要求，经省项目办同意，工作室扩充省级成员至 15 名、市级成员至 64 名，省市级成员分布在 13 个市州、61 个单位学校。由于成员分布较散，为了便于管理，工作室将成员划分至川东、川西、川南、成都四个片区，做到培养一个、带动一批、辐射一片，实现资源共享。同时，为了高效开展工作，工作室成立规划、课题、宣传、试卷命制四个小组，四个小组各司其职、各尽其责，很好地完成了工作室各项工作。

工作室奉行“创新发展”的理念，落实习总书记的要求：要把加快发展现代职业教育摆在更加突出的位置，为实现“两个一百年”奋斗目标和中华民族伟大复兴的中国梦提供坚实人才保障，努力让每个人都有人生出彩的机会。在提升学生数学思维和应用能力基础上，工作室坚持以学生为中心、以问题为中心、以思维为中心，培养学生的创新意识和自主意识的指向核心素养的中职数学“三心二意”课堂教学改革实践，为学生的终身发展奠定坚实的职业基础。

二、团队文化

（一）指导思想

工作室以习近平新时代中国特色社会主义思想为指导，根据国务院印发《国家职业教育改革实施方案》的要求，全面贯彻党的教育方针，落实“立德树人”的根本任务，培养社会主义核心价值观，严格按照《四川省中小学省级名师名校长工作室建设实施办法》开展工作。

（二）制度建设

1. 专家指导、保驾护航

工作室聘请四川省教科院刘涛、王真东等科研专家，聘请廖大凯、尹毅等职业教育研究专家以及各市州教科所职教室主任等 20 余名教授、学者、专业人士成立专家指导委员会，为工作室成员有效开展工作，提供教研科研指导，助力工作室团队整体提升。

2. 规划引领、科学发展

工作室成立之初，依据党的教育方针，按照职业教育的相关政策文件、培养目标和工作室的总体要求，制定了《工作室建设规划方案》。

一是组建团队、提升理论。工作室每位成员坚持学习教育理论，如《教育学》《心理学》《教学设计原理》等，提升自己的教育理论水平；学习研读中职数学教学参考书籍，钻研教材，提升自己的专业素养；建立研修群，开展网上学习研讨，撰写心得体会和活动简报。

二是研读课标、明确任务。工作室每位成员重点钻研《中职数学课程标准》，研究专业所需的数学知识，并根据数学活动课的特点，准备一堂新授课、一堂概念课、一堂讲评课，选派成员到各市州中职学校上公开课、示范课、研究课，作专题报告，通过成员的示范和引领，规范中职数学教学行为，部分统一中职数学教学计划，探索中职数学课堂教学改革，对全省中职数学教师现状进行调研、统计，收集相关课题研究数据。

三是开展研修、辐射引领。工作室开展团队研修，送教下乡、送培到校、教育扶贫、对薄弱区域（学校）开展支持帮扶活动。深入各市州，大范围规范中职数学教学行为，加大中职数学教学改革力度，再次对全省中职数学教师现状进行调研、统计，继续收集相关课题研究数据。

四是总结提炼、形成资源。工作室对三年来收集的数据进行整理、归类、比较、分析、提炼成果，编写中职数学教学辅助资料等。工作室开展大型学术成果汇报会，请领导专家验收评估。

3. 建章立制、落实考核

为务实、高效地展开工作，工作室根据省教厅组建名师工作室的相关文件，领会精神，明确工作室研究方向、工作目标，统一认识。根据省教育厅、省教科院和省教师发展中心相关文件要求，工作室制订《四川省谯述忠名师鼎兴工作室省级成员考核办法》，定期对成员从师德师风、公开课（示范课）、培训讲座、教学科研论文、论坛资源建设以及听课情况，个人专业学习发展规划、指导青年老师专业成长、教材挖掘及编写等情况，进行规范和严格的考核。工作室确立了总体工作方案，每年度制订《工作实施计划》，加强课堂教学改革，打造学科特色，全面提高中职数学教学质量，营造浓郁的教科研氛围，提升工作室成员综合能力。

三、工作措施

（一）理论学习，转变观念

根据工作室三年规划中实现目标的路径方法，工作室组建之初，工作室组织成员加强理论学习和专业知识研讨，提升成员的理论水平和专业素养，工作室领衔人向高等教育出版社募集《教育学》《心理学》《教学设计原理》等有关中职教育理论、教学艺术、中职数学教学参考等方面的书籍近 50 种，每位省级成员所得书籍价值近 1100 元，每位市级成员所得书籍价值近 800 元，总共价值 6 万多元。这些书籍通过会议现场领取或邮寄等方式发放到省、市级成员手中，通过学习，成员提高了理论修养，转变了教学观念。

（二）明确理念，奋力进取

1. 明确“在活动中锻造，在科研中卓越”的建设思路

工作室建设和成员的成长离不开活动的开展。中职数学教师参加教研活动少，课题研究几乎为零，论文写作量少质差，针对当时成员状况，工作室在成立揭牌暨第一次研讨会上明确提出工作室全体成员秉持“在活动中锻造，在科研中卓越”的理念，要求每位成员不仅要参加工作室开展的各项活动，还要在学校积极主动承担各类教研活动或领导安排的其他活动，主动争取参加县级、市级，乃至省级教研活动、培训活动、公开课、示范课及教学竞赛活动，主动联系市县级职教室主任，承担一个中职数学兼职教研员的工作，在各级各类活动中成长自己，锻造自己，不断提升综合能力。工作室成员每次活动后要写心得体会，教学中要写反思，抓住小问题开展研究，主动申报科研课题，要在立项课题中规范研究，在科研活动中走向卓越，争取早日成为名师。

2. 提出“三心二意”中职数学课堂教学改革理念

工作室成员除完成《四川省中小学省级名师名校长工作室建设实施办法》规定的任务外，还要求能完成“三个一”：做好一个“教学设计”，上好一堂“高质量课”，命好一套“高水平试卷”。当时，由于中职学生数学基础差，学校对数学课要求不高，也没有评价标准与体系，中职数学课堂教学中存在教师备课不认真、不科学，传统讲授式为主体，学生听课“睡觉一大片”，期末考试出几道题应付了事的情况。工作室成立之初，要求成员转变教学理念，学习新的教学模式，不少成员感觉到压力大，学习任务重，为了改变这一现状，领衔人提出了“三心二意”玩转中职数学课堂的诙谐教学思想，意在让数学教师易记、好学。“三心”指：以学生为中心，以问题为中心，以思维为中心；“二意”指：培养学生的自主意识和创新意识。工作室成员通过三年锤炼，积极践行“思路”与“理

念”，目前，初步取得成效，成员在各级各类教学竞赛中取得佳绩，职务、职称得到提升，得到各级教育行政部门的认可、表彰、奖励。

（三）巧借东风，助力发展

1. 借助省级教研平台

工作室借助省教科院职教所开展活动，培养培训工作室成员，大力提升成员综合素质，大面积提升全省中职数学教育教学质量。一是 2020 年 5 月 11 日，现场指导工作室成员高宗伟录制高三复习教学课，并与泸州市省市级成员、泸州建校数学组老师研讨如何提升高三数学复习效果。5 月 15 日，四川省教育科学研究院举办了全省中等职业教育数学教学网络研讨活动，四川省谯述忠名师工作室协助完成相关工作，全省参加直播人数 4040 人。二是 2021 年 10 月 19 日，川渝开展了中职数学网络教学研讨会，工作室组织全体省市级成员积极参加，观摩了中职数学课程标准教材第一编者、浙江省宁波市首席中职数学名师、鄞州职业教育中心学校市级特级教师王燕上的《函数的概念》课，领衔人对该课进行了点评，并作了《基于数学核心素养的新课标教材“三心二意”四面体课堂教学形态》专题报告，将工作室研究成果进行推广，参加网络研讨活动的人数达 7000 余人。

2. 借助市级教研平台

工作室与各市州教科所联合开展活动，让成员在活动中锻造，大面积影响当地的中职数学教育教学研究，从而，更大范围提升中职数学教育教学质量。三年来，广安、达州、泸州、攀枝花、雅安、眉山、内江、自贡等市州的省级成员联系当地教科所积极开展各项教学教研活动。

（四）教育扶贫，培训示范

工作室组织优秀成员及省市级教学能力大赛获奖成员到凉山彝族自治州等地区开展专题讲座，上示范课，并与当地市州教科所职教室联合开展教学研讨活动，促进凉山彝族自治州等地区中职数学教育教学质量不断提升。三年来，工作室共组织 20 余人次前往盐源职业高级中学、德昌职业高职中学、阿坝州职业技术学校、甘孜州职业技术学校支教和开展专题讲座，得到各学校的一致好评，提高和扩大了工作室影响力。

（五）专家引领，内涵发展

工作室聘请职业教育研究的专家、课题研究专家、论文写作专家、信息技术研究专家等针对成员对职业教育政策理解不透、课题研究零基础、论文写作不得法、信息技术使用较差、教学设计不科学、课堂教学效益不高等情况开展专题讲座，培养成员内涵，促进成员综合能力提升。三年来，工作室积极组织开展省市级全体成员及省内部分中职数学教师参与大型研讨、讲座活动，聘请了刘涛、田继万、曾宁波、王真东、廖大凯、王健强等30余位学者、专家为学员授课，全面提高了省市级成员业务能力并大面积提升了中职数学教师的专业素养。

（六）现场指导，提升能力

领衔人在研讨会现场或到成员学校听成员的课（或成员学校数学老师的课），并组织数学组进行评课议课，现场指导数学老师如何提高课堂教学效果，如何践行“三心二意”的数学课堂教学改革理念，从而提高中职数学教育教学质量。三年来，领衔人呕心沥血、倾情付出，穿梭于凉山、雅安、泸州、达州、甘孜、阿坝、绵阳等13个市州，认真、细致指导了35个省市级学员的课堂教学，提出了改进建议，帮助成员成长、提高课堂教学能力、打造高效课堂。

（七）高端研修，内化素养

工作室组织成员参加省外学习培训、研讨会、观摩全国教学竞赛以及聆听国家级专家讲座，开阔成员视野，反思差距，奋发图强，充实自身，内化素养。工作室先后组织成员在云南省大理市参加全国中职文化基础课改革研讨会，在武汉参加观摩全国教学竞赛，参加省教师发展中心举办的2019年工作室领衔人高级研修活动，课程标准全国网络培训，宋乃庆《时代中国好教师培育探析》网络公益培训等高端研修10余次，开阔成员视野，提升成员综合能力。

（八）独自践行，彰显特色

各成员团队结合当地中职数学教育教学研究实际，与市州教育体育局、教科所联合举行活动，扩大影响度，促进当地中职数学教育教学质量不断提升，受到好评，彰显了各自特色。广安团队省级成员 2 人、市级成员 7 人，都进入广安市中职数学教学指导委员会，规划全市教学进度，实行统一考试，命题、审题、阅卷、分析研讨会均由工作室广安团队承担。达州团队主动与市教科所联系，开展课题研究、示范课、公开课、教学研讨，提升教学质量。内江团队省级成员黄春燕担任全省中职数学教学指导委员会委员；雅安团队省级成员王三刚担任雅安市语、数、外名师工作坊坊主，2021 年代表四川省参加全国教师教学能力大赛获得三等奖；眉山市省级成员邓光强主研的教学成果获得眉山市特等奖、四川省一等奖；攀枝花市省级成员张文彬担任市级教师教学能力大赛评委；自贡市省级成员李富明牵头全体省市级成员参加编写的《中等职业学校升学考试复习指导　数学》《高职考知识梳理》等复习用书正式出版。各片区或工作站开展各类研修活动 100 余场次，让省市级成员都获得了成长。

（九）网络深研，固化成果

工作室成员分散，在各自学校的工作量较大，又因疫情，集中研讨、学习较困难，领衔人带领成员利用休息时间开始线上研讨，巩固习得成果。三年来，工作室省级成员组织市级成员共开展线上学习研讨 80 余次。工作室指导成员命题、课题研究等，促成成员从“小白”逐步走向“爱好者”“成熟者”。

四、特色创新

（一）中职数学教学理念的创构

常言道“教无定法”，但我们追求的是“无法之中求有法、有法之中求变化、变化之中求精华”。由于中职教育的特殊性，中职数学教师学习进修的时间几乎为零，加上中职学校数学老师人少课多，对政策的关注度不高。工作室切实加强成员政策理论学习，落实立德树人根本任务。随着近几年国家对职业教育的高度重视，职业教育大会召开，各层面出台了大量的文件，工作室及时跟进，将国省关于中职方面的文件传给成员学习，号召成员及时学习领会，并运用到平时的教育教学中，全面落实立德树人根本任务，践行学科育人。工作室明确提出“在活动中锻造，在科研中卓越”的工作路径，同时工作室还创造性地构建了“三心二意”（以学生为中心、以问题为中心、以思维为中心，培养学生的自主意识和创新意识）的课堂教学理念，引领四川省中职数学课堂教学改革持续、良性地发展。

（二）中职数学教学资源的建构

针对中职数学基本没有成体系的配套教学资源，三年来工作室聘请了近 30 余名专家开办讲座，涉及中职政策解读、课题研究、论文写作、专业成长、课堂教学质量提升策略、教学设计原理、试卷命制、资料收集等。专题涉及面广，参培人数多，通过培训，更新了中职教师的教育教学观念，心灵得到了洗礼，综合能力得到了提升。领衔人根据四川省中职数学教学的实际情况，组织全体成员编写并出版了《基于核心素养的中职数学教学设计》等六本资料，形成了首套成体系“一主五辅”中职数学教学资源库。

（三）成员培养研训活动的架构

三年来工作室采用“线下+线上”“集中+分散”等灵活多样的研修活动方式，建立了“一体三翼”（以中职数学教师自我发展为主体，以教育行政部门、学校、中职数学名师工作室的引领为三助翼）数学教师专业发展路径；形成了“一一四”（一清晰：清晰个人情况；一借力：借力发展平台；四维度：培养专业理念与师德，掌握专业知识，钻研专业能力，提升专业情意）中职数学教师专业发展模式；提出了中职数学教师科研能力“六级进阶”（客体被动—客体主动—主体表层—主体深层—独立自主—完全自主）模型，搭建了高效实用的研训活动架构。

（四）助力民族教育质量的同构

工作室聘请专家，组织成员四次到凉山彝族自治州等地区学校开展专题讲座、上示范课、组织研讨如何提高课堂教学质量等送培送教活动，提升这些地区的教学质量。派选的成员所上示范课均是国省市教学竞赛中获奖作品，上示范课 10 节，作专题讲座 11 个，涉及信息技术与学科教学深度融合、课堂教学效益、中职学校课题研究、新课程标准解读、教师专业发展、中职数学课程思政、文献综述、命题策略等，并与支教学校数学教师深入讨论如何提高中职数学课堂教学效益，得到了当地学校的认可、教育行政部门的高度赞许，被媒体竞相宣传报道。

五、工作成效

（一）吃透政策把握方向，数学教学得到重视

随着国家对职业教育的重视，职业教育大会的召开，“职教二十条”文件出台，以及四川省中职教育的“转向”，全省中职学校逐渐重视数学教育教学。工作室自成立以来，注重与各市州教育行政部门、教研部门联合开展活动，及时宣讲职业教育政策，解读课程标准与考试大纲，探索课程思政对数学课的重要作用等，让中职数学教师明白了“培养什么人、怎样培训人、为谁培养人”的深刻含意，以利其落实立德树人根本任务。通过规范教学设计、研讨课堂教学效益，中职学校更加重视数学教学，逐步在全省较大范围规范了中职学校数学教学行为，按专业设置方案开足数学课时，上好数学课。

（二）规范数学教学行为，统一教学质量监测

工作室于成立时，在成员学校收集就业班与升学班的数学周课时数与上课学期数的信息，得知学校数学课从只开设 1 学期到 6 学期都开设的情况都有，周课时多的有 12 节，少的只有 1 节，可谓五花八门。通过研讨，并结合省教学质量监测情况，成员学校逐步统一教学周课时：建议就业班周课时为 4 节，升学班周课时为 6 节，在第四学期完成新课教学，第五学期进行第一轮复习教学，在当年的 12 月下旬进行统一的诊断考试，在单招考试前完成 15 套模拟试卷，在 4 月至 5 月下旬完成 10 套对口升学模拟试卷。目前，工作室已命制完成 15 套单招模拟试卷与 10 套对口升学模拟试卷，供学校选择使用，广安市实行了全市统一期末考试，川东 5 市部分学校进行了诊断联考。

（三）加强教育教学研究，促进课堂生机勃勃

工作室通过省市教研平台，研究提高中职数学课堂教育教学效益策略、高三后期复习迎考策略、信息技术与中职数学课堂教学深度融合策略、数学教学软件（如几何画板与 GGB 教学软件）在数学课堂上的灵活运用、课程标准与考试大纲的分析和解读等内容。工作室组织成员聆听专家讲座 48 场次，领衔人与成员开展讲座 70 场次，成员上示范（公开）课 82 节次，大力开展了中职数学教学改革研究，更新了中职数学教学理念和教学手段，结合专业教学标准，找到专业所需数学工具知识，实现文化课教学标准与专业课教学标准的有机融合，变要学生学为学生想要学，发挥学生的主观能动性，初步克服中职数学

课堂上大面积“睡觉”现象。成员通过教学模式的学习与运用，开展丰富多彩的数学活动实验，逐步还中职数学课堂教学生气，并在各级教师教学能力比赛中取得佳绩，获国家级奖 6 人次，省级奖 31 人次，市级奖 68 人次，县级奖 6 人次。

（四）开发中职数学课程，丰富教育教学资源

与普通高中比较，中职教学辅助资料太少，加上中职数学教师教学研究的水平有待提高，如果无可供教学参考、研究的资料，中职数学教师在进行教学设计时，就会很盲目。

工作室在成立之初，就要求成员注重这方面的锻炼，收集、研究市面上现有的教学辅助资料，提出存在的问题与改进意见，加强教学设计原理、双向细目表在命题中的作用等理论学习。工作室组织成员编写教学指导丛书，复习指导丛书等经相关部门审核的用于提升中职数学教学质量的参考书，帮助教师钻研教材、学科教学标准，大面积提升全省的中职数学教育教学质量，为办人民满意的中职教育作出应有的贡献。

1. 撰写《基于核心素养的中职数学教学设计》

工作室组织成员学习《中职数学课程标准》以及与教学设计有关的理论书籍，并按章节分配任务，每个市州团队负责 1 个章节，每个成员完成 1~2 节课的规范教学设计，在各市州团队内开展集体备课。2019 年底工作室完成了中职《数学》基础模块上下册的教学设计初稿，并收集整理成册，供成员之间使用。2020 年，结合省上网课开发要求，工作室组织安排成员继续完善教学设计，按中职数学教学的“三心二意”教学主张，将教学内容进行结构化处理，采用“线上+线下”混合式教学模式，将整个教学过程分为学、导、探、练、评、固六个教学环节，反复修改，已于 2021 年 11 月由四川教育出版社正式出版、发行。而且工作室要求成员根据各自教学设计进行课件制作、开展课堂教学实录，并将资料上传到省教育资源平台名师名校长工作室专栏，丰富中职数学教学资源。

2. 命制《高等职业学校单独招生考试模拟测试卷》

工作室组织成员加强课程标准与考试大纲的学习，并对近 5 年的单独考试与对口升学考试试题进行研究，开展对成员命题策略与技巧的培训，2019 年命制了 4 套对口模拟试题放在全省中职数学网上，得到了普遍好评。工作室组织成员命制了 15 套单招试题与 10 套

对口升学试题，于 2020 年 12 月由四川教育出版社正式出版、发行。

3. 开发《中等职业学校升学考试复习指导　数学》

2019 年组织成员编辑修改审核了《高职考数学知识梳理》《高职考数学知识梳理测试卷》《高职考数学知识梳理课时作业》等复习资料，于 2019 年 2 月由上海大学出版社出版、发行。2020 年工作室组织成员编写了《中等职业学校升学考试复习指导　数学》，于 2021 年 7 月由四川教育出版社正式出版、发行。

（五）开展中职课题研究，培育成员科研能力

中职学校的各项工作中课题研究是薄弱环节，特别是中职数学教师开展的课题研究就更少。工作室通过聘请课题研究专家作专题报告与在网上加强培训，从极易入手的调查研究开始，让成员从课题研究“小白”走向课题研究爱好者，再走向课题研究熟练者，在研究中走向卓越。

2019 年申报立项了省级课题《四川省农村地区中等职业学校数学教师专业发展调查研究》，聘请专家培训 8 人次，工作室开展研究活动 30 余次，已于 2021 年正式结题。工作室成员组织团队开展课题研究，立项市级课题 5 个（已结题 4 个，在研 1 个）。工作室组织全体省市级成员及其所在学校数学教师开展的《指向核心素养的四川省中等职业学校数学“三心二意”课堂教学改革》课题实践，在 2021 年四川省教学成果奖评选中是唯一一个以名师工作室名誉获得的四川省人民政府教学成果二等奖，《四川省农村地区中等职业学校数学教师专业发展调查研究》在 2022 年四川省教育学会举行的四川省第二十次优秀教育科研成果评选中获得二等奖。

（六）学员在活动中锻造，在科研中走向卓越

通过三年时间，工作室省市级成员不断加强政策理论学习，听专题报告，丰富内涵素养，积极参加和开展各种教研活动，在活动中提升教育教学能力，投身在教学实践、教育科研中，在各级平台展现自己，成就自己。

工作室成员评正高 5 人，评特级教师 1 人，晋升为副县级领导（副校长）1 人，获县级以上表彰奖励 89 人次。被四川省教师发展中心评为四川省首批名师名校长工作室优秀

成员 5 人，四川省“天府青城计划”天府名师 1 人。

工作室成员参加各级各类教育教学竞赛获奖 109 人次，其中，近三年四川省教育厅组织的教学能力比赛中，获得省一等奖 11 人次，省二等奖 5 人次，省三等奖 15 人次。2020 年冯晓娟团队、2021 年王三刚、刘玉香团队代表四川省中职数学学科参加教育部组织的全国比赛均获国家三等奖。杜婧、邓光强代表四川省参加中国职教学会组织的教学比赛分别获得国家二等奖与三等奖。唐雅琦参加人力资源社会保障部组织的教学比赛获得国家级金奖。

工作室成员参与科研项目 53 人次，成果获奖 37 人次，其中，在第七届四川省教学成果评选中，获得四川省人民政府一等奖 5 人、二等奖 18 人，发明专利 1 人次。

工作室成员撰写文章发表 49 人次，获奖 23 人次；参与著作（教辅）编写 152 人次。

工作室成员作专题讲座 71 人次，上示范（公开）课 73 人次。

工作室成员上传到鼎兴工作室网站各类教学资源共计 611 个，其中视频课程 61 个，运行管理 146 个，学科建设 107 个，教育科研 151 个，学术论坛 95 个，特色创新 51 个。

三年来工作室成员开展各类活动 128 次，其中年度总结评价 3 次，评出优秀成员 22 人次，先进工作站 3 个，先进个人 88 人次。绝大多数成员成为有一定影响力的中职数学教育教学研究领军教师，部分成员逐渐从普通教师走向卓越教师。

却顾所来径，苍苍横翠微。回望过去，三年时间里既充满艰辛与困难，又收获颇丰。盘点三年来的甘苦与努力、厚重与温暖、喧嚣与笃定，落在教学、教研工作中的“脚印”和淌在额头的“汗水”，值得回味、值得纪念。

长风破浪会有时，直挂云帆济沧海。我们知道跋涉的道路艰难而崎岖，但是路在脚下，时间定会告诉我们，生命的远景美丽而动人。我们相信，在各级领导的关怀和指导下，工作室成员定能再创佳绩，为全省职业教育的发展作出积极贡献。

四川省谯述忠名师鼎兴工作室　王三刚　谯述忠

2023 年 1 月 16 日

省市级成员及其分布

根据四川省教师培训项目办公室 2019 年 1 月 9 日发布的川教培办〔2019〕3 号文件《四川省教师培训项目办公室关于公布第一批中小学省级名师名校长工作室成员名单的通知》，谯述忠名师工作室首批成员共 10 人。文件附件“第一批中小学省级名师名校长工作室成员名单”中列出了谯述忠名师工作室首批成员的名单。

谯述忠名师工作室成员

序号	姓名	性别	单位	所在市（州）
1	穆举红	男	泸州市叙永县职业高级中学校	泸　州
2	邓光强	男	四川省青神中等职业学校	眉　山
3	王三刚	男	四川省档案学校	雅　安
4	潘　林	男	四川省达县职业高级中学	达　州
5	赵　燕	女	遂宁市职业技术学校	遂　宁
6	李富明	男	富顺职业技术学校	自　贡
7	张建军	男	邻水县职业中学	广　安
8	魏敬爱	女	绵阳职业技术学校	绵　阳
9	黄春燕	女	内江市高级技工校	内　江
10	张文彬	女	攀枝花市经贸旅游学校	攀枝花

2020 年 9 月 17 日，四川省教育厅发布川教函〔2020〕464 号文件《四川省教育厅关于公布四川省第二批名师名校长鼎兴工作室成员名单和第一批名师名校长鼎兴工作室成员调整名单的通知》。文件附件 2“四川省第一批名师名校长鼎兴工作室成员调整名单”中公布了谯述忠名师鼎兴工作室成员调整名单。

（注：为寄托以名师名校长工作室为契机，铸就更多“川派”名师，加快教育现代化、建设教育强省，以实际行动助力四川教育走上“鼎兴之路”的美好愿望，自川教函〔2020〕464 号文件发布以后，四川省教师培训项目办公室公布的第一批中小学省级名师名校长工作室均冠以“鼎兴”之名，之后成立的省级名师名校长工作室亦如此）

谯述忠名师鼎兴工作室成员调整

序号	变动	姓名	性别	单位	所在市（州）
1	退出	赵 燕	女	遂宁市职业技术学校	遂宁
2	补充	蒋 美	女	遂宁市职业技术学校	遂宁
3		杨丽君	女	开江县职业中学	达州
4		侯 雷	男	成都市中和职业中学	成都
5		何昌全	男	凉山州德昌县职业高级中学	凉山
6		刘永辉	男	泸州市教育科学研究所	泸州
7		周小俊	男	华蓥市教育科学研究室	广安

以上两批共 15 名成员为省级成员，同批发展的市级成员另有 64 名，所有成员名单汇总如下。

四川省谯述忠名师鼎兴工作室省市级成员名单

姓名	单位	所在市州	成员类别	加入时间
潘 林	达县职业高级中学	达州市	省级成员	2019 年 1 月 9 日
杨丽君	开江县职业中学	达州市	省级成员	2019 年 1 月 9 日市级； 2020 年 9 月 17 日省级
罗素珍	渠县职业中专学校	达州市	市级成员	2019 年 1 月 9 日
邓 红	达州市职业高级中学	达州市	市级成员	2019 年 1 月 9 日
王君强	达县职业高级中学	达州市	市级成员	2019 年 1 月 9 日
胡开泽	宣汉职业中专学校	达州市	市级成员	2019 年 1 月 9 日
李小兰	巴中市南江职业中学	巴中市	市级成员	2020 年 9 月 17 日
张建军	邻水县职业中学	广安市	省级成员	2019 年 1 月 9 日
周小俊	华蓥市教研室	广安市	省级成员	2020 年 9 月 17 日
贺单浩	邻水县职业中学	广安市	市级成员	2019 年 1 月 9 日
李 燕	华蓥市职教中心	广安市	市级成员	2019 年 1 月 9 日
胡 艳	华蓥市职教中心	广安市	市级成员	2020 年 9 月 17 日
彭冬梅	华蓥职业技术学校	广安市	市级成员	2019 年 1 月 9 日
王莉萍	武胜职业中专学校	广安市	市级成员	2020 年 9 月 17 日
郭 丹	广安区教研室	广安市	市级成员	2020 年 9 月 17 日
迟作伦	岳池县教研室	广安市	市级成员	2020 年 9 月 17 日
蒋 美	遂宁市职业技术学校	遂宁市	省级成员	2019 年 1 月 9 日市级； 2020 年 9 月 17 日省级
杨富华	遂宁市安居职业高级中学校	遂宁市	市级成员	2019 年 1 月 9 日

续表

姓名	单位	所在市州	成员类别	加入时间
田仁勇	蓬溪县中等职业技术学校	遂宁市	市级成员	2019 年 1 月 9 日
唐　玲	船山职业技术学校	遂宁市	市级成员	2019 年 1 月 9 日
韩洪清	射洪市职业中专学校	遂宁市	市级成员	2019 年 1 月 9 日
蒋文杰	大英中等职业技术学校	遂宁市	市级成员	2019 年 1 月 9 日
邓光强	青神中等职业学校	眉山市	省级成员	2019 年 1 月 9 日
张　凯	仁寿县第二高级职业中学	眉山市	市级成员	2019 年 1 月 9 日
刘　君	眉山市丹棱职业高级中学	眉山市	市级成员	2019 年 1 月 9 日
舒　阳	彭山区高级职业中学	眉山市	市级成员	2019 年 1 月 9 日
张　丽	洪雅职业高级中学	眉山市	市级成员	2019 年 1 月 9 日
徐亚群	青神中等职业学校	眉山市	市级成员	2019 年 1 月 9 日
何娅梅	东坡中等职业技术学校	眉山市	市级成员	2019 年 1 月 9 日
侯　雷	成都市中和职业中学	成都市	省级成员	2020 年 9 月 17 日
冯晓娟	天府新区职业学校	成都市	市级成员	2020 年 9 月 17 日
叶志琴	双流建设职业技术学校	成都市	市级成员	2020 年 9 月 17 日
刘　红	金堂县职业高级中学	成都市	市级成员	2020 年 9 月 17 日
魏敬爱	绵阳职业技术学校	绵阳市	省级成员	2019 年 1 月 9 日
蔡　琪	绵阳市财经学校	绵阳市	市级成员	2019 年 1 月 9 日
雷　敏	绵阳市安州职高	绵阳市	市级成员	2019 年 1 月 9 日
罗　艳	江油职业高级中学	绵阳市	市级成员	2019 年 1 月 9 日
杨小红	绵阳市游仙职中	绵阳市	市级成员	2019 年 1 月 9 日
穆举红	叙永县职业高级中学校	泸州市	省级成员	2019 年 1 月 9 日
刘永辉	泸州市教育科学研究所	泸州市	省级成员	2020 年 9 月 17 日
黄世英	泸州市纳溪区江南职业中学	泸州市	市级成员	2020 年 9 月 17 日
胡　会	泸州市江阳职业高级中学校	泸州市	市级成员	2020 年 9 月 17 日
郑　莉	泸州市职业技术学校	泸州市	市级成员	2019 年 1 月 9 日
高宗伟	泸县建筑职业中专学校	泸州市	市级成员	2019 年 1 月 9 日
匡本富	泸州市江阳职业高级中学校	泸州市	市级成员	2019 年 1 月 9 日
黄明君	古蔺县职业高级中学校	泸州市	市级成员	2019 年 1 月 9 日
廖凤琼	叙永县职业高级中学校	泸州市	市级成员	2019 年 1 月 9 日
李富明	富顺职业技术学校	自贡市	省级成员	2019 年 1 月 9 日
谢　莉	富顺职业技术学校	自贡市	市级成员	2019 年 1 月 9 日
黎昌华	富顺职业技术学校	自贡市	市级成员	2019 年 1 月 9 日

续表

姓名	单位	所在市州	成员类别	加入时间
陈　婷	富顺职业技术学校	自贡市	市级成员	2019 年 1 月 9 日
宋志雄	自贡市电子信息职业技术学校	自贡市	市级成员	2019 年 1 月 9 日
杨　杰	自贡乐德职业中学校	自贡市	市级成员	2019 年 1 月 9 日
黄春燕	内江市高级技工学校	内江市	省级成员	2019 年 1 月 9 日
巫源森	隆昌市城关职业中学	内江市	市级成员	2019 年 1 月 9 日
熊飞艳	资中水南高级职业中学	内江市	市级成员	2019 年 1 月 9 日
王　瑾	内江市高级技工学校	内江市	市级成员	2019 年 1 月 9 日
范智勇	内江第二职业中学	内江市	市级成员	2019 年 1 月 9 日
周　盟	威远职业技术学校	内江市	市级成员	2019 年 1 月 9 日
王三刚	四川省档案学校	雅安市	省级成员	2019 年 1 月 9 日
刘玉香	四川省档案学校	雅安市	市级成员	2019 年 1 月 9 日
曾利平	汉源县职业高级中学	雅安市	市级成员	2019 年 1 月 9 日
李勇康	雨城区职业高级中学	雅安市	市级成员	2019 年 1 月 9 日
罗克新	石棉县职业高级中学	雅安市	市级成员	2019 年 1 月 9 日
王进川	荥经县职业高级中学	雅安市	市级成员	2019 年 1 月 9 日
张文彬	攀枝花市经贸旅游学校	攀枝花市	省级成员	2019 年 1 月 9 日
唐兴兰	攀枝花市经贸旅游学校	攀枝花市	市级成员	2019 年 1 月 9 日
刘　聪	攀枝花市经贸旅游学校	攀枝花市	市级成员	2019 年 1 月 9 日
杜　婧	攀枝花市建筑工程学校	攀枝花市	市级成员	2019 年 1 月 9 日
郭怡琳	攀枝花市建筑工程学校	攀枝花市	市级成员	2019 年 1 月 9 日
伍太香	攀枝花市建筑工程学校	攀枝花市	市级成员	2019 年 1 月 9 日
何昌全	德昌县职业高级中学	凉山州	省级成员	2020 年 9 月 17 日
唐雅琦	德昌县职业高级中学	凉山州	市级成员	2020 年 9 月 17 日
陈世碧	德昌县职业高级中学	凉山州	市级成员	2020 年 9 月 17 日
张　兴	凉山州宁南县职业技术学校	凉山州	市级成员	2020 年 9 月 17 日
周国英	凉山州盐源县职业技术学校	凉山州	市级成员	2020 年 9 月 17 日
余建秀	凉山州教育科学研究所	凉山州	市级成员	2020 年 9 月 17 日
陈　静	凉山州盐源县职业技术学校	凉山州	市级成员	2020 年 9 月 17 日
陈　敏	凉山州会理市现代职业技术学校	凉山州	市级成员	2020 年 9 月 17 日

至此，谯述忠名师鼎兴工作室成员遍布全省 13 个市州，共 79 人。其中，广安 9 人，泸州 9 人，凉山 8 人，眉山 7 人，达州 6 人，遂宁 6 人，内江 6 人，自贡 6 人，雅安 6 人，攀枝花 6 人，绵阳 5 人，成都 4 人，巴中 1 人。

第七章 收获

课题成果

截至2021年底，四川省谯述忠名师鼎兴工作室已完成《指向核心素养的四川省中等职业学校数学“三心二意”课堂教学改革》《四川省农村地区中等职业学校数学教师专业发展调查研究》两项课题研究。

根据四川省人民政府2022年4月8日发布的川府函〔2022〕85号文件《四川省人民政府关于公布2021年四川省教学成果奖的通知》，《指向核心素养的四川省中等职业学校数学“三心二意”课堂教学改革》课题获“2021年四川省职业教育教学成果奖”省级二等奖。文件附件2“2021年四川省职业教育教学成果奖获奖名单”中涉及该课题的信息如下：

省级二等奖（共200项，排名不分先后）

序号	项目名称	完成人员	所属单位
181	指向核心素养的四川省中等职业学校数学“三心二意”课堂教学改革	谯述忠、黄春燕、邓光强、张文彬、侯　雷、李富明、王三刚、潘　林、穆举红、张建军、杨丽君、何昌全、蒋　美、魏敬爱、周小俊	四川省谯述忠名师鼎兴工作室；广安市教育科学研究所；内江市高级技工学校；四川省青神中等职业学校；攀枝花市经贸旅游学校；四川省成都市中和职业中学；富顺职业技术学校；四川省档案学校；四川省达县职业高级中学；四川省叙永县职业高级中学校；四川省邻水县职业中学；四川省开江县职业中学；四川省德昌县职业高级中学；遂宁市职业技术学校；四川省绵阳职业技术学校；华蓥市教育科学研究室

根据四川省教育协会2022年7月18日发布的川教学会〔2022〕17号文件《四川省教育学会关于公布四川省第二十次优秀教育科研成果获奖项目的通知》，《四川省农村地区中等职业学校数学教师专业发展调查研究》课题获“四川省第二十次优秀教育科研成果

奖”二等奖。文件附件“四川省第二十次优秀教育科研成果获奖名单”中涉及该课题的信息如下：

二等奖（104 项）

序号	成果名称	获奖者	工作单位
131	四川省农村地区中等职业学校数学教师专业发展调查研究	谯述忠	广安市教育科学研究所
		黄春燕	内江市高级技工学校
		邓光强	四川省青神中等职业学校
		张文彬	攀枝花市经贸旅游学校
		侯　雷	四川省成都市中和职业中学

《指向核心素养的四川省中等职业学校数学“三心二意”课堂教学改革》课题成果总结及《四川省农村地区中等职业学校数学教师专业发展调查研究》课题相关资料后附如下：

指向核心素养的四川省中等职业学校数学“三心二意”课堂教学改革

“四川省谯述忠名师鼎兴工作室中职数学课堂教学改革实践”成果总结

成果完成单位：四川省谯述忠名师鼎兴工作室
广安市教育科学研究所
内江市高级技工学校
四川省青神中等职业学校
攀枝花市经贸旅游学校
四川省成都市中和职业中学
富顺职业技术学校
四川省档案学校
四川省达县职业高级中学
四川省叙永县职业高级中学校
四川省邻水县职业中学
四川省开江县职业中学
四川省德昌县职业高级中学
遂宁市职业技术学校
四川省绵阳职业技术学校
华蓥市教育科学研究室

成果完成人：谯述忠、黄春燕、邓光强、张文彬、侯　雷
李富明、王三刚、潘　林、穆举红、张建军
杨丽君、何昌全、蒋　美、魏敬爱、周小俊

二〇二一年九月

一、成果解决的问题

《国家职业教育改革实施方案》明确：职业教育和普通教育是两种不同教育类型，具有同等重要地位，一样需要高质量发展。中职教育的根本使命是“培养与我国社会主义现代化建设要求相适应，德、智、体、美、劳全面发展，具有综合职业能力，在生产、服务一线工作的高素质劳动者和技能型人才”。中职《数学》课程具有基础性、发展性、应用性和职业性的特点，要塑造与培养学生的数学运算、直观想象、逻辑推理、数学抽象、数据分析和数学建模六大核心素养，承载着落实立德树人的根本任务。

然而，调研发现：四川省实施中职数学质量监测以来，数学平均成绩均在60分以下，中职数学课堂普遍存在“教师讲课不断，学生瞌睡一片”的现象，致使立德树人根本任务、学科核心素养培养任务落实不到位。基于此，工作室致力于中职数学课堂教学改革，从培育学生核心素养入手，总结形成了适宜中职学生的“以学生为中心、以问题为中心、以思维为中心，培养学生自主意识和创新意识”（简称“三心二意”）的数学课堂教学理念。

用“三心二意”数学课堂教学理念对中职数学课堂进行改革，在实践过程中遇到了一些阻碍，以下问题亟待解决：

（一）教学模式陈旧、手段落后、方法传统，是改革的难点

教师一支粉笔，一本书讲到底，很少使用现代化教学手段与数学教学软件（如GGB），“填鸭式”授课方式占大多数，同时，教师长期面对的是数学基础薄弱的学生，师生互动少，没有变“要我学”为“我要学”，这种传统的教学方法严重制约数学教学质量的提升，不能满足学科育人要求，是持续推动中职数学“三心二意”课堂教学改革的难点。

（二）中职数学教师学科素养与专业化发展水平不高、教育观念滞后，是改革的痛点

中职数学教师存在非数学专业的教师上数学课的现象，导致数学课教学规范性不强，数学课时划分不清。数学教师专业知识不扎实、专业能力欠缺、专业情志不高、育人观念滞后，不适应新时代职业教育教师专业发展的要求，是有效推动中职数学“三心二意”课堂教学改革的痛点。

（三）中职数学课堂教学资源匮乏、单一，是改革的堵点

中职《数学》教材内容与专业实际不符，虽然经过几次修订再版，但修改甚微，教材中的案例没有跟上时代变化，同时教辅资料单一。当学生由“就业”转向“升学”时，这方面的复习指导资源显得更加匮乏，无法满足学生升学与就业需求，是有序推进中职数学“三心二意”课堂教学改革的堵点。

鉴于此，工作室以“三心二意”课堂教学改革为理念，推动中职学校教师、教材、教法的“三教”改革，解决中职数学“三心二意”课堂教学改革实践中的难点、痛点、堵点。

二、解决问题的过程与方法

（一）课堂教学现状调查

2013~2016 年为成果探索阶段，课题组围绕“中职学校迫切需求什么、教师迫切关心什么、教学要迫切解决什么”等问题，采取听课、座谈、查阅资料等形式对中等职业学校教学管理与教科研工作进行了调查。2016 年以后，课题组进一步通过课题形式对中职数学教育教学进行专题研究，结合全省中职数学教学质量监测命审题工作，探明了四川省中职学校数学教师专业发展情况、课堂教学情况、学生学业质量情况。

（二）问题梳理与剖析

课题组通过多年的中职数学课堂教学现状调查发现：学生数学基础薄弱，缺乏学习主动性；教师专业素养不强，课堂教学不规范，教学手段单一，教研跟进不力；教育教学改革滞后；教材内容与专业实际不符，无法满足学生升学与就业需求；学生的数学核心素养得不到培养。2018 年，四川省首批名师工作室中职数学谯述忠名师工作室成立，开始探讨如何改变中职数学课堂教学现状，决定从课堂教学观念、模式、内容、途径、方法、技术到制度进行整体性和系统性的变迁与再造。

（三）制度探索与建立

2018 年 12 月，课题组提炼出致力于培养学生数学核心素养的“三心二意”中职数学课堂教学理念与模式，并撰写论文《浅谈高中数学课堂教学中的“三心二意”》发表在中国核心期刊《中学数学》上，后编著《基于核心素养的中职数学教学设计》，为教师制

订新的教学设计模板。理论框架与操作模式基本成熟以后，工作室决定在中职学校中实施“三心二意”数学课堂教学改革。以工作室为平台，以问题为导向，成员学校根据中职数学课的特点，基于学生数学学科核心素养的培养，初步实践中职学校“三心二意”数学课堂教学改革。首先是教法改革与探索。1. 专题讲座。工作室阐明“三心二意”中职数学课堂教学策略，从思想上转变教育教学观念。2. 现场指导。工作室通过领衔人听课评课，课后研讨，指导成员运用“三心二意”教学理念上公开课、示范课，组织全省网络课教研活动研讨，对比前后的课堂教学现状。3. 工作室组织成员撰写《基于核心素养的中职数学教学设计》，将新的教法程式化。其次工作室引领教师发展，探索中职数学教师专业发展的“一体三翼”路径、“一一四”发展模式、教科研能力“六级进阶”模型，为中职数学课堂教学改革实践提供了基础保证。

（四）试点与优化

工作室首先在省级成员课堂教学中实践，由他们带动市级成员进行教学实践，继而推广到省市级成员所在学校（59 所）、地区（13 个）。工作室从农村中职数学教师专业发展切入，依托课题研究与开展教育教学研讨等活动撬动四川省中职数学课堂教学改革，取得了显著成效，提升了四川省中职数学教育教学质量。同时，工作室实现了“培养一个，带动一批，辐射一片”的目标。

三、成果主要内容

（一）构建中职数学“三心二意”课堂教学改革四面体，建立了新的课堂教学形态

课堂教学中，教师 C 托起的是学生 A，教师右侧的边 CD 是专业素养，左侧的边 CB 是教学方法，对边 BD 是教材，素养与教材决定着课程开发的质量 D，方法同教材决定教学设计（教案）的优劣。侧棱 AC 是“谁来教”，AB 是“如何教”，AD 是“教什么”，侧面 ABC 表示“思维中心”，侧面 ACD 表示“学生中心”，侧面 ABD 表示“问题中心”，底面 BCD 表示“‘三教’改革”，目的是培养学生的“自主意识”和“创新意识”，这两种意识指向的是学生数学六大核心素养（图 1）。

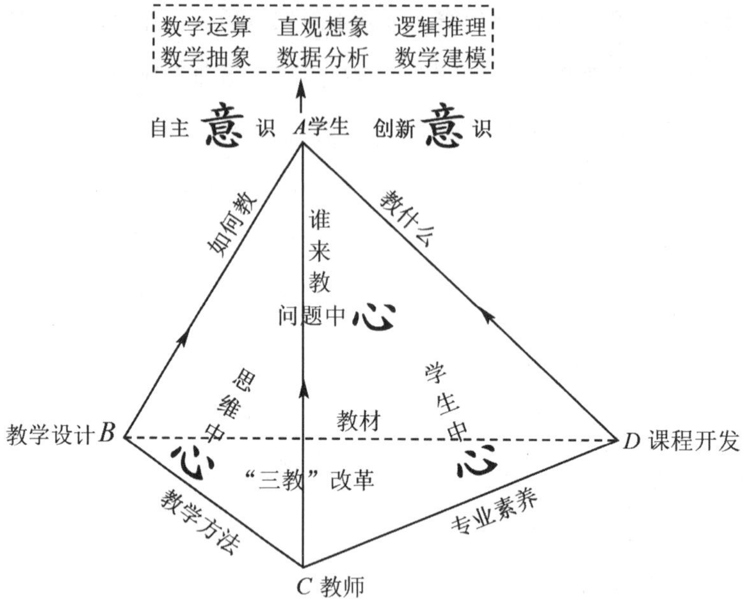

图 1

以“学生”为中心旨在培养学生的自主意识，倡导学生主动参与、乐于探究、勤于动手，应用专业情境式、小组合作式、问题探究式等教学模式，提升学生的学习体验；以“思维”为中心培养旨在学生的数学抽象、逻辑推理和数学运算核心素养，进而培养学生的创新意识；以“问题”为中心旨在培养学生的直观想象、数学建模和数据分析核心素养。该教学形态从数学学科核心素养育人价值出发，提出中职学生在数学课堂上学习的三个层次：用数学眼光观察世界、用数学思维分析世界、用数学语言表达世界，从而建立起新的中职数学课堂教学目标体系。以“三心二意”作为学生观的基础，可提升教师的课程开发能力、学科专业素养和教材分析能力，从而全面革新课堂教学理念。课堂教学改革，助推了底面的“三教”改革，反过来，“三教”改革又为“三心二意”课堂教学改革的顺利完成奠定了基础。

（二）探索建立了“学、导、探、练、评、固”六环节教学设计模式，为教师教法改革提供了新方向，教法改革攻克“难点”

以“三心二意”课堂教学理念为引领，可将教学内容进行结构化处理，采用“线上+线下”混合式教学模式，进而将整个教学过程分为“学、导、探、练、评、固”六环节。以“学”为起点，即首先让学生上网查阅相关知识或解决学习本课的前情知识，为学习本课奠定基础；以“导”抓问题，即由教师根据课本、专业或社会生活实际情况创设问题情境，由学生或教师（先学生后教师）提出问题，导入新课；以“探”引新知，即学生小组合作或其他方式对提出的问题进行分析、探讨，提出解决的方案或抽象出概念、推理论证，探索新知，建构新知，过程中教师适当点拨、串联各环节，起好主导作用；以“练”促迁移，即通过课堂巩固练习，及时检测，反馈效果；以“评”为抓手，即让学生小组谈学习收获，评价学习中的得与失，小结课堂，教师再作总结评价；以“固”为保障，即分层布置作业，让学生带着问题来，也带着问题走，起到巩固提高的作用。(以函数概念课为例：图 2)

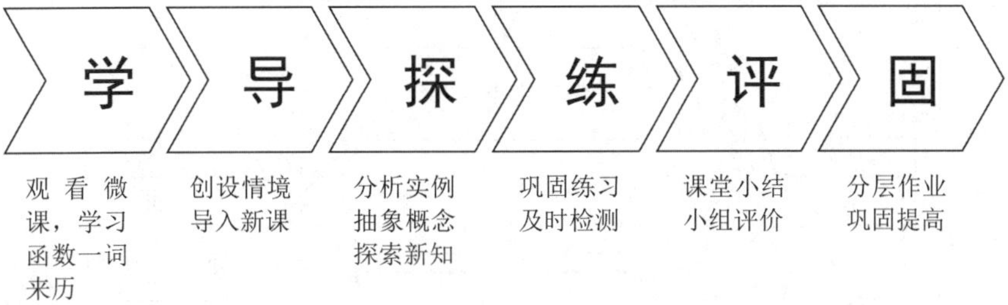

图 2

工作室从“培养学生自主意识和创新意识”出发，推进课堂教学由重学轻思向学思结合转变，建立了“专家引领、名师指导、活动锻造、自我钻研”的名师工作室活动模式，推进中职数学教师进行教法改革。工作室所开发《基于核心素养的中职数学教学设计》，推广了“学、导、探、练、评、固”教学设计模式，规范了教师的教学设计程式。

（三）建立中职数学教师专业化发展路径、模式和科研能力发展模型，为革新课堂提供基本保证，教师改革根治“痛点”

1. 针对教师学科素养薄弱，教科研能力不强，工作室为教师制订客体被动—客体主动—主体表层—主体深层—独立自主—完全自主参与的“六级进阶”的科研能力发展模型(图 3)。

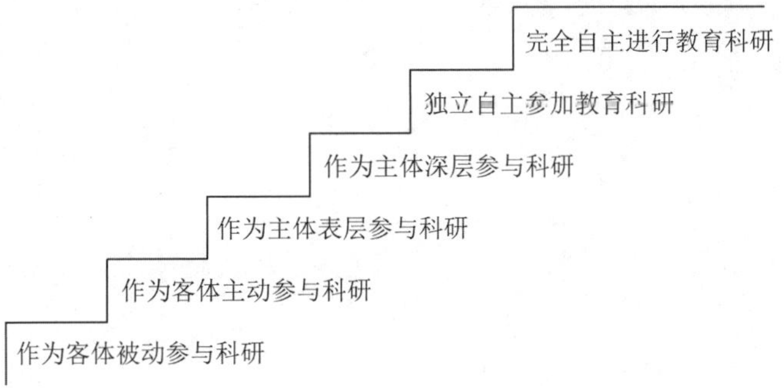

图 3

2. 在推动课堂教学改革过程中，工作室让教育行政部门、教科研机构、学校、教师和学生全主体参与，建立了“一体三翼”的专业化发展路径（图4）。教育行政部门提供政策指导，教科所、名师工作室进行理论与实践引领，学校教研组、教科室带领教师参与校本教研。

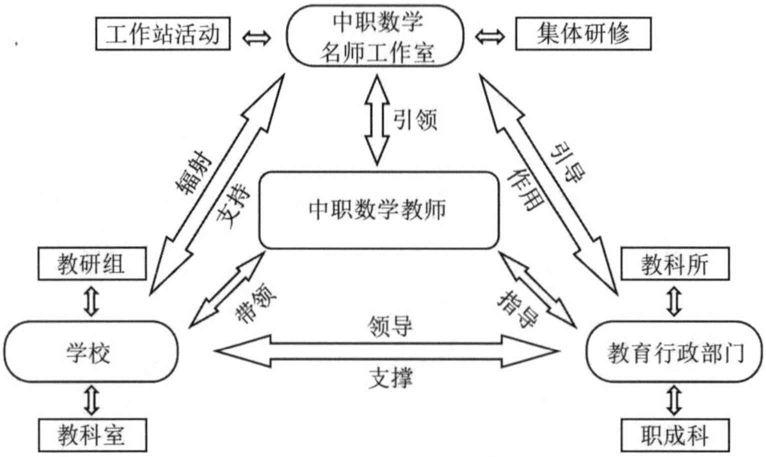

图4

3. 工作室通过研究和大量的活动实践，逐渐探索出适合中职学校教师的“一一四”专业发展模式。工作室通过一清晰（清晰个人情况）和一借力（借力发展平台），将教师个人专业发展与教师群体专业化发展有机融合，以教师专业素养四维度（培养专业理论与师德、掌握专业知识、钻研专业能力、提升专业情意）为基本目标，为教师教科研能力提升奠定宽广的基础。在促进教师专业素养提升过程中，清晰个人情况是基础，四维度是关键，借力发展平台是保障（图5）。

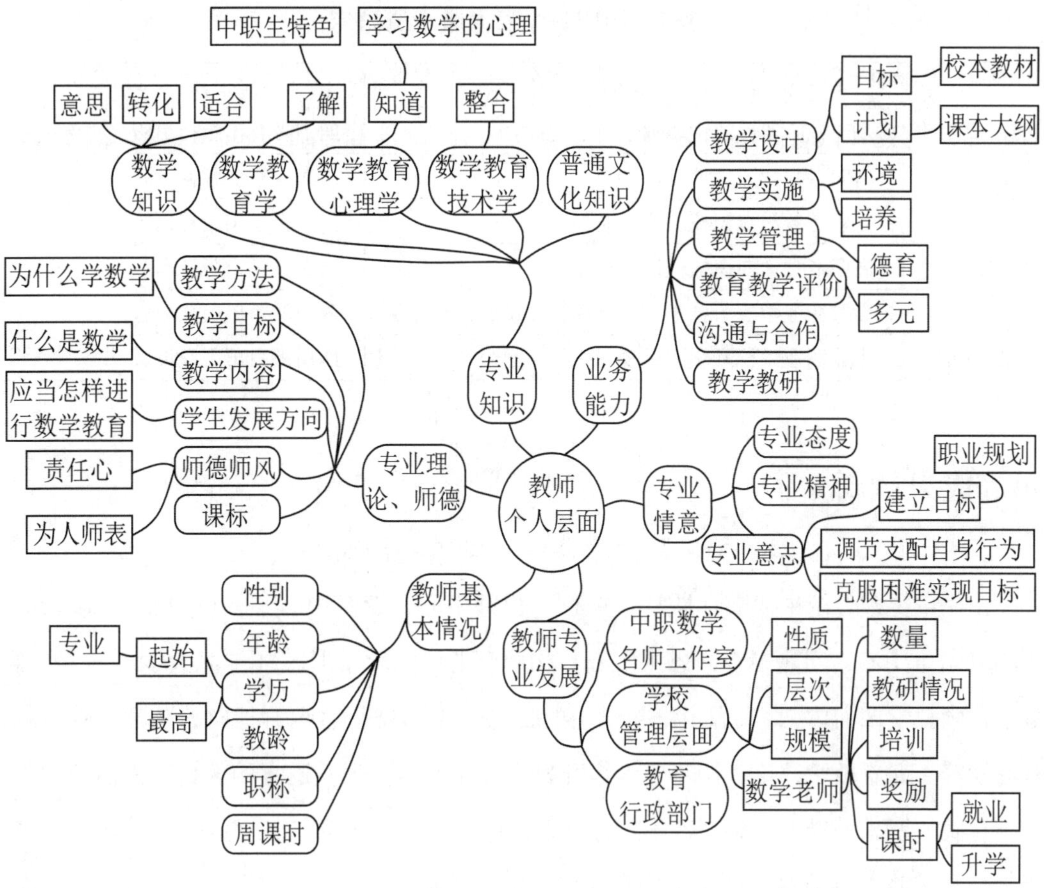

图 5

（四）开发“一主五辅”数学教学资源库，满足学生多样化学习要求，教材改革疏通“堵点”

工作室以“三心二意”为中职数学课堂教学理念，对照《中等职业学校数学课程标准》，分析教材、专业特点、学生情况，确定教学目标与课程思政目标、重难点，工作室成员反复修改分配的1~2节课堂教学设计，让学生充分了解课时学习任务。工作室还开展命题策略研究、“单招”与“对口升学”试题研究，积极开发教辅资料。

表 1　中职数学课堂教学资源库

时间	课程名称	出版情况	备注
2019~2021 年	《基于核心素养的中职数学教学设计》	四川教育出版社出版	一主
2019 年	《高职考数学知识梳理》	上海大学出版社出版	
2019 年	《高职考数学知识梳理测试卷》	上海大学出版社出版	
2019 年	《高职考数学知识梳理课时作业》	上海大学出版社出版	五辅
2020 年	《高等职业学校单独招生考试模拟测试卷（数学）》	四川教育出版社出版	
2020 年	《中等职业学校升学考试复习指导　数学》	四川教育出版社出版	

四、成果创新

（一）“三心二意”的中职数学课堂教学结构创新

工作室突破传统中职数学课堂三中心（教师中心，课堂中心，知识中心），以新的三中心（学生中心，问题中心，思维中心）构建新的课堂教学形态（中职数学“三心二意”数学课堂教学四面体），致力于培养学生的自主意识和创新意识，指向的是学生数学六大核心素养。课堂教学改革，同步要求提升教师专业素养，开发适宜的教材，提出新的教学设计程式（教法改革），高度契合当前职业教育“三教”改革，反过来，“三教”改革又为“三心二意”课堂教学改革的顺利完成奠定了基础。

（二）“学、导、探、练、评、固”六环节的教师教法创新

苏联教育家凯洛夫的“五环节”（组织教学、复习旧知、新课讲授、巩固新知、布置作业）教学模式体现的是教师中心，而工作室以“三心二意”课堂教学理念为引领，将课堂教学过程分为“学、导、探、练、评、固”六环节体现的是学生中心，并结合“后疫情”实际，将教学内容进行结构化处理，采用“线上+线下”混合式教学模式，创新了中职数学教师的教学方法。

（三）开发教辅资料更新中职数学教学资源

工作室结合中职学生升学与就业需求导向，开发五套教辅资料，既为教师拓展教学内容提供参考，同时满足学生升学考试需求，从培养学生数学学科素养出发，分解教学目标，为学生专业课程的学习奠定数学学科基础。

（四）工作室推进教师专业成长的教科研模式创新

为解决教师专业素养薄弱问题，工作室以名师为纽带，充分发挥教育行政部门的政策指导和教科研工作统筹作用，以教科研机构（教科所、名师工作室）为引领，从根本上激发学校教科研机构（教研组和教科室）的自主研修潜力，建立起多维度多层次的教师专业化发展保障体系。同时工作室深入教师个体学习层次，从培养学生问题意识的课堂需求出发，激发教师专业化发展的内动力，探索出六个层级的教师研修层次，根据不同的层次提供不同的教研内容，提供了新的名师工作室教科研模式。

五、成果的应用推广

（一）实践应用效果

1. 促进教师成长

工作室组织成员研究当前中职数学教学的热点、难点问题，利用“三心二意”策略提高中职数学教学水平，率先进行“三教”改革，带动一批青年教师迅速成长为骨干教师、学科带头人。工作室成员中有 61 人获得表彰（省级 7 人，其中特级教师 1 人，市级 11 人，县级 16 人，校级 27 人）；立项、获奖课题 21 项，发表论文 50 篇，获奖论文 18 篇；各级优质课评比中获奖 68 人次（国家级 4 人，省级 18 人次，市级 40 人次，县级 6 人次）；职称晋升高级 3 人（其中正高 1 人，中级 3 人）；职务晋升为学校中层干部 3 人，晋升为校级领导干部 1 人。

表 2　近三年部分发表论文统计表

姓名	文章名	时间	期刊
谯述忠	浅谈高中数学课堂教学中的“三心二意”	2018 年 12 月	中学数学
谯述忠	浅谈高中数学教学中如何培养学生“数学建模”核心素养	2018 年 12 月	天府数学
谯述忠	从“怪问”入手，捕捉学生创新思维火花	2019 年 2 月	四川教育
谯述忠	例说高中阶段学生“数学基本活动经验”的获得	2019 年 6 月	天府数学
邓光强	转变教学行为要处理好的几对关系	2019 年 9 月	四川教育
邓光强	中职班级管理中实施德育教育面临的问题及对策	2019 年 9 月	科研
邓光强	“教书匠”的修炼与超越	2019 年 9 月	教育科学论坛
邓光强	中职数学教学设计应处理好的一些细节	2019 年 11 月	教育科学
邓光强	关于四川省中职数学教学质量监测工作的思考	2020 年 3 月	教育科学论坛
邓光强	让挫折成为成功的“垫脚石”	2020 年 5 月	当代职校生

续表

姓名	文章名	时间	期刊
邓光强	借力“空中课堂”，助力教师专业发展，引领学生健康成长	2020 年 9 月	中学课程辅导
邓光强	中职数学高考复习的策略与建议	2020 年 9 月	教育科学论坛
邓光强	中职数学教师专业发展的现实困境与突破策略	2020 年 12 月	教育科学论坛
何娅梅	高中数学高效课堂教学实践探析	2020 年 7 月	教研周刊
张文彬	论中职数学教学中如何有效培养学生的职业素养	2018 年 12 月	教育现代化
张文彬	中职数学小组合作学习教学案例——以组合的概念为例	2019 年 5 月	课程教育研究
张文彬	浅谈中职数学课堂小组合作学习的策略	2019 年 11 月	教育科学论坛
张文彬	中等职业学校数学教师的专业发展策略	2021 年 3 月	语言文字报
杜　婧	关于“9+3”升学班数学教育策略的探究	2021 年 2 月	文苑
伍太香	论中职数学教学中运用大数据的有效方法	2021 年 2 月	教学与研究
刘永辉	泸州市信息产业发展与人才供需结构分析	2018 年 11 月	教育科学论坛
高宗伟	浅谈能力提升导向的中职数学复习课设计思路	2020 年 9 月	教育科学论坛
郑　莉	浅谈中职高三数学学习方法之我见	2020 年 8 月	速读
郑　莉	浅谈中职高三数学学习兴趣之我见	2020 年 7 月	速读
胡　会	谈职高班主任的班级管理办法	2019 年 2 月	南北桥

2. 促进学生成长

践行“三心二意”中职数学课堂教学改革，推动“三教”改革，最大的受益者是学生。近三年的实践，成员所在学校的学生数学核心素养普遍提升，激发了学生对数学的热爱，学生从被动变为主动学习。下课时能听到各种肯定的声音。“老师您最棒！”“上了您的课，我才发现数学的乐趣！”“我上课能回答问题了，作业也能做对了！”“兴奋感一直围绕着我！”……学生愿意学习数学的比例从原来低于 50%达到现在的 80%以上。工作室成员潘林说：“以前课堂上，50 人的班有 30 人以上在睡觉，现在几乎没有了！”

3. 带动科研氛围

进入工作室前，绝大多数成员都没有参加过任何课题研究，认为自己的本职工作就是教书，教育科研是“专家”的事。通过工作室活动，成员们都认识到“三教”改革的本质是教师自己的改革，都积极主动地加入到教育科研行列，从而带动了整个工作室成员所在学校的科研氛围。

表 3 部分科研成果统计表

姓名	项目名	项目级别分类
工作室全体成员	四川省农村地区中等职业学校数学教师专业发展调查研究	中小学名师名校长工作室专项一般课题（已结题）
王三刚、刘玉香、李勇康、罗克新	雅安市中等职业学校数学教学现状调研	市级重点项目（已结题）
潘林、邓红、王均强、胡开泽、罗素珍	四川省达州市中等职业学校数学教师专业发展研究	市级其他项目（已结题）
邓光强、徐亚群、刘君、张凯、舒阳	眉山市中等职业学校数学教学现状调查研究	市级其他项目（已结题）
黄春燕、王瑾、范智勇、熊飞艳、巫源森	内江市中等职业学校数学教师专业发展调查研究	市级其他项目（已结题）
邓光强	基于非遗传承的竹编特色专业校本课程开发研究	省级重点项目
刘永辉	区域中职学校教学质量监测与反馈机制建设研究	省级重点项目
迟作伦	基于核心素养的中学数学模型思维教学实践与研究	市级其他项目
郑莉	改变中职学生数学学习现状的方法研究	市级其他项目
高宗伟	职业高中数学小组合作学习研究	县级其他项目
穆举红	乌蒙山区中职学生综合素质培养	县级其他项目

（二）成果推广

成果的推广由现场指导与名师推动等方式完成。工作室到省市级成员学校听课评课，并组织学校数学组开展课后研讨，讲解“三心二意”教学理念。省市级成员运用“三心二意”教学理念上公开课、示范课 53 人次；组织全省网络课教研活动（参与人数 4000 余人）、工作室及其工作站各类教育教学研讨活动 114 次，出简报 114 期，活动覆盖达州、凉山等 13 个市州，59 所学校。通过成员带动学校教研组长，教研组长指导学校教师，工作室持续将“三心二意”教学理念进行推广，并指导成员参加数学学科教学竞赛，取得优异成绩，从而快速提升中职学生数学核心素养。

表 4 近三年教师参加省级以上比赛统计表

时间	比赛项目	省赛获奖情况	国赛获奖情况
2019 年	教师信息化教学设计和说课交流活动	杜婧、邓红、邓光强参加省赛，入围参加国赛的前 5 名，代表四川省参加全国比赛	杜婧、邓红获全国二等奖，邓光强获全国三等奖

续表

时间	比赛项目	省赛获奖情况	国赛获奖情况
2019 年	中等职业学校教师教学能力比赛	冉晖、黄代英、贺瑜、郭廷、冯晓娟、邓红、蒋美获省一等奖，蔡琪获省二等奖，邓光强、徐亚群、巫源森获省三等奖	冉晖、黄代英、贺瑜、郭廷参加全国职业院校技能大赛教学能力比赛荣获国家二等奖
2020 年	中等职业学校教师教学能力比赛	冯晓娟、杜婧、郭怡琳获省一等奖（第 1、2 名），冯晓娟团队参加集训，推荐参加 2020 年全国职业院校技能大赛教学能力比赛，谢莉获省二等奖，陈世碧、唐雅琦、蒋美获省三等奖	冯晓娟参加全国职业院校教师教学能力决赛荣获国家三等奖
2021 年	中等职业学校教师教学能力比赛	王三刚、刘玉香团队获省一等奖，并代表四川省参加全国决赛，唐玲团队与罗艳团队均获得省二等奖，陈世碧团队、杜婧与伍太香团队、张文彬团队三支团队均获得省三等奖	王三刚、刘玉香团队将代表四川省参加全国决赛

表 5　近三年“送培送教”统计表

时间及参与者	地点	活动内容	取得效果
2019 年 10 月 23 日至 26 日，谯述忠、王三刚、邓光强、张文彬、邓红	德昌县职业高级中学	上公开课、研究课、示范课，领衔人作专题讲座，聘请省教科院郭宾所长对全校教师进行信息技术应用能力培训	受到了各级领导与学校教师的好评
2020 年 10 月 20 日至 25 日，谯述忠、李富明、邓光强、潘林、杨丽君、谢莉	阿坝州中等职业技术学校	上公开课、研究课、示范课，领衔人作“三教”改革和“三心二意”课堂教学改革专题讲座	受到了各级领导与学校教师的好评
2020 年 11 月 4 日至 7 日，谯述忠、王三刚、张文彬、郭怡琳、陈世静与何昌全工作站全体成员	盐源县职业技术学校	上公开课、研究课、示范课、作教师专业发展和“三心二意”教学理念促进课堂教学改革专题讲座	得到了当地党委、政府、学校的高度重视和大力支持，盐源县宣传部做了视频专题报道

（三）宣传报道

工作室成果应用于四川省中职数学课堂教学改革，在全省 13 个市州 59 所学校推广应用，受到省、市、县各级领导、专家的肯定、赞誉和好评，不断扩大影响，各级学校、主管部门、媒体多次报道。

表6 部分宣传报道统计表

时间	题目	内容	宣传单位
2019年2月16日	广安市首个名师工作室挂牌成立	2019年2月14日，四川省谯述忠名师工作室在广安市教科所正式挂牌成立	《广安日报》社
2019年10月17日	名师引领我市中职学校数学教研	10月15日~16日，眉山市中等职业学校数学教学研讨活动在四川省仁寿县第二高级职业中学顺利举行，来自眉山市16所中职学校的近50名数学骨干教师参与了本次研修活动。活动还邀请了四川省中职数学名师工作室领衔人谯述忠现场指导	眉山市教育和体育局
2019年10月28日	精准“扶贫”职教行，献课送培促发展	2019年10月23日~26日，四川省谯述忠名师工作室领衔人及部分成员赴凉山彝族自治州德昌职业高级中学开展献课、送培活动	凉山州教育和体育局
2020年9月28日	四川省谯述忠名师鼎兴工作室举行中职学校数学教师专业能力提升培训	为践行助力四川教育走上“鼎兴”之路，提升数学教师专业能力，坚持“培养一个，带动一批，辐射一片”的理念，2020年9月25日~27日，由遂宁市教育和体育局、四川省谯述忠名师鼎兴工作室主办、遂宁市职业技术学校协办，在遂宁市职业技术学校开展了为期三天的四川中等职业技术学校数学教师专业能力提升培训	遂宁市职业教育成人教育学会
2020年10月26日	名师联合搞教研，阿坝送教促发展	2020年10月22日上午，四川省名师名校长鼎兴工作室联合送教活动在阿坝州九寨沟县如期举行	阿坝州教育局
2020年11月10日	送教送培——示范、引领、辐射	2020年11月4日~7日，四川省谯述忠名师鼎兴工作室一行9人走进盐源县职业技术中学校，开展“送教送培”活动，领衔人谯述忠出席了本次活动启动仪式，工作室8名成员及凉山州部分中职学校数学教师、盐源职中全体教师共计170余人参加了本次活动	盐源县委宣传部
2021年6月26日	达县职高召开课题结题会	6月25日上午，四川省达县职业高级中学在实训中心二楼录播室召开工作室子课题结题验收会	四川省达县职业高级中学

根据四川省教育厅2019年10月17日发布的川教函〔2019〕514号文件《四川省教育厅关于下达2019年度教育科研课题的通知》,《四川省农村地区中等职业学校数学教师专业发展调查研究》课题正式立项。文件附件1“2019年度教育科研课题立项通知书”中涉及该课题的信息如下。

2019年度教育科研课题立项通知书

广安市教育科学研究所:

经专家组审议通过,你单位 谯述忠 同志申报的课题已列为四川省2019年度教育科研课题。现通知如下:

课题名称:四川省农村地区中等职业学校数学教师专业发展调查研究

课题类别:中小学名师名校长工作室专项一般课题

课题主研单位:广安市教育科学研究所

课题资助金:单位自筹

课题组不得利用课题名义从事任何经营性活动,与课题有关的重要活动、重要变更和重要成果均须及时报四川省教育科学研究院。

四川省教育厅

2019年10月

2021 年 6 月，课题《四川省农村地区中等职业学校数学教师专业发展调查研究》正式结题，6 月 26 日，工作室向四川省教育科学研究院正式发出结题申请。

四川省普教科研资助金课题
结题申请书

四川省教育科学研究院：

课题名称：四川省农村地区中等职业学校数学教师专业发展调查研究

课题类别：2019 年度四川省名师名校长工作室专项课题一般课题

课题负责人：谯述忠

课题承担单位：四川省广安市教育科学研究所

课题研究周期：2019 年 10 月~2021 年 6 月

课题组成员：谯述忠、黄春燕、邓光强、张文彬、侯　雷、李富明、王三刚、潘　林、穆举红、张建军、魏敬爱、何昌全、蒋　美、杨丽君、刘永辉、周小俊

本课题现已完成预定研究任务，达成研究目标。特申请结题。

此致

敬礼！

四川省农村地区中等职业学校数学教师专业发展调查研究课题组

2021 年 6 月 26 日

附《四川省农村地区中等职业学校数学教师专业发展调查研究》课题成果鉴定书如下。

四川省普教科研资助金课题
成果鉴定书

课题名称：四川省农村地区中等职业学校数学教师专业发展调查研究

课题类别：一般课题

课题承担单位：四川省广安市教育科学研究所

鉴定形式：□会议鉴定 ☑通讯鉴定

鉴定组织单位：四川省教育科学规划办

鉴定日期：2021 年 7 月 31 日

四川省教育科学研究院　制

2021 年 7 月

填表说明

封面“课题类别”是指某年度四川省教育科研资助金重点（一般）课题或某专项课题。

本成果鉴定书共八个栏目。

一、第一、二、三、四、六栏由课题承担单位填写。

二、第五栏由鉴定组组长填写并签字生效。

三、第七栏由省教科院审核后填写，盖教科院章。

四、附项，用于粘贴通讯鉴定的专家个人意见表原件（或复印件）。已作会议鉴定的，此页可空缺。

五、本成果鉴定书一式六份（可复印）。

一、主要研究人员名单

序号	姓　名	职称/职务	工作单位	对课题的主要贡献
1	谯述忠	正高/副所长	广安市教育科学研究所	课题负责人：负责课题统筹、规划、协调、组织、指导工作，具体填写课题变更申请表、结题申请书、开题报告、申报评审书等工作
2	黄春燕	副高/教研组长	内江市高级技工校	协助课题负责人审核、收集课题组成员撰写的材料，问卷设计、实地调查、数据分析、开题报告、研究报告撰写，整理课题研究资料
3	邓光强	副高/副校长	青神中等职业学校	协助课题负责人审核、收集课题组成员撰写的材料，问卷设计、实地调查、数据分析、开题报告、研究报告撰写，整理课题研究资料
4	侯　雷	一级/教研组长	成都中和职中	协助课题负责人收集课题组成员撰写的材料，问卷设计、实地调查、数据分析、开题报告、研究报告撰写，整理课题研究资料
5	张文彬	讲师	攀枝花经贸旅游学校	协助课题负责人审核、收集课题组成员撰写的材料，收集理论资料，问卷设计、实地调查、数据分析、开题报告、研究报告撰写，整理课题研究资料
6	潘　林	副高/专业部长	达县职业高级中学	协调具体研究工作，课题调研，收集整理资料，撰写中期报告和相关论文
7	王三刚	一级/教务副主任	四川省档案学校	课题调研，撰写《四川省农村地区中等职业学校数学教师专业发展调查报告》
8	李富明	副高/教研组长	富顺职业技术学校	课题调研，撰写相关论文，具体负责撰写《四川省农村地区中等职业学校数学教现学状调查报告》
9	穆举红	副高/教务主任	叙永县职业高级学校	课题调研，收集整理资料，撰写相关论文，撰写工作报告
10	张建军	副高	广安邻水县职业中学	课题调研，撰写相关论文，编撰《四川省农村地区中等职业学校不同层次数学教师专业发展》
11	魏敬爱	一级	绵阳职业技术学校	课题调研，收集整理资料，撰写相关论文，撰写检测报告

续表

序号	姓　名	职称/职务	工作单位	对课题的主要贡献
12	何昌全	副高/教研组长	凉山德昌职业高级中学	课题调研，撰写相关论文，编撰《四川省农村地区中等职业学校不同层次数学教师专业发展》
13	蒋　美	一级	遂宁职业技术学校	课题调研，撰写《四川省农村地区中等职业学校数学教师专业发展调查报告》
14	杨丽君	一级/教务副主任	开江县职业中学	课题调研，收集整理资料，撰写相关论文，具体负责撰写《四川省农村地区中等职业学校数学教现学状调查报告》
15	刘永辉	副高/职教室主任	泸州市教育科学研究所	实验研究，推广成果
16	周小俊	副高/教研室主任	广安市华蓥市教研室	组织活动，实验研究

二、提交鉴定的成果目录及附件名称

序号	成果名称	成果形式
1	《四川省农村地区中等职业学校数学教师专业发展调查报告》	调查报告
2	《四川省农村地区中等职业学校中职学生数学学习现状调查问卷报告》	调查报告
3	《四川省中等职业学校数学教师专业发展对比研究》	调查报告
4	课题参研教师论文集	论文集
5	优秀教师访谈	个案集
6	《基于核心素养的中职数学教学设计》、《高等职业学校单独招生考试模拟测试卷（数学）》、《中等职业学校升学考试复习指导　数学》	专著
7	研究过程中开展专题讲座、培训、学习、示范课等活动	工作简报
8	各地市农村地区中等职业学校数学教师专业发展调查	子课题
9	课题的总结性资料	课题研究报告

三、成果简要说明

（一）成果主要内容

分为认识性理论成果、操作性实践成果两类。

认识性成果

1. 国家的政策导向，社会的支持是中职数学教师专业发展的保障。国家层面关于中等职业教育政策的出台，社会、家庭等方面的支持是保障中职学校教育教学良性发展、规模发展的有力保证；对缓解中职教师工作压力、增强职业幸福感有着重要的作用，从而促进教师专业发展。

2. 学校课程设置和激励机制的不健全，不能完全激发中职数学教师专业发展的内在动机

（1）学校对中职数学课程的设置混乱。全省数学教材的选用五花八门，教学内容和教学进度不统一，不符合课程标准，未达到省、市的要求。

（2）学校不重视中职数学教师专业发展。学校组织数学教研活动很少，学校组织数学教师参加培训的活动也很少，以赛促教的目标难以实现。

（3）学校的数学教师配置不达标。主要表现在教师比例失衡和非数学专业教师上数学课的比例较大。

（4）学校不重视中职教师的激励机制建设。对参加比赛、教学上取得优异成绩的教师，学校没有明确的奖励规定，无法调动教师专业发展的主动性。

3. 学生的学习现状是数学教师专业发展的极大挑战

（1）中职学生数学基础薄弱是教师专业发展的第一个挑战。尽管中职学生并不排斥数学，但他们的数学基础普遍薄弱，对学习数学缺乏兴趣，有畏难情绪，而学习的动力仅是为了升学。如何提高他们的数学运算、直观想象、逻辑推理、数学抽象、数据分析和数学建模的核心素养，是中职数学教师在专业发展的过程中的挑战。

（2）把数学学科与专业知识相结合是数学教师专业发展的又一挑战。找到将数学知识与专业知识更好融合的途径，有机融入职业道德培养，让学生认识到数学与自己未来的职业发展和生活密切相关，是教师专业发展中面临的又一个挑战。

4. 教师自身的专业素养、专业知识、专业能力等方面制约着教师的专业发展

（1）教师专业素养需提高；

（2）教师专业知识需全面；

（3）教师教学能力需加强；

（4）教师研究水平亟待提高；

（5）教师专业发展规划需清晰。

操作性成果

1. 各级教育行政部门加大政策倾斜、强化激励机制，激发教师职业认同感、成就感、幸福感

（1）加强对职业教育重要性的宣传力度。只有中职数学课程和中职数学教师的地位在中职教育中得到切实的提升，数学教师的专业发展才能得到真正的重视。

续表

(2) 增加相应的经费和物质投入。健全聘任制度和晋升制度，能吸纳优秀人才进入中职教师的队伍，稳定教师队伍，减少优秀教师改行、跳槽的流失现象。打造名师名校，提高职校知名度。

(3) 搭建研修平台，提高专业发展活动的针对性和持续性。职高的教学资源远不如普高资源丰富，所以更需要一个专门针对职业学校数学教师免费学习的网络平台，让更多的教师能在线交流教学心得、教案、课件、微课、教学实录等内容，整体提高农村中职数学教师的专业水平。

(4) 建立教学质量监测机制，提高中职办学水平。中职数学教师通过主管部门对学业水平结果的评价，找到自己的短处，认识到自己的不足，明确自己努力和前进的方向。在全省中职学校进行教学质量监测是推进职业教育内涵发展的重要手段和有效方法。

2. 学校重视教师专业发展，为教师专业发展创造有利条件

(1) 加强新教师的入职教育；

(2) 增设“教科室”中层机构；

(3) 实施教师专业发展规划；

(4) 建立健全有效的激励机制；

(5) 重视数学教学质量。

3. 教师自主发展，制订自我专业发展计划

(1) 增强职业认同感；

(2) 树立终身学习观念；

(3) 加强合作学习；

(4) 自觉反思实践；

(5) 开展教育科研；

(6) 研究开发校本教材。

4. 教师努力缩小与学生的认知差距，利于专业持久发展

(1) 争做学生心目中的好老师；

(2) 探索学生认同的教学方式；

(3)“以学定教”降低教学难度。

(二) 教育及社会效益

1. 在研究中，搭建研修平台，为农村中等职业学校数学教师营造专业发展的良好环境

(1) 吃透政策把握方向，让数学教学在学校得到重视。课题组注重与各市州教育行政部门、教研部门联合开展活动，即时宣讲职业教育政策，解读新课程标准与考试大纲，探索数学课程思政的重要作用等，让中职数学教师明白了“培养什么人，怎样培训人，为谁培养人”的深刻含意，落实立德树人根本任务。通过规范教学设计、研讨课堂教学效益，中职学校更加重视数学教学，课题组逐步在全省较大范围规范了中职学校数学教学行为——按专业设置方案，开足数学课时，上好数学课。

续表

（2）规范数学课程设置，统一教学质量监测。课题组通过研讨，并结合省教学质量监测，在参研成员学校逐步规范教学行为，统一教学周课时：建议就业班周课时为 4 节，学习 4 个学期；升学班周课时为 6 节，在第四学期完成新课教学，第五学期进行第一轮复习教学，在当年的 12 月下旬进行全省统一的诊断考试，在单招考试前完成 15 套模拟试卷，在 4 月至 5 月下旬完成 10 套对口升学模拟试卷。目前，课题组已完成 15 套单招模拟试卷与 10 套对口升学模拟试卷，供学校选择使用，广安市、内江市实行了全市统一期末考试，川东 5 市部分学校进行了诊断联考。 2. 通过研究，提升了中职数学教师的专业素养 （1）增强了中职数学教师专业发展意识。课题组成立以来，在负责人的带领下，组织成员听专家讲座 50 场次左右，开展负责人与参研成员讲座 60 多场次，大力开展了中职数学教学改革研究，更新了中职数学教学理念和教学手段，结合专业教学标准，寻找专业所需数学工具知识，积极探索实现文化课教学标准与专业课教学标准的有机融合。 （2）提升了中职数学教师教学水平。课题组经常组织跨地区、跨学科的联盟教研，搭建相互学习、交流与展示的平台。分别举行了“川东片区”“川南片区”“川西片区”“全省语数外研讨对口升学”等联合教研，立足课堂，通过“引进来，走出去”，名师指点，相互交流，共同寻找教师专业发展存在的问题并找出解决的方案。通过借班上课、相互评课等形式进行教学展示，在观摩和反思的过程中更新教学观念、转变教学行为，不断共同成长，提升全省数学教学水平。课题组成员共展示 74 节示范课，在四川省的数学教学网络教研活动、四川省 2020 年中职公共基础课骨干教师培训会上的示范课，得到了全省中职数学教师的一致好评。 （3）提高了中职数学教师教学能力。课题组鼓励参研人员主动参加各级教育、教研部门组织的各种教学技能比赛活动，以赛促教，以赛促学。团队成员提升了教育教学能力，投身在教学实践中，在各级平台展现自己，挑战了自己的能力，激发了自己的潜能，教育教学能力得到快速的提高。 （4）促进了中职数学教师专业持续发展。中职教学辅助资料太少，加上中职数学教师教学研究的水平有待提高，如果无可供教学参考、研究的资料，中职数学教师在进行教学设计时，就会很盲目。课题组为了给全省中职数学教师专业发展提供丰富的学习资源，规范数学教师规范课堂教学、科学开展教学设计提供参考资料、帮助教师有针对性的高考复习，以任务驱动型思路推动教学资源库建设，承担了各种资料的编撰工作，以此帮助教师钻研教材、学科教学标准，大面积提升全省的中职数学教育教学质量，为办人民满意的中职教育作出应有的贡献。 3. 通过研究，中职学生数学学业水平不断提高。 4. 调查范围较广，社会认可度高。此次调查研究覆盖全省 13 个市州 115 所农村中等职业学校。
（三）成果的适用条件及推广价值
1. 成果的适用条件 本课题由四川省首批名师工作室中职数学谯述忠名师工作室领衔人谯述忠负责，主研人员是 16 名省级成员，并通过他们带领市级成员开展本课题研究，为课题研究提供人力支撑和可行性保障。该课题研究成果具有普适性，对于中等职业学校的教学（特别是文化课教学）均有适用性。

续表

2. 推广价值 代表性强、研究真实。本课题研究人员来自全省十三个市州五十多所中等职业学校，直接参与课题研究的数学教师达七十人左右，辐射范围广。采用线上问卷、纸质问卷、实地调查、走访座谈等方式进行，89 所中职学校、608 名一线中职数学教师、22 082 名中职学生参与了调查，真实客观反映了当前中职数学教师的专业发展现状。 本课题紧扣当前职业教育难点问题，在数学新课标颁布的背景下，具有较高的研究价值。从学校、教师、学生等方面切入，思考、分析中职数学教师专业发展面临的困境并找出原因，深入研究，寻求可行的应对策略，提出了中职数学教师专业发展的建议。研究过程没有停留在高端理论的探讨，而是通过讲座、培训、联合教研、公开课、示范课、支教、参加比赛等活动，探索适应新时代职业教育的中等职业数学教师专业发展的政策支持与发展路径，因此该课题成果应用前景广阔。 通过对课题的研究，参研人员的教育理念与教学水平得到不断提升，成长为学校或区域的教学骨干、学科带头人。成员发挥引领辐射的作用，可直接影响本市、本校的中等职业数学教师，打造出一支高素质的教师队伍，为促进四川省农村地区中等职业学校数学教育教学质量提升起到积极的推进作用。
（四）有待深入研究的问题
1. 研究的深度还可以再挖掘，比如在农村地区与城市中职数学教师专业发展的差别上研究得还不够具体，农村地区特色研究得还不够。 2. 在现有基础上进一步深挖四川不同地区农村中职数学教师所欠缺的专业能力。 3. 课题组的调查研究仅对相关现状进行分析，对改善现状提出相应建议，具体的实施措施仍需要相关部门和学校进行完善落实，做到科研与实际教育教学有机结合，从根本上改善目前学生学习以及教师教学方面的不足。 4. 课题组调查研究大部分数据及结论在短期内完成，真正要落实到日常的具体教学过程中，需要对个案进行中期甚至长期跟踪调查研究。

四、鉴定组成员名单

略

五、专家组鉴定意见

主要包括选题的价值、意义，研究过程的真实性，研究方法的合理性，成果的价值、特点、创新性、实用性，取得的教育教学改革成效，是否同意结题，成果不足及其建议等。
受四川省教育科学研究院委托，专家组对广安市教育科学研究所谯述忠同志承担的课题《四川省农村地区中等职业学校数学教师专业发展调查研究》成果进行了鉴定验收。专家通过认真审阅课题研究报告，查看课题研究相关资料，经讨论，形成如下鉴定意见：

续表

1. 选题具有较强的现实意义，指向性明确。该课题以四川省农村地区中职数学教师为研究对象，以教师专业发展为研究切入点，对于启发、促进中职数学教师发展及教学方式变革具有重要的现实意义。 2. 本研究样本范围广，以调研研究法为主要研究方法，通过对600余名中职数学教师的问卷调查，客观反映了当前中职数学教师的工作状态、教学水平和职业发展现状，提出了教师自身的专业素养、专业知识、专业能力等方面制约着教师的专业发展的观点，并从政府层面、学校层面、教师层面提出了促进教师专业发展的策略。 3. 课题研究有序推进，内容与思路清晰。课题组开展了“主研人员+参研人员”的延展性研究，充分体现出“名师+骨干+种子教师”的教师梯队培养导向。围绕研究目标，各项研究活动有序进行，研究活动开展扎实，研究成果丰富。课题工作量较为饱满，基本完成了预期研究任务，基本达到了预期研究目标。 4. 研究实施、推广范围大，研究效果显著。研究在省内13个市州50多所中等职业学校实施，该课题研究的开展为学校发展带来了一系列的积极效应，为教师营造了专业发展的良好环境。 5. 建议课题组在后续的研究中，一要加大对教师专业发展本身的研究，目前的理论研究还不够；二是在调查研究中，特别是问卷的设计上，要充分针对研究的问题，针对性要强，针对教师专业发展进行维度的划分，体现调查的科学性；三是研究题目是“农村地区”，那么在研究设计上要体现和挖掘农村地区特色，找到农村地区的中职数学教师在专业发展上与城市中职数学教师的差别是什么，目前这一点还做得不够。 鉴定组专家一致认定，该课题完成了预期任务，同意结题。 鉴定组组长（签字）： 2021年7月31日

六、课题承担单位对专家组鉴定结论的意见

同意专家组意见。 （盖章） 广安市教育科学研究所 2021年7月31日

七、四川省教育科学规划办意见

同意专家组鉴定意见。 （盖章） 四川省教育科学规划领导小组办公室 2021年8月2日

各地教学教研交流

1. 工作室教研交流

第二排：潘林、邓光强、穆举红、王三刚、张建军。

第一排：魏敬爱、张文彬、谯述忠、赵燕、黄春燕。

图1　广安　2019年2月14日

第二排：谢义伟、潘林、邓光强、穆举红、王三刚、贺单浩、张建军。

第一排：魏敬爱、张文彬、李燕、谯述忠、彭冬梅、黄春燕、赵燕。

图2　广安　2019年2月15日

第三排：范智勇、高宗伟、王进川、罗克星、张凯、舒阳、杨杰、黎昌华、陈玉万、韩洪清、蒋文杰、贺单浩。

第二排：卢明茹、廖凤琼、谢莉、罗华、曾利平、刘玉香、刘君、熊飞艳、唐玲、蒋美、彭冬梅、邓红、李燕、杨丽君。

第一排：魏敬爱、张文彬、黄春燕、邓光强、李富明、谯述忠、潘林、穆举红、张建军、王三刚。

图3　广安　2019 年 7 月 15 日

第三排：王国旗、王君强、范智勇、黄越、王伟、黎昌华、罗均、何昌全、杨杰、宋志雄、吴钢、毛建华、迟作伦、李勇康、张建军、邓光强、匡本富、穆举红、舒阳、蒋文杰、王进川、张凯、王瑾、侯雷。

第二排：巫源森、潘林、黄世英、罗素珍、陈婷、罗艳、文桂华、李富明、刘永辉、谯述忠、曾利萍、范云云、李小艳、蒋美、涂依林、廖凤琼、杜婧、李小兰、张文彬、黄春燕、高宗伟。

第一排：陈桦、王三刚、王永梅、郑莉、胡会、徐亚群、谢莉、熊飞艳、李冬梅、刘君、何娅梅、伍太香、杨富华、刘玉香、刘红、郭怡琳、陈敏、杨丽君、魏敬爱。

图4　成都市中和职业中学　2021 年 5 月 6 日

第二排：张建军、黎昌华、匡本富、穆举红、李富明、何昌全、周小俊、邓光强、王君强、胡开泽、张凯、潘林、周盟、王三刚。

第一排：谢莉、彭冬梅、李燕、黄春燕、杨丽君、郭丹、王莉萍、谯述忠、孟川杰、罗素珍、李小兰、何娅梅、邓红、陈敏、余建秀、郑莉、黄世英、廖凤琼。

图 5　广安武胜　2022 年 8 月 21 日

2. 组织参加国家级活动

图 6　组织省市级成员参加培训

图 7　领衔人作评委并带队参加国家级赛课

3. 到民族地区送教送培

图 8　甘孜州送教送培活动

图 9　阿坝州联合送教活动

图 10　凉山州德昌县职业高级中学送培到校活动

图 11　凉山州盐源县职业技术中学送教送培活动

4. 借助省级平台大面积培训

图 12　全省网络培训，4000 余人参加

图 13　协助省教科院开展全省中职高三复习指导

5. 借助市级平台联合教研

图 14　与广安市联合教研

图 15　与泸州市联合教研

图 16　与凉山州联合教研

图 17　与内江市联合教研

图 18　与雅安市联合教研

图 19　与眉山市联合教研

图 20　与攀枝花市联合教研

图 21　与绵阳市联合教研

图 22　与自贡市联合教研

图 23　与达州市联合教研

图 24　与遂宁市联合教研

图 25　与成都市联合教研

6. 其他教研活动

图 26　专家指导成果提炼策略

图 27　网络讨论如何命制一套试卷

图 28　向省项目办作中期总结汇报

图 29　现场指导参加全国职业院校技能大赛教学能力比赛的教师

图 30　成员在国培班上示范课

图 31　与达州市党员名师工作室联合开展活动

图 32　工作室年度总结

图 33　领衔人参加进修

图 34 工作室成果推广

图 35 工作室川东片区开展高考研讨

图 36　工作室组织川东五市高考研讨会

7. 讨论、修改课程资源稿件

图 37　课程资源建设研讨

图 38 课程资源建设研讨

图 39 课程资源建设研讨

国家级、省级赛课获奖

（一）领衔人指导成员在国家级赛课中获奖

荣誉证书

谯述忠 老师：

您指导的冉晖、黄代英、贺瑜、郭廷在2019年全国职业院校技能大赛教学能力比赛中，荣获 贰 等奖。

特发此证，以资鼓励

四川省教育科学研究院

二○一九年十一月

图 1

获奖证书

成都电子信息学校 冉晖 在2019年全国职业院校技能大赛教学能力比赛 中职组 公共基础课程组 比赛中，参赛作品 椭圆、双曲线、抛物线 荣获二等奖。

特此表彰，以资鼓励。

全国职业院校技能大赛组织委员会

二○一九年十一

编号：

图 2

（二）省、市级成员参加国家级省级竞赛获奖

1. 2019 年获省级奖励

获奖证书

编号：

蒋美 在2019年四川省中等职业学校教师教学能力比赛 课堂教学 赛项 公共基础课程组 比赛中，参赛作品《函数的奇偶性》荣获 一 等奖。

特此表彰，以资鼓励。

四川省教育厅

二○一九年八月

图 3

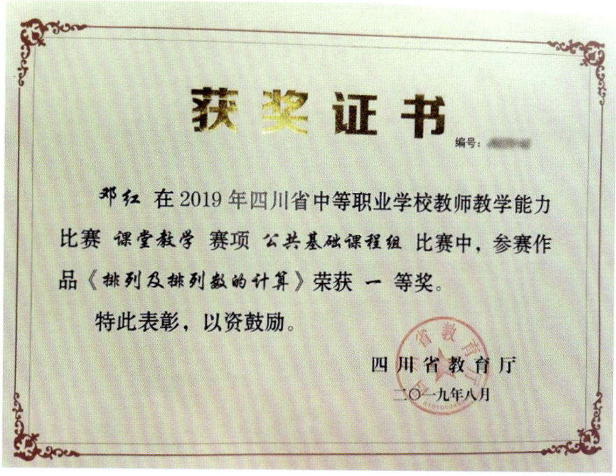
获奖证书
编号：
邓红 在2019年四川省中等职业学校教师教学能力比赛 课堂教学 赛项 公共基础课程组 比赛中，参赛作品《排列及排列数的计算》荣获 一 等奖。
特此表彰，以资鼓励。
四川省教育厅
二〇一九年八月

图4

获奖证书
编号：
冯晓娟 在2019年四川省中等职业学校教师教学能力比赛 教学设计 赛项 公共基础课程组 比赛中，参赛作品《直线的倾斜角与斜率》荣获 一 等奖。
特此表彰，以资鼓励。
四川省教育厅
二〇一九年八月

图5

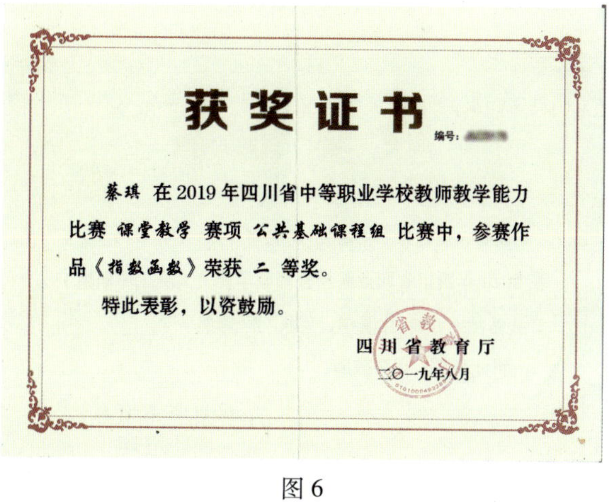
获奖证书
编号：
蔡琪 在2019年四川省中等职业学校教师教学能力比赛 课堂教学 赛项 公共基础课程组 比赛中，参赛作品《指数函数》荣获 二 等奖。
特此表彰，以资鼓励。
四川省教育厅
二〇一九年八月

图6

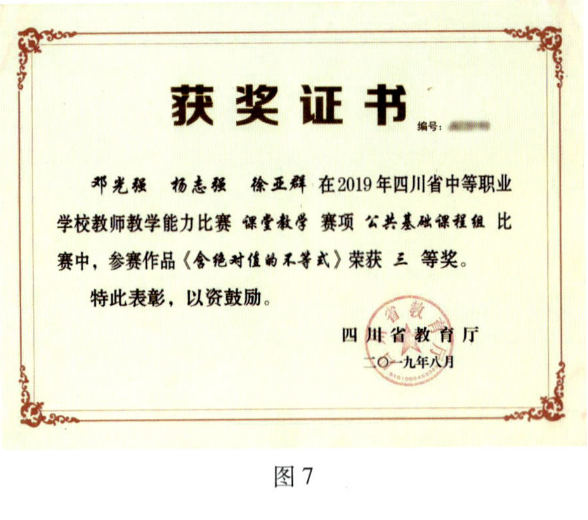

获奖证书

编号：

邓光强　杨志强　徐亚群　在2019年四川省中等职业学校教师教学能力比赛 课堂教学 赛项 公共基础课程组 比赛中，参赛作品《含绝对值的不等式》荣获 三 等奖。

特此表彰，以资鼓励。

四川省教育厅

二〇一九年八月

图 7

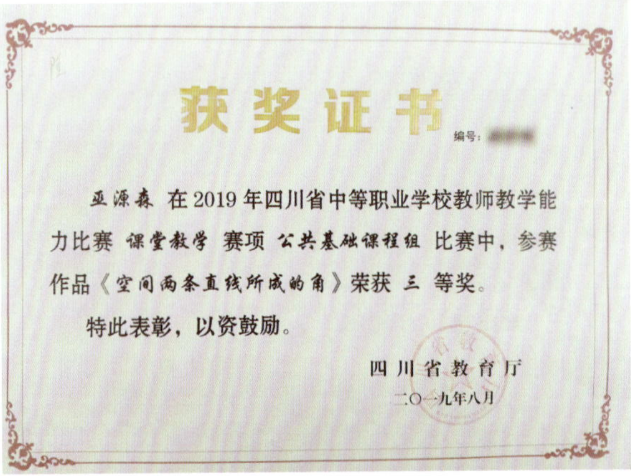

获奖证书

编号：

巫源森 在2019年四川省中等职业学校教师教学能力比赛 课堂教学 赛项 公共基础课程组 比赛中，参赛作品《空间两条直线所成的角》荣获 三 等奖。

特此表彰，以资鼓励。

四川省教育厅

二〇一九年八月

图 8

2. 2020 年获省级奖励

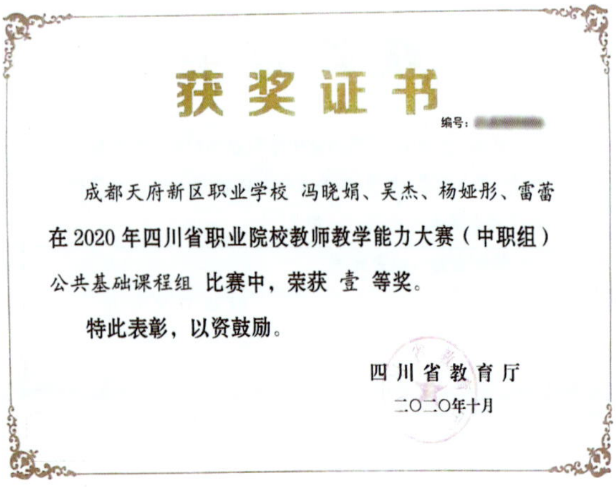

获奖证书

编号：

成都天府新区职业学校 冯晓娟、吴杰、杨娅彤、雷蕾 在2020年四川省职业院校教师教学能力大赛（中职组）公共基础课程组 比赛中，荣获 壹 等奖。

特此表彰，以资鼓励。

四川省教育厅

二〇二〇年十月

图 9

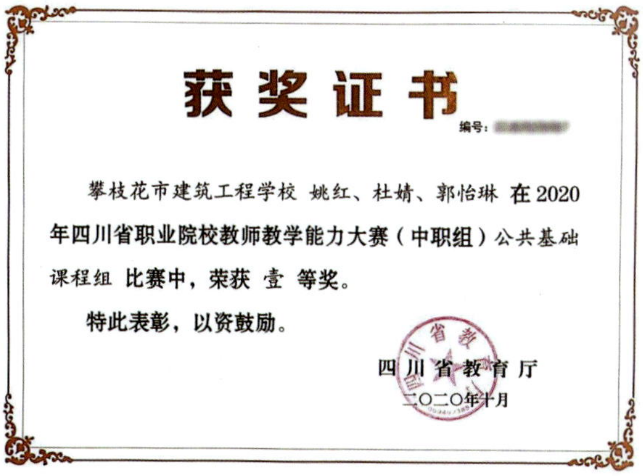

获奖证书

编号：[illegible]

攀枝花市建筑工程学校 姚红、杜婧、郭怡琳 在2020年四川省职业院校教师教学能力大赛（中职组）公共基础课程组 比赛中，荣获 壹 等奖。

特此表彰，以资鼓励。

四川省教育厅

二〇二〇年十月

图 10

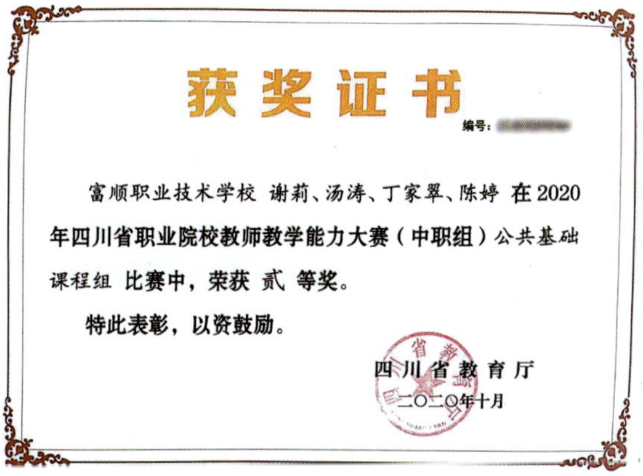

获奖证书

编号：[illegible]

富顺职业技术学校 谢莉、汤涛、丁家翠、陈婷 在2020年四川省职业院校教师教学能力大赛（中职组）公共基础课程组 比赛中，荣获 贰 等奖。

特此表彰，以资鼓励。

四川省教育厅

二〇二〇年十月

图 11

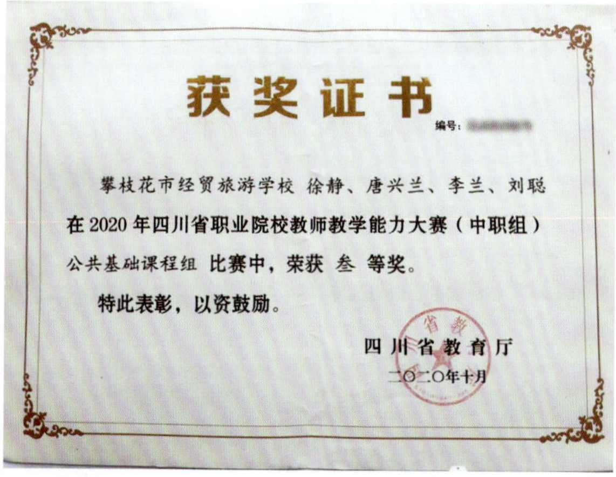

获奖证书

编号：[illegible]

攀枝花市经贸旅游学校 徐静、唐兴兰、李兰、刘聪 在2020年四川省职业院校教师教学能力大赛（中职组）公共基础课程组 比赛中，荣获 叁 等奖。

特此表彰，以资鼓励。

四川省教育厅

二〇二〇年十月

图 12

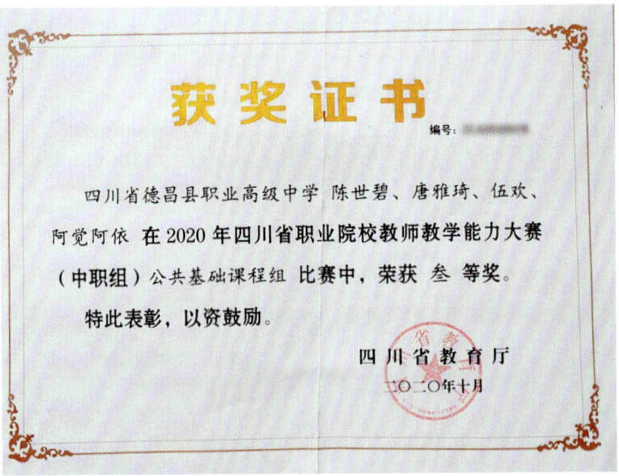
获奖证书

编号：

四川省德昌县职业高级中学 陈世碧、唐雅琦、伍欢、阿觉阿依 在2020年四川省职业院校教师教学能力大赛（中职组）公共基础课程组 比赛中，荣获 叁 等奖。

特此表彰，以资鼓励。

四川省教育厅

二〇二〇年十月

图 13

3. 2021 年获国家级、省级奖励

获奖证书

四川省档案学校 王三刚 在2021年全国职业院校技能大赛教学能力比赛 中职组 公共基础课程组 比赛中，参赛作品 简单几何体 荣获三等奖。

特此表彰，以资鼓励。

全国职业院校技能大赛组织委员会

二〇二一年十二月

编号：

图 14

获奖证书

四川省档案学校 刘玉香 在2021年全国职业院校技能大赛教学能力比赛 中职组 公共基础课程组 比赛中，参赛作品 简单几何体 荣获三等奖。

特此表彰，以资鼓励。

全国职业院校技能大赛组织委员会

二〇二一年十二月

编号：

图 15

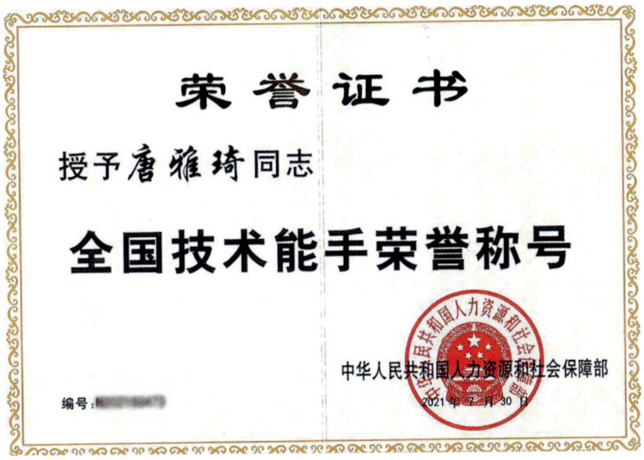
荣誉证书
授予唐雅琦同志
全国技术能手荣誉称号
中华人民共和国人力资源和社会保障部
2021年7月30日
编号:

图 16

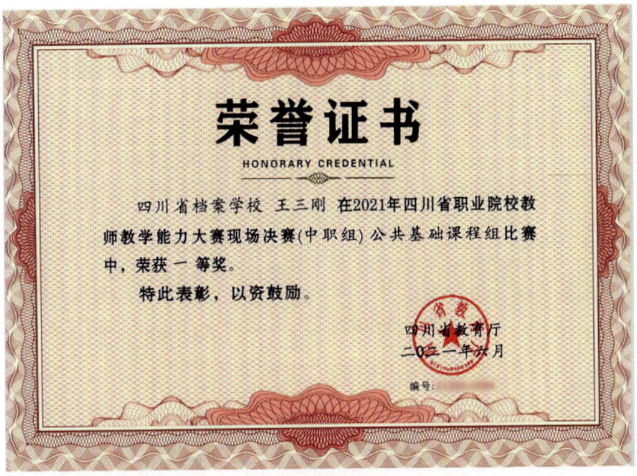
荣誉证书
HONORARY CREDENTIAL
四川省档案学校 王三刚 在2021年四川省职业院校教师教学能力大赛现场决赛(中职组)公共基础课程组比赛中，荣获一等奖。
特此表彰，以资鼓励。
四川省教育厅
二〇二一年六月
编号:

图 17

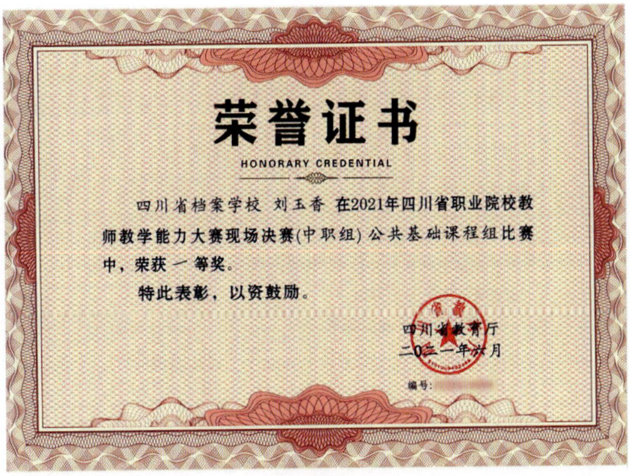
荣誉证书
HONORARY CREDENTIAL
四川省档案学校 刘玉香 在2021年四川省职业院校教师教学能力大赛现场决赛(中职组)公共基础课程组比赛中，荣获一等奖。
特此表彰，以资鼓励。
四川省教育厅
二〇二一年六月
编号:

图 18

荣誉证书
遂宁市船山职业技术学校 唐玲 在2021年四川省职业院校教师教学能力大赛现场决赛(中职组) 公共基础课程组比赛中，荣获 二 等奖。
特此表彰，以资鼓励。
四川省教育厅
二〇二一年六月
编号:

图 19

荣誉证书
HONORARY CREDENTIAL
江油市职业中学校 罗艳 在2021年四川省职业院校教师教学能力大赛现场决赛(中职组) 公共基础课程组比赛中，荣获 二 等奖。
特此表彰，以资鼓励。
四川省教育厅
二〇二一年六月
编号:

图 20

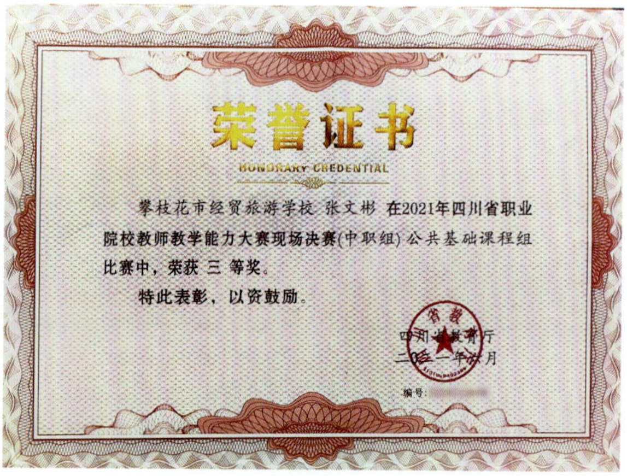
荣誉证书
攀枝花市经贸旅游学校 张文彬 在2021年四川省职业院校教师教学能力大赛现场决赛(中职组) 公共基础课程组比赛中，荣获 三 等奖。
特此表彰，以资鼓励。
四川省教育厅
二〇二一年六月
编号:

图 21

图 22

图 23

4. 2022 年获省级奖励

图 24

荣誉证书
HONORARY CREDENTIAL

攀枝花市经贸旅游学校 张文彬 在2022年四川省职业院校教师教学能力大赛 中职组 公共基础课程组 比赛中，荣获一等奖。

特此表彰，以资鼓励。

四川省教育厅
二〇二二年九月

编号：

图 25

荣誉证书
HONORARY CREDENTIAL

四川省开江县职业中学 杨丽君 在2022年四川省职业院校教师教学能力大赛 中职组 公共基础课程组 比赛中，荣获一等奖。

特此表彰，以资鼓励。

四川省教育厅
二〇二二年九月

编号：

图 26

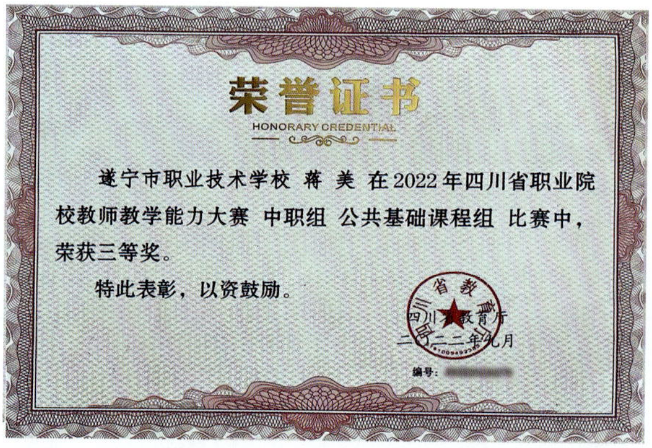

荣誉证书
HONORARY CREDENTIAL

遂宁市职业技术学校 蒋 美 在2022年四川省职业院校教师教学能力大赛 中职组 公共基础课程组 比赛中，荣获三等奖。

特此表彰，以资鼓励。

四川省教育厅
二〇二二年九月

编号：

图 27

图 28

图 29

5. 2023 年获省级奖励

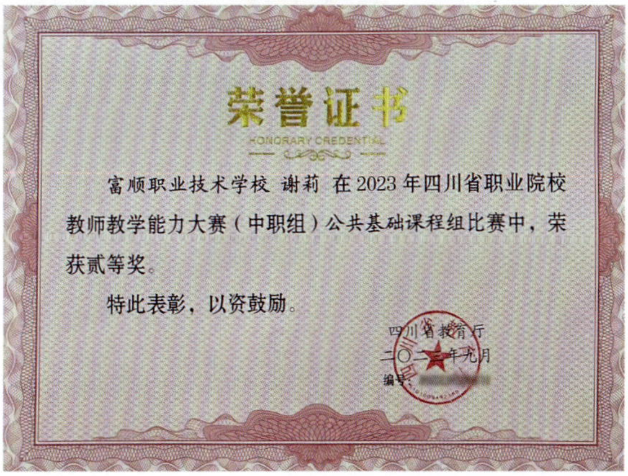

图 30

课程资源建设

书　　名：基于核心素养的中职数学教学设计

出　　版：四川教育出版社

书　　号：ISBN 978-7-5408-7815-3

设计理念：贯穿以学生为中心、以思维为中心、以问题为中心，培养学生自主意识和创新意识的“三心二意”教学主张，采用“线上+线下”混合式教学模式，将教学过程分为学、导、探、练、评、固六个教学环节。一方面，展示工作室在省级、国家级各类教学比赛中获奖成员的成果，为今后有意参加各级比赛的教师团队提供借鉴参考；另一方面，为广大中职数学教师在进行教学设计时提供参考，助其提高教学设计的规范性与科学性，提升课堂教学的有效性，从“授人以鱼”向“授人以渔”的方向发展。

书　　名：中等职业学校升学考试复习指导　数学

出　　版：四川教育出版社

书　　号：ISBN 978-7-5408-7696-8

设计理念：秉承“培养学生科学精神与工匠精神”的宗旨，致力提高中职数学课堂教学效率，关注中职数学教学效果；收集近几年四川省单招考试和对口统招考试试题以及相关复习资料进行研究、比较和分析，并结合四川省高职招生《数学考试大纲》与《中职数学课程标准》，兼顾中职学生的特点，避免中职复习资料“普高化”，确保学生适用、教师能用；着力夯实必备知识，提升关键能力，培养学生的数学核心素养，重点关注基础性与应用性，适当体现拓展性与创新性，能让中职学生更好地应对单招考试和对口统招考试。

书　　名：高等职业学校单独招生考试模拟测试卷（数学）

出　　版：四川教育出版社

书　　号：ISBN 978-7-5408-7438-4

设计理念：以深入研究近年四川省高等职业学校单独招生考试的命题情况、考试大纲要求、命题变化趋势为基础，以熟悉学生备考情况和历年考试情况的四川省各中职学校的一线数学骨干教师，尤其是担任过省内中职学校各类考试的命题和评阅工作的教师为编写组成员，以紧扣考纲知识点，题型、难度与历年真题高度一致，能够较好地帮助考生把握考试难度，提高应试能力，为考生的备考复习带来实质性帮助为编写原则，以期帮助广大考生准确把握考试要求，有的放矢，高效复习，实现进入高等学府继续深造、成为全面发展的高素质劳动者和技术技能人才的愿望。本套试卷也能帮助参加对口升学考试的考生夯实基础，开阔眼界。

书　　名：高职考数学知识梳理测试卷

出　　版：上海大学出版社

书　　号：ISBN 978-7-5671-3392-1

设计理念：充分研究高职考试的命题规律、复习方式和教学需求编撰而成，分章测试卷和综合模拟卷两大部分。其中章测试卷针对本章知识点在近四年真题试卷中所占比例，严格按照考情分析的结果设计题目，能够很好地检测学生对本章知识的掌握情况；每套综合模拟试卷都严格按照高职考试的考情、题型、题量来编写，由易到难进行编排，为高职考模拟冲刺阶段备考使用，可以让学生提前仿真体验高职考的应考状态，方便教师了解学生对各知识点的掌握程度。

书　　名：高职考数学知识梳理

出　　版：上海大学出版社

书　　号：ISBN 978-7-5671-3393-8

设计理念：着眼于“立德树人”和培养“核心素养”等新一轮课程改革的主要精神，立足于新一轮高职考对广大考生提出的能力要求，着力在以下四个方面有所突破。

一是“新”。无论是理论阐述、考点示例、真题剖析，还是例题设计，均完整体现高职考的基本指导思想，且从方法、结构上力求突破创新。特别是在“重难点突破”部分，尽力呈现全新而实用的理论、全新而有用的视角、全新而独特的方法，以及许多原创新题。

二是“精”。为使备考省时高效，在不遗漏任何考点的前提下，尽力做到章节的编排系统精要，考点的阐释精确到位，方法的指导精准全面，题目的设计精细有致。

三是“实”。从考生备考的实际需要出发，研究并把握高职考的命题趋向，以考试大纲和近三年真题卷内容和形式为依据，从内容上确保切实有效。

四是“活”。知识的讲解准确而不刻板，方法的指导灵活而多变，不拘于传统，不囿于模式，既照顾高职考真题题型的呈现，又考虑高职考命题趋势的发展，大胆设计新题，以求活泼多姿。